01
刑事辩护
经验与技巧

死刑案件的有效辩护

李贵方 张燕生 等 著

中国政法大学出版社

2017·北京

声　明　1. 版权所有，侵权必究。

　　　　2. 如有缺页、倒装问题，由出版社负责退换。

图书在版编目（CIP）数据

死刑案件的有效辩护/李贵方等著．—北京：中国政法大学出版社，2017.1
ISBN 978-7-5620-7317-8

Ⅰ.①死… Ⅱ.①李… Ⅲ.①死刑－辩护制度－中国－文集
Ⅳ.①D924.124-53

中国版本图书馆CIP数据核字(2017)第018985号

出 版 者	中国政法大学出版社
地　　址	北京市海淀区西土城路 25 号
邮寄地址	北京 100088 信箱 8034 分箱　邮编 100088
网　　址	http://www.cuplpress.com （网络实名：中国政法大学出版社）
电　　话	010-58908437(编辑部)　58908334(邮购部)
承　　印	北京中科印刷有限公司
开　　本	880mm×1230mm　1/32
印　　张	8.25
字　　数	190 千字
版　　次	2017 年 8 月第 1 版
印　　次	2017 年 8 月第 1 次印刷
定　　价	39.00 元

序　言

这是一本演讲集。为了提升我国死刑案件法律援助辩护的质量，受司法部法律援助中心委托，中国政法大学刑事法律援助研究中心邀请知名刑事法学者、资深刑事辩护律师以"死刑案件的有效辩护"为题，组织了八次系列讲座。参与此次授课的，有四位来自理论界，在刑事法领域具有相当的造诣，包括知名刑事法学家樊崇义教授、顾永忠教授、刘广三教授、赵天红副教授；另外四位则是活跃在刑事辩护领域的知名刑辩律师，包括薄熙来案首席辩护律师李贵方、念斌案辩护律师张燕生、浙江张氏叔侄案辩护律师朱明勇、刘汉案辩护律师张青松。因此，在一定程度上，这部演讲集代表了我国刑事辩护理论研究与司法实践的最高水准。

这是一本侧重刑事辩护技能的演讲集。在授课内容设计上，此次授课特别强调刑事辩护的基本技能，如如何进行阅卷、会见，如何进行证据审查等。更重要的是，在授课方式上，我们特别注重发挥各位主讲嘉宾的专长，鼓励各位专家结合具体案件（尤其是自己亲自办理的案件）讲授各项具体的刑事辩护技能。因此，这里讲授的不是系统的理论知识，而是嘉宾专家的思考、感悟和鲜活的刑事辩护经验。

这是一本旨在提升刑事辩护质量的演讲集。此次授课的目的旨在提高死刑案件的辩护质量。因此，以有效辩护为核心，各位主讲嘉宾分别结合自己的办案经验和思考，从不同的角度展示了有效辩护所需要的基本品质、应当掌握的基本方法。透过这些演讲，我们可以感受到主讲嘉宾对于刑事辩护事业的执着和热爱，同时，也可以感受到他们对于刑事辩护事业的那份真诚的期待。我们深信，透过这些演讲文字稿，读者学习到的不仅仅是实用的刑事辩护技能和经验，同时也会感受到主讲嘉宾的人格魅力和为法治前行所做的种种努力。

是为序！

吴宏耀

2016 年 10 月 30 日于京西垂虹

目 录

序 言 ... 001

01

李贵方 | 死刑案件的有效辩护：律师怎样思考 ... 001

律师的思考与法官不同，律师要站在委托人的立场上，维护委托人的合法权益，尽最大的努力为自己的当事人去辩护。同时，律师要了解、要研究、要考虑法官是怎么思考的，要分析怎么样才能让法官接受自己的意见。

一、律师的职责 ... 001
二、优先关注可处死刑的罪名及事实 ... 006
三、影响死刑判决的重要情节 ... 017
四、影响死刑判决的重要的法律因素 ... 023
五、死刑复核问题 ... 026
六、关注舆论问题 ... 030

02

张燕生 | 死刑案件与有效阅卷：方法与技能 ... 035

如果把刑辩律师的全部工作看作一个金字塔的话，位于最底部的就是阅卷，这是律师工作的全部。如果不查阅卷宗，会见就很难到位，调查和庭审工作也难以保证质量，所以阅卷在律师的刑事辩护中占有相当重要的地位，律师的基本功也体现在阅卷上。

一、阅卷工作的极端重要性 ... 035
二、刑辩律师的职业道德 ... 037
三、阅卷的目的 ... 042
四、阅卷的方法 ... 045
五、证据的分析方法 ... 049
六、质证意见和质证小结 ... 059

03

张青松 | 死刑辩护的成败得失 ... 062

死刑辩护实际上是辩护律师代表人类，对那些将被我们合法杀死的同类，表示我们关爱的一种方式。作为刑事辩护律师，尤其是在对死刑案件进行辩护的时候，你的目的并不一定就是让这个人活，对他们进行辩护本身就是一个最基本的职责。

一、如何认识死刑案件的辩护工作——从两个真实案件谈起 ... 063
二、如何看待死刑 ... 070
三、如何认识影响死刑案件结果的因素 ... 076

目 录

04

顾永忠 | 死刑案件辩护的基本路径 ... 090

作为一个死刑案件的辩护律师,在侦查阶段的辩护,在审查起诉阶段的辩护,在审判阶段的辩护,不同的阶段应当做什么,能够做什么,不应当做什么,不能够做什么,取决于不同阶段的特点,要根据不同阶段的特点,确定不同阶段的辩护目标。

一、死刑、死刑案件与死刑辩护 ... 091

二、《刑事诉讼法》及有关文件关于死刑案件辩护的特殊规定 ... 093

三、侦查阶段死刑案件的辩护 ... 096

四、审查起诉阶段死刑案件的辩护 ... 105

五、一审阶段死刑案件的辩护 ... 109

六、二审阶段死刑案件的辩护 ... 125

七、死刑复核程序中的辩护 ... 125

05

朱明勇 | 破解生死的密码:从会见开始 ... 128

很多情况下,让案件起死回生的密码往往并不在案卷中,而是出现在律师与当事人的会见之中,在会见时的聊天之中。因此,每一起重大的、可能判处死刑的案件,主办律师必须亲自去会见,而且要多次会见。

一、我国死刑案件的辩护现状 ... 128

二、事实清楚、证据确实充分的死刑案件及其应对 ... 132

三、事实不清、证据不足的死刑案件及其应对 ... 147

四、真正的冤假错案及其应对 ... 156

06

刘广三 | 死刑案件的证据审查 ... 166

刑事证据是给法官看的,所有收集、参与、发现、提取、固定、保全、移送刑事证据的主体,首先要做到的是自我说服,这是推动诉讼往下一阶段进行的推动力,但自我说服不是最终目的,最终的目的是在一个单项的诉讼流程中说服法官。

一、证据是给谁看的 ... 166
二、刑事证据的多重视角——刑事证据的分类 ... 178
三、刑事证据的特征 ... 191

07

赵天红 | 死刑的辩护事由 ... 198

在处理死刑复核案件时,辩护律师首先要做的是保住被告人的一条命,应该把重点放到被告人是不是应该被判处死刑立即执行上,这是第一步,然后再接着通过其他诉讼程序解决被告人是否构成犯罪的问题,要确定不同的重点。

一、《刑法》中与死刑有关的规定 ... 198
二、死刑抗辩事由的切入点 ... 200
三、死刑抗辩事由的两个角度 ... 202
四、具体案件的主要辩护要点 ... 203
五、两类特殊的案件 ... 226

08

樊崇义 | 死刑复核程序的若干基本理论问题 ... 232

以审判为中心的诉讼制度改革必然要求刑事辩护律师的辩护工作进入实质化，即不仅要建立健全刑事案件的实体辩护，而且要完善刑事案件的程序辩护，以程序公正和实体公正为目标，全面推进刑事辩护工作。

一、当前我国死刑适用与死刑制度改革的基本情况 ... 233

二、对死刑复核程序的定性和定位 ... 236

三、死刑的程序控制问题 ... 237

四、死刑复核程序中如何贯彻人权保障原则 ... 241

五、以审判为中心的诉讼制度改革视野下如何看待死刑复核 ... 244

六、死刑案件的法律援助 ... 248

李贵方 北京德恒律师事务所副主任、全球合伙人，北京大学、清华大学法律硕士导师，吉林大学法学院、国家检察官学院兼职教授，中华全国律师协会刑事专业委员会副主任，中国行为法学会司法行为研究会副会长。

01 李贵方
死刑案件的有效辩护：律师怎样思考

大家好！非常高兴参加这个活动。我今天主讲的题目是"有效的死刑辩护"。之所以定这个题目，是因为有的辩护，虽然不能说是无效的，但是效果可能不是特别突出，或者说不够、不足。我将围绕这个问题，结合办案实践，从以下六个方面谈一谈自己的体会。

一、律师的职责

讲死刑辩护，要从律师的职责开始。《刑事诉讼法》第35条规定："辩护人的责任是根据事实和法律，提出犯罪嫌疑人、被告人无罪、罪轻或者减轻、免除其刑事责任的材料和意见，维护犯罪嫌疑人、被告人的诉讼权利和其他合法权益。"这应该说是整个刑事辩护的基础，也是律师的基本职责。

为什么要讲基本职责呢？因为律师是有立场的，在这点上律师跟法官是不同的，律师的基本职责就是维护犯罪嫌疑人、被告人的合法权益。律师有立场，他要站在委托人的角度，他也有目标，他的目标就是维护自己委托人的合法权益。尤其是在有共同犯罪的场合，如果你担任其中的一个被告人的辩护人，那你优先要考虑的就是维护你自己当事人的合法权益，而不是其他同案被告人的权益。这一点最突出地反映了律师这种立场和职责上的要求，明显地使律师区别于法官。

最初主办方给我定的副标题是"像法官一样思考"，我后来想了半天，确实感到很困难。虽然我也试图像法官那样去思考，在实践中我们每个律师也可能会像法官一样去思考，但我们毕竟是律师，所以法官究竟怎么思考，我们只能是猜。因此，我把副标题改为"律师怎样思考"，我今天要讲的就是律师的思考。

律师的思考，我刚才谈到的第一点就是律师和法官是截然不同的，法官要站在中立的、客观的立场上，公正地对待双方，这是法律对他的一个基本要求。而律师恰恰不是这样，律师要站在委托人的立场上，维护委托人的合法权益，和法官是完全不同的。虽然律师也有责任维护法律的正确实施，维护社会公平正义，但是最优先的，是维护当事人的合法权益。尤其是在刑事诉讼、刑事辩护这个领域，维护当事人的合法权益应该被摆在最重要、最突出、最优先的位置。死刑辩护，尤其是有效的死刑辩护，肯定也要把这个摆在最突出的位置。

当然，律师在刑事辩护的时候，要了解、要研究、要考虑法官是怎么思考的，怎么样能让法官接受自己的意见，律师要去做这个，但是这个不是第一位要考虑的。我认为，作为律师，我们应该旗帜鲜明地站稳自己的立场。我们是有立场的，要搞清楚我们为谁服务，不能连自己的服务对象、基本职责都没搞清楚，那这个服务到最后可能会南辕北辙，我认为这是我们律师应该首先要注意到的。基于这一点，针对死刑辩护，我就律师职责提出以下几点具体建议。

（一）律师对当事人要有同情心

无论这个当事人多么声名狼藉，多么不受社会欢迎，你作为辩护人，对当事人要充满同情心。你和一般的社会大众对他的看法是不同的，比如所有人都认为这个人杀人如麻，就像挪威于特岛惨案，有一个人拿枪打死了几十个人，你如果做他的辩护人，仍然要同情他。包括还有些人做的事情的确确令人发指，但是你作为他的辩护人，仍然要以一种比较平常的心态来对待他。

我们国家也曾经有过类似的案例，比如当年上海杨佳袭警案，还有云南马加爵故意杀人案，这些案件中，被告人的罪行都是非常恶劣的，大家听了之后，都很难对他们产生同情。但是如果当了他的辩护人，那你就不能和普通老百姓一样也对他同仇敌忾，见了面之后先训斥他一顿，对他疾言厉色，而要站在他的角度，倾听他讲话，也要去听他讲的理由，包括他的一些辩解。所以说首先就是要对当事人有同情心。

（二）要尽到最大的努力，为自己的当事人去辩护

"要尽到最大的努力，为自己的当事人去辩护"，针对死刑辩护，这句话是非常有实际意义的。什么叫尽到最大努力呢？我认为至少要有两个方面：

第一，要穷尽一切法律程序。就是说案件经过了一审、二审、死刑复核，如果有时间，有机会，你还要去积极争取。

第二，穷尽一切方法。在法律程序内，比如给院长写封信，

或者给政法委书记写封信，或者你认为还有哪个地方能反映，可能会有效果，你都可以去反映，去写一封信，反映这个案子中的问题。甚至必要的时候，多跟法官见见面，向他具体讲一讲这个案子中存在哪些问题，证据上有什么疑点，被告人有哪些可以不被判处死刑立即执行的理由。从这个意义上讲，我的看法是，枪下留人的这种努力是值得肯定的，你要努力到最后一分钟。因为我们今天是讲死刑案件的辩护，不是讲一般的那种判一年、判缓刑的案件，而是可能判处死刑立即执行的案件。为争取枪下留人，你努力到最后一分钟，这是值得赞赏的。

我们国家也出现过一些这样的案件，比如西安董伟故意杀人案，媒体曾报道此案是"一块墓碑，两个忌日"。因为第一次法院已经决定了哪一天执行死刑，他父亲把墓碑的名字、日期都刻好了，结果由于律师朱占平的努力，当时说枪下留人，据说人都已经被拉到刑场了，又停了下来。事实上，倒也没有那么戏剧性，但是确确实实是在要执行之前停下来的。又过了130天，法院重新对案件的证据进行了一次复核，大家可以想象，130天的时间已经很长了，法院又很仔细地核对了一遍证据，认为还是要维持死刑立即执行的判决，最后还是执行了。实际执行的那一天，他爸爸又把日期刻上去了，所以一个墓碑上就有了两个死亡的日期。

这个案子虽然经过了律师的努力，被告人还是被判处了死刑立即执行，但是我认为律师的努力是值得肯定的。就今天来看，我认为整个社会绝大多数人也是认为律师这个努力是值得肯定的，并没有多少人认为这是律师多管闲事儿，没有必要再去跑。所以我觉得，做死刑辩护，我们律师要尽到自己最大的努力。尽到最大的努力，它的效果可以从两个方面来考虑：

第一，避免了错杀和冤杀，那我们律师应该被记功。比如佘祥林案、杜培武案、赵作海案，都是当年已经被判了死刑立即执行，后来改成死缓或者无期的案件。这些案件，律师都是做的无罪辩护。这个无罪辩护虽然一开始看没有那么明显的效果，但是最后法院把它改判成了死缓或者无期，有的甚至改判成了有期徒刑，这和律师的辩护是有关系的。律师强烈地发表了无罪的意见，提出了案件证据中非常多的疑点，最后引起了上级法院的思考，认为这个案子如果判了死刑立即执行，会有问题。当然也有，比如像有些案件律师提出来无罪辩护，可能没被法院采纳，但是律师还是应当去辩。

与此相对比的就是现在的呼格案。现在这个案件也已经被纠正了，大家回过头来看，说当年律师是怎么辩护的？两个律师，一个律师一言未发，另外一个律师在庭上做的是罪轻辩护。因此有些人就对律师提出了质疑，我认为这种质疑是有道理的，应该引起我们律师的深思。这样一个案件，如果被告人没杀人，到了律师会见的时候，他总是会向你讲一些真话的。在这种情况下，我们律师是不是就应当像我前面所讲的，抱有极大的同情心，极大的耐心听一听当事人的倾诉，把他的意见在法庭上反映出来？也许你这个反映，法庭不能完全采纳，但是你总归要把话说出来。如果我们律师也站在侦查人员或者公诉人的角度，那可能这个案子中被告人说任何话都没有人听了。所以律师是应当从呼格案中吸取教训的，社会对律师提出来批评也是有道理的。因此，一反一正都说明了我们律师对任何一个死刑案件都不能马虎，要尽到最大的努力，要努力到最后一分钟。

第二，从办案的实践来说，通过律师的努力，真的把一个人由死刑立即执行改成了死缓，虽然从法律上讲都是死刑，但对于被告人来说却是生死之隔,效果是极大不同的。我也办过一些死刑方面的案子,其中有一个案子的当事人被判处了死刑立即执行,后来改判成了死刑缓期执行。我收到了当事人女儿给我发来的一条短信,使我很震动,她说:"李律师,我特别感谢你,是你使我此生还有父亲。"确确实实,看了她这个短信,我心里还是很有触动的。作为辩护人,有这个效果和这个价值,你的付出和努力都是值得的。我们应该不计任何代价去尽我们最大的努力,因为我们是在挽救一个生命。虽然说他犯了罪,但是从我们辩护人的角度来说,实际上就是在挽救一个生命。律师避免一个错案,那就是功德无量。

二、优先关注可处死刑的罪名及事实

(一)如何判断可处死刑的犯罪

律师接到一个案子,被告人有没有可能被判死刑立即执行,是要优先考虑的。以下几点因素值得我们去关注:

第一,被告人所涉及犯罪事实的严重性;第二,社会政治和舆论形势;第三,被告人安抚受害人的情况。这三个因素都是我们要考量一个案件会不会被判死刑立即执行,被告人是否可能被处极刑的重要方面。

在这里我想给大家讲一下我当专职律师办的第一个刑事案子,河南汝州原来那个市长徐中和案。徐中和是我们国家反腐败第一批阶段性成果,第一批被判处死刑立即执行的三个人之一。汝州市长徐中和、深圳房管局局长陈炳银、惠州公安局局长洪永林,他们三个人同一天被执行了死刑。这个案子一、二审都是我办理的。一接到这个案子,我的感觉就是尽最大努力看能不能把他的命保下来。为什么呢?因为那时候审查起诉阶段律师是不能

介入的,律师都是在起诉之后,到了法院才能介入。而当时刚一起诉,全国的报纸,大报小报铺天盖地全部是徐中和的案子,他虽然说是汝州市长,其实就是一个正处级,是一个县级市的市长,但给人的感觉就像一个地级市市长那样,职务很高。整个宣传的调子,就是认为这个人腐败透顶,就是要让他死,我也感觉到了这种巨大的压力。他涉及的罪名是两笔40多万的受贿,加起来80多万,但在当时的80多万恐怕相当于现在上千万了,是非常巨大的数额。再加上这种舆论形势,确确实实我感觉有非常大的压力。其中有一个细节,就是起诉书指控他受贿的两笔40多万,与一个南方之行有关,他们到南方去考察,后来收了接待中心一个人的这两笔钱。同案第二被告人范干朝具体安排接待。起诉书就说了这样一段话,徐中和要去南方,告诉他的副手范干朝给他们"打个招呼",起诉书就说,徐中和告诉要打个招呼,范干朝心领神会,是徐中和要借机"大捞一把"。这是写在起诉书里面的,而且报纸媒体全都这么宣传的。所以到了开庭的时候,因为那时候基本上没有证人出庭,但是因为范干朝是同案的第二被告人,也在法庭上,所以到了范干朝出庭的时候,我向他提问,我问:"范干朝你是不是经常出差?"他说:"是啊。"我说:"你出差会不会给你下面办事处的人打个电话,让他们来接站、订票或者安排住宿什么的?"他回答说:"是啊。"我说:"这个是不是打招呼?"他说:"是啊。"我接着问:"你为什么说徐中和告诉你打招呼就是要'捞一把'呢?"他回答:"那不是我说的,是检察院说的。"当时开庭是在平顶山帘子布厂的大礼堂,一千多人的大礼堂,座无虚席。范干朝特别大声地在那儿说"不是我说的,是检察院说的",把这句话否了。所以最后法院在判决的时候,就把这句话去掉了,法院不认为徐中和那么早就有索贿受贿的故意。

接手这个案件后，包括在法庭上，我都是用非常温和的方式，实际上就是请求法庭包括公诉人，能给他留一条命。当然，公诉人和法庭都能听出来我讲话的这种语气和我的这种方式。徐中和是煤矿工人出身，文化程度不是特别高，但是作为一个市长，一个领导干部，他也是很有悟性的。在我平时会见他的时候，他就一再地问我，说："律师啊，你能不能给我讲一讲我这个案子会在哪个幅度内量刑？"我真的没敢告诉他可能被判极刑，我怕说了之后，他情绪特别不好或者有其他影响。我说："总而言之你这是最重的那个档，10年以上的。"但是这个人是很有领悟能力的，到了法庭上，一看那架势，尤其是听了公诉人读了起诉书以后，他就说："我看呀，整个起诉现在就是要我的命啊！我这几天反复地琢磨，在看守所里有那么多人，他们都拿到了起诉书，只有我的这个起诉书里面有两个'特别'，'数额特别巨大，情节特别严重'。两个'特别'，这不是让我死吗？"所以他自己已经感受到了这一点。因此，整个开庭过程也看得出来，他是极力地在抗争。所以就像这样的案子，应该说作为律师，肯定要感受到被告人被判处极刑的可能性是非常大的，你应该作出这种判断。

还有的案子和受害人也有很大关系，就像李昌奎这个案件。本来给他改判死缓，这不是错案，但是就因为受害人不满意，使这个案子引起了媒体的关注，社会舆论对他极其不利。当然我们必须承认，他的罪行是非常恶劣，非常残忍的，死缓最后又改判成了死刑立即执行。所以像这样的案件，这些因素我们都要考虑。

总而言之一句话，怎么样判断可处死刑之罪，从辩护的角度来说,你总是要从最坏的那个角度去着眼。有些也可能没有那么大的风险,那你也要考虑能不能判得那么严重,这应该是你整个辩护考虑的一个出发点,你要从你的辩护角度,考虑得更严重些。

(二) 优先考虑可处死刑的情况

一个案件,尤其是有可能被处死刑的案件,往往涉及很多的罪名,但是你要优先考虑的是可处死刑的情况,主要有两个:一个是可处死刑的罪名,另一个是可处死刑的事实和情节,尤其是涉及黑社会的案件。我办过辽宁宋鹏飞案件,他是继刘涌之后,第二个黑社会案件,也是有非常大的社会影响的一个案件,起诉书就有上百页,罪名 10 多个,但是我首先关心和关注的就是他有没有可能被判死刑。这个案子中有杀人,有重伤害,这个时候你就要考虑被告人确实很危险,而你再看杀人与伤害和他有没有关系,如果再和他有了关联,那恐怕这个就是要判他死刑的点。从辩护的角度来说,这个肯定就是你要优先考虑的。你要考虑怎么辩护这样的罪名,这些事情到底和他有没有关系,他要不要负直接的责任。

比如刘汉案件,据说刘汉一开始的时候,还以为他就是一个包庇罪,因为他弟弟杀人了,他把弟弟藏在一个地方,还供着他吃喝。一开始抓他的时候就是包庇,但是到了移送起诉阶段,他大吃一惊,感觉不是那么简单,这个案子搞不好他命就没有了。因为他一看涉及那么多罪,其中有好几个都是有人命的。当然最后的关键点,实际上就是他那个总经理孙晓东后来出庭作证了。可以说就是这个证人的证言,从某种程度上决定着对他的量刑,是不是要量极刑。所以孙晓东在出庭作证的时候,他的证言是说刘汉知道,并且作出了某种指示,意思是把那个人除掉。有了这种指示,像这种案件被告人就有极大的可能性被判处极刑。所以接到这样一个案件,就是说被告人有若干个罪名,可能涉及10个甚至更多,什么非法经营啊,非法吸收公众存款啊,私藏枪支弹药啊,偷税逃税啊,寻衅滋事啊,很多罪,这些都有可能,但是作为辩护人来说,你肯定要往死刑的罪名和死刑的事实和情节上考虑,你的主要精力要投入到这方面。

(三) 特别注意涉及死刑的关键事实

同样的罪名,同样的事实和情节,你得特别关注对死刑来说,判处死刑那个最关键、最主要的事实,这里面可能有这么两个点值得考量:

第一,谁是直接的实行犯。因为在我们国家处死刑的案件中,一般来说,杀人、重伤害、投毒致人死亡,这种有人命的案件,被处极刑的可能性更大。当然还有像毒品等犯罪都会有,其他的犯罪相对比较少。因此在这类案件中,尤其是涉及杀人的案件,实行犯是很重要的。像我刚才举的这种黑社会案件,往往实行犯不一定是那个老板,有具体的实行犯,实行犯通常情况下都会有很大的风险被判死刑立即执行。因此,接到这样的案件之后,如果你是替那个实行犯来辩护,那你确确实实就要考虑他是不是要被判死刑立即执行,这是应该优先考虑的点。

我曾经办过一个案件,是西安一个杀人碎尸案,在西安是很轰动的。一个老板欠另外一个女老板90万元钱,那个女老板老问他要,这个人没有钱,还不上,那个女老板就很生气,经常电话里说他,意思他不讲信用,他这个人怎么怎么着,结果他某一天就动了杀机,想把那个女老板杀了。他让司机,就是他手下开车的,拉他到一个超市,买了清洁剂、胶手套,又买了旅行箱,大箱子,装在车上。当时买的时候他的司机就帮他拿着,他并没有说他要干什么。然后他就约那个女老板,让她到哪个哪个酒店去。那个女的一听他要给钱,就去了。去了以后,他俩在房间里就谈给钱,那女的是债权人,要求很简单,就是要拿到钱,来了之后问给不给钱,他又说没有钱,那女的肯定就很气愤嘛,说他一遍一遍老不给钱,什么意思啊,就说得很难听了。最后他就掏出一张银行卡来,把这个卡给他司机,意思是让司机领着她,给她取几万。90万的债给几万肯定也少,那个女的也是不满意,但是取几万就取几万吧。那个司机就拿着卡往门那儿走,那个女的就随后跟着他,那个老板在最后面,结果这个司机还没把门打开,这个老板在后面动手就把那个女的给扳倒了。司机回头一看,老板动手把那女的给扳倒了,就过来帮忙。他先帮着摁腿,接着又帮着摁肩那个地方,掐着脖子,那个老板跑到卫生间里拿了一条毛巾,捂到这个女的嘴上,到最后就是窒息,那女的死了。死了以后,因为这个老板实际上是有预谋的杀人,那个司机却有点傻了。老板就说:"你帮我把她抬到卫生间。"司机帮着把死尸抬到卫生间的浴缸里,然后把门关上,老板就说:"你害怕就去那儿看电视吧,你别管了。"完了那个老板又跑出去买了钢锯、胶膜机。回来之后,司机还在那儿看电视,那个老板就开始肢解尸体。肢解了之后,就用塑料袋装,一袋一袋的,所以说当时这个案子很轰动。那个老板分尸之后,把尸块装到塑料袋,又装到箱子里,旅行箱,两个箱子不够,他又出去买了一个大箱子来,弄了三个大箱子。装好了,那个老板让司机来帮着拎箱子,下楼去退了房,把箱子装到他们车上,开到了这个司机租的房子那里。原本有几个员工都在那儿租住,老板就让司机打电话,告诉其他那几个人,说老板来客人了,让他们都不要过来了。之后,司机和老板就把这个装尸体的箱子放在房间里。老板一看块儿太大，又接着跑到卫生间里继续分尸，最后老板就开车出去扔。西安不是叫八水绕都城嘛，差不多八条河都有尸块，其中也有几包是司机开车帮着扔的。事后，老板就给这个司机留了一万多元钱，意思是让他买点吃的，压压惊，然后老板就跑了，司机就藏在出租房里吃泡面度日。案发之后，警察很快就查到了这个租住的地方，抓住了这个司机，抓住之后，他就全盘交代了。后来他家属委托我做他的辩护人，我一听，这个案子肯定是很严重的，而且这个老板跑了，没抓着老板，只把他抓来了。只把他抓来这个也是很有风险的，主犯没抓着，他就变成主犯了。有几点事实是很清楚的，他跟那个女的没有任何恩怨，确确实实他就是下属，老板要打这个人，他就帮忙这么一个角度，所以我也特别关心他到底动没动手去抓这个女的。在公安做笔录的时候，他就说先摁腿，后来又摁人家脖子，掐住脖子，那这个行为实际上就是一个实行行为了，是很严重的行为。剩下那些和他说的也是一致的，就是说他害怕，老板让他去看电视，老板自己在那儿分解尸体，这个他都没有参与。

　　问题是掐脖子这个行为，在老板没抓住的情况下，到底是掐脖子掐死的，还是拿毛巾捂死的，这本身就会出现一个疑点。后来基本认可了他的这个说法，说被害人是被毛巾捂死的。他的证言也是说，他不是直接掐脖子上，而是掐前胸这个地方，实际是摁住，不让那个女的起来。那个老板拿着毛巾捂着被害人的嘴，导致她窒息死亡，最后认定是窒息死亡。但是他确确实实帮着掐了脖子。当时这个案子在辩护的时候，他同号的那些人基本上跟他说他差不多就是必死无疑，我也认为他有很大的风险，但是我认为就情节而言，他确确实实应该是排在第二位的，因为他没有任何杀人的动机，前面那些事情他甚至都不知道，都是他那老板做的。所以后来这个案子在开庭的时候,我当然是一直替他求情,就是不希望判得太重。当时在法庭上我跟公诉人还发生了非常激烈的辩论,因为公诉人有一个理论,说他是实行犯,因为他帮助去摁了嘛,实行犯就是主犯,根本就不是从犯。我认为因为他跟被害人没有任何恩怨,应该给他定从犯,所以为这个事情我们就争了很多。我说实行犯也有可能是从犯,不是实行犯也有可能是主犯,比如教唆犯。最后法院还是把他定成了主犯,但是给他判了一个死缓。

我们当时跟法庭讲,被告人的这个证言是很可信的。因为被害人死了,他的老板没抓住,如果遇上有的被告人不承认去掐脖子,那他自己的责任就减轻了。但是他还是很实在,把自己做的事实实在在地讲了,这也证明他说的是可信的。在这种情况下,他这个作用还是应该给一个恰当的评价,所以最后判了死缓。我觉得就像这样的案子,很轰动,社会非常关注,而且非常恶劣,杀人碎尸,他又直接实行了,的的确确非常严重,有时候两个人都是死刑,也是非常有可能的。所以这种案子在辩护的时候,我们确确实实得好好考虑。

第二,谁是直接的教唆犯。可处死刑的案件中,这种类型应该说更多,就是谁是幕后主使,那恐怕就是要死的。我也办过一个案件,是平顶山政法委书记李长河雇凶杀人案。被告人一审被判了死刑立即执行。这个案件有两个实行犯,争议焦点有两个:其一,被告人的教唆是教唆杀人还是教唆伤害;其二,杀错了对象是否对量刑有影响。这个案子情节是李长河原来好像是区长还是区委书记,其中有一个人跟他有矛盾,那个人就举报他,后来就变成公开的举报。他到平顶山市去当政法委书记的时候,那个人还是举报他。老被举报,当然他也比较烦了,他有一个哥们儿说这个家伙老这么跟他作对，找人"收拾"他一顿，他同意了。但是这个话后来就有争议了，他说的这个"收拾"到底是收拾死还是就是打一顿，吓唬吓唬他？这个人就雇了两个东北人，让他们去教训那个人一顿。这两个东北人打了一个出租车跑到那家去，要去教训人家，结果没想到去得太早了，就在车里坐了一会儿，恰巧有人看见了这个出租车，就很留心记了下来，因为当地出租车很少。受害人回来以后，他们就跟着受害人到了家里，想要教训受害人。结果打起来以后，那个受害人反抗得非常强烈，两个人就没能把他摁住。受害人的老婆正好在屋里，一看外面有人在打她丈夫，就大喊大叫，声音特别大。这两个人一开始可能还想把这个男的制服了就不出声了，一看他的老婆在那儿叫，就对着他老婆冲过去，结果一下子把他老婆给杀死了。所以最终举报的这个人没死，而他老婆被杀死了。死了一个人，这两个人肯定是实行犯了。

　　后来公安破案，也是多亏了出租车。二人在行动之前，雇人的那个人在一个饭店请他们吃饭，吃完饭之后，他们出来打了出租车出发。上面我说到有个有心人记下了出租车号，结果一找到出租车，出租车司机说那俩人是他在什么地方拉上的人，到了那个饭店，因为他那小地方，实际很多人都认识，饭店说是啊，谁谁谁在这吃饭，就把雇凶的人找到了，这个案子就这么破了。

　　那这就涉及李长河教唆的问题，他这个故意是一个杀人的教唆故意还是一个伤害的故意？要不要让他承担"死"这样一个刑事责任？另外，杀错对象这个事实怎么认识？按照我们国家刑法理论，杀错对象不是免责理由，不管怎么说，死了一个人。但是从犯罪故意的角度来说，他确实没有要杀那个人的意图，真正要杀的人没死。二审是我去给他辩护的，我们也做了很多调查，仔细地研究了口供及证人证言，但是后来这个案子还是不成，最后法院还是判了他死刑立即执行。所以像这样的案子，我感觉我们国家对这种教唆杀人、雇凶杀人，处罚还是比较严厉的，当然从维护社会公平价值的角度来说，也能理解这个刑事政策。所以说像这样的案件，实行犯一般来说肯定是要被判死刑立即执行的，但是教唆犯有时候也是很危险的，就像原来和刘汉有关的袁宝璟那个案子，他们哥儿几个都被判了死刑立即执行，其中就有实行犯，也有教唆犯。

还有更直接的，比如王立华绑架吴若甫的那个案件。王立华先是绑架了顺义首富的儿子，问人家要钱，他打电话给那个儿子的父亲，说："我是里边刚出来的，我现在没钱，你先给我拿200万，以后我有钱了，我会还你。但是你不要报警。"他说："我懂法，在大陆绑架是没有死刑的，我也不想死，我还想花钱，还想挣钱还你，但是你不能报警，你要报警，那就对不起了。"结果他说了之后，那个老板就报警了，同时也把钱准备好了。在给钱的过程中，这个王立华也是很精明的，可以说反侦查的能力和技术是有一套的，他通过闯红灯等各种方法，试出来有人跟踪，所以认定那个老板报警了。结果那一天，在已经被跟踪的状态下，他把钱拿到手后，同时在三元桥附近开车逆行逃跑了，因为我们警察当时都是开的民用车，不是警车，追不上，最后让他跑掉了。

王立华后来是因为又绑架吴若甫才被抓住的。当时他跑了以后，就给手下发了一个短信："办了"。最后这个短信就有争议了，一个是发没发短信，再就是这个"办了"到底是什么意思，一种解释是说把人杀死，王立华他姐姐给我另一种解释，说"办了"的意思就是被发现了，出问题了。

如果按照第一种理解，那手下人按照短信的意思把人给杀了，王立华就是直接教唆，那肯定是要被判极刑的。但是他姐姐特别诚恳地来请我去给他弟弟辩护，她的理由就是，像她弟弟这种情况，她也知道肯定是要被判死了，但是他肯定知道好多案子的情况，就让我去好好做做王立华的工作，看看能不能让他检举揭发立功，也许能保条命。当然这件事对社会也有好处，所以我就答应了，我就去会见他。

王立华这个人，可以说是我见过的人里面最凶的。比如李长河这样的我也会见过，坦率地说，这些人感觉起来，还没有那么凶，王立华是我见过的被告人中最凶的。他身体特别壮，像豹子一样，肌肉很发达，而且一直都很凶，给你的感觉，随时会跳起来跑。所以说办了他这个案子之后，我改变了关于法庭上不能用戒具的这个观点。原来我认为在庭审的时候不能用戒具，后来改成了对于特别危险的被告人可以用戒具。我感觉像王立华这样的被告人如果在法庭上没有戒具，一定会杀人逃跑，而且三两个人根本抓不住他。

王立华亲口跟我讲，他被抓住的时候，手雷是装在裤兜里的，他发现有人跟踪他以后，去一个超市转了一圈，想办法怎么逃，不过我们的特警真是厉害，上去就在后面把他抱住了，把他两个胳膊紧紧抱住，箍在那儿，他的手已经伸到兜里，都摸到了手雷，但没拉响，所以那真是非常非常惊险的。我见了他以后，我说：" 是你姐姐请我来给你当辩护人的。"他说：" 给我请什么辩护人呀？你要想帮我忙，就赶紧去跟他们说，明天就把我拉出去毙了得了，省着我在这儿待着还受罪。"

王立华的姐姐，虽然不是学法律的，她也认识到" 办了"这个短信非常重要，所以她就想搞清楚这个到底是什么含义。但是就王立华本人而言，他自己对被判死刑立即执行是有思想准备的，因此，他在这方面并不是特别想争。所以一直到开庭的时候，我也见了他好多次，也劝他检举揭发，他明确说不行，他说没什么检举揭发的。那像这样的案子，可以说，辩护的余地特别小。

三、影响死刑判决的重要情节

以上所说的，是死刑有效辩护的基础。还有一些其他的，都可能影响到被告人会不会被判死刑立即执行，我觉得下面一些问题都值得考量。

（一）认罪态度

在死刑立即执行这样的案件中，认罪态度在我们国家有很重要的作用，尤其有些经济犯罪、职务犯罪，还有像毒品犯罪，就是说可处死刑，可不处死刑的，如果说认罪态度不好，极有可能被判极刑。因此，对于这样一些案件，你就要考虑劝被告人认罪、态度要好。包括我办徐中和这个案件，我确实自始至终跟他讲，我说："钱你收了，这个罪你是要认的，有些情节你可以去讲。"我从辩护的角度也是这样的。这时候他不能很对抗，他的认罪态度要胜过你给他减掉一笔两笔犯罪指控，这类的案件认罪态度非常重要。

这里面也有一个现实的例子，就是郑筱萸案，原来我们药监局的局长。实际上要说他受贿的数额，在当时看也不是最大的，是600多万的受贿。但是那么多案子中，有的上千万的没有被判死刑立即执行，他被判了死刑立即执行，他的问题就是出在当时的假药等这些问题，社会影响太大，太恶劣，需要有人出来承担这个责任。所以说像他这样的案件，如果去给他辩护，那你必须得劝他认罪。如果不认罪，那这个死刑的可能性就更大了。

像安徽省原来一个副省长叫王怀忠，他就是一审不认罪，二审认罪，晚了。一审不认罪，被判了死刑立即执行，二审他又认罪，已经不行了，所以说认罪态度有时候在这里起了很重要的作用。因此，死刑案件的辩护，我们如果判断这个案件被告人有可能被判死刑立即执行，确确实实要先考虑被告人的认罪态度。当然如果说他根本没杀人，他跟你说了，那你要据理力争，你不能劝他说没杀也承认杀了，以争取个好态度，这个是不可以的。如果他承认他杀了，确确实实他杀人了，事实证据都确凿，在这种情况下，那你要劝他好好地认罪，态度要好，有些无关紧要的东西就不要去争辩了。这里很重要的一条，比如非法证据排除，像这类案件就不宜再提出来了，因为你提出来非法证据排除，实际上势必就变成了态度不太好，这是有一定影响的。当然我也不是说有非法证据，也不去排除，但是这个非法证据排除对辩护方来说，是一个选择裁量的问题，不是说凡是存在非法证据排除的情况都要提出来，有的时候就要综合全案的情况，有时候需要提，有时候也可以不提，像这种情况，我认为就最好不提。

（二）对受害人的安抚

在我们国家，尤其是有命案的案件，要不要判死刑立即执行，对受害人的安抚也起着非常重要的作用。有些案件如果把受害人安抚得很好，达成了谅解协议，那往往法院在判这个案子时，如果要判死缓，可能就没有那么大的压力了。不然的话，现在受害人上访也不得了。所以这种情况下受害人安抚得不好，往往是非常危险的。

李昌奎案是一个例子。我曾经还办过一个案件，浙江杭州的，也是类似于教唆杀人这样的案件。我的当事人和另外两个老板合伙经营一个鞋店，后来产生了矛盾，他和第一被告人认为另一个老板在捣乱，两人就商量要教训教训他。我的当事人是第二被告人，按照他的说法，是第一被告人找人要教训，结果没想到教训的时候，找来的那个人一刀子正好捅在被害人腿部主动脉上，血流得特别厉害，虽然没用10分钟就送到了医院，我这个当事人当时还跑到医院组织帮着抢救，但最后也还是不行，毕竟血流得太快了，被害人死了。

这个被害人有一个特殊的情况，他是回族，天津人。天津的穆斯林协会专门给法院写了一封信，要求严惩凶手，那又涉及少数民族的问题，因此法院压力很大。这个案件中，实行犯有一个人被判了死刑立即执行，他们两个教唆犯也都被判了死刑立即执行，等于被害人是死一个，这边现在判死刑是死三个，就和袁宝璟那个案子有点像。但是我们认为这样也太重了，我那个是第二被告人，可不可以考虑给他判死缓？到最后法院还是没同意。我在会见这个当事人时，他对家里人有点抱怨，就是受害人家里想把他鞋店那个股份都要走，他的家里人还想再讨价还价一下，看能不能尽量少一点，但是最后这个事没办成。他认为这种时候就应该把财都舍了，保住他的命，但是他在看守所里也不能处理这件事，由此也给我一个很大的触动，就是说像这类案件，有的时候可能被告人家里确确实实要舍得拿出一部分财产来安抚受害人，那样可能对这个案子的处理会有很大的好处。

（三）被害人的死因鉴定

被害人的死因鉴定应该是我们做死刑辩护中要着重考虑的一个问题，就是被害人到底是怎么死的，这个我们应该特别地加以关注重视。像去年复旦大学林森浩投毒杀人案件，我看他那个律师提出来这点，这个辩点应该说是好的。最高人民法院死刑复核的时候，林森浩本人一直说还请原来二审的律师，但他父亲说解除了，要重新聘一批律师，林森浩本人不同意。按照聘请律师的规则，要以他本人的意见为准。但是我认为在这件事情上，最高人民法院做得很好，就是最高人民法院的法官说，尽管他父亲请的律师不是法定的辩护人，也就是说不能去会见，但是法院还是接收了他们提供的材料，听取了他们的意见。我看后来在裁定中，包括后来答疑的时候，也回应了这些辩护人提出来的一些疑点。其中有一个很重要的疑点，就是这个被害人到底是怎么死的，是被毒死的还是急性肝坏死？据说两次化验结果不一样，第二次化验的时候，乙肝三项呈阳性，有一个专家就提出来说，这种情况下，不排除他受到了其他病毒的刺激导致肝坏死。这样的话，这个死因应该说还是比较有力的一个辩点。当然鉴定死因的鉴定人又出庭作证，我看他回答了，他说不是，肯定不是肝坏死，就是被毒死的，如果是肝死亡，不会光乙肝三项出现阳性，应该五项全部呈阳性。这是一个专家的解释，等于回答了这个质疑，所以法院排除了这个怀疑点，最后还是维持了死刑立即执行的判决。但是我认为律师提出的这个点，努力的方向是对的。

（四）被告人的刑事责任能力

在有些案件中，被告人刑事责任能力要优先来考虑。比如马加爵、杨佳这样的案件，尤其杨佳这个案件，在聘请律师这个问题上，我觉得我们司法机关当时是有很大问题的。一审的时候，聘请的律师据说是那个区政府的法律顾问，所以大家就质疑说他有利益冲突，因为受害方是公安局，公安局是政府的一部分，这个律师有冲突，但是司法机关坚持让这个律师辩护，而且不让被告人家属去聘律师。我认为我们的司法机关、政府没有必要过多地介入聘请律师这个问题。聘请哪个律师，都只能依据事实、证据和法律办案,不可能某个律师就能够跳出这个圈子之外,跳出这个圈子之外,我们司法机关也不会接受。所以哪个律师也没有那么大的作用,包括像杨佳这个案子,一审那个律师,二审换成了翟建,那是我们比较有名的刑事辩护律师。翟建去辩护,结果如何,大家也知道,那不还是维持了嘛,并没有说换了一个律师,就立即出现多大的问题,实际上还是按照程序来办才好。

但是这个案子无论是一审的律师还是翟建,实际上像这样的案件就关注一点,被告人有没有刑事责任能力,换句话说,他是不是精神病,能不能全部承担杀人的责任。如果是在国外,这种案件从某种程度上说,倒过来就能证明他有精神病,就为一个自行车这么一件事情,怎么能杀那么多人呢?这个有点不可思议,应该说精神至少不正常,不健全,有很大的问题。这个辩点也应该是这种死刑案件中很重要的点,有的时候其他那些点都没有用,只有这个点成功了,才有可能使被告人不被判死刑立即执行。

(五) 坦白、自首、立功情节

坦白往往不起作用,自首有的时候会起作用,自首加上认罪态度好,假设再没有其他恶劣的情节,有时候会起作用。当然最起作用的就是立功,往往立功都能够使被告人避免极刑,改成死缓。但是我也想告诉大家,我亲自办过一个案件,到最高人民法院来复核,最后我没有想到立功没有作用。因为这是一个毒品犯罪,给被告人定的是贩卖、运输毒品罪,数量很大的冰毒,数量绝对够判死刑立即执行。但是这里面确实有些情节,真正的毒枭老板是在我国台湾,这个人按他的说法,就是听那个毒枭的,帮着他在这边接接货,付付钱,而且他把自己的钱和买毒品的钱分得很清楚。那个老板打过来的钱他就去买毒品,他从来不会用自己的钱去帮着买，从来不混，都是分得很清楚。他自己不出一分钱，包括去雇车等都是用老板的钱。那个老板指挥把东西给谁，他到时候就按照电话，交给谁。他本身吸毒，他也从那个老板那儿买毒品，买的时候可能给他价钱优惠点，质量好点，大概是这个意思。

犯罪是没有任何问题的，数量也是非常巨大的，应该说他是属于要处极刑的那个档。但是这个案子，公安机关一开始就说，最后抓住他的时候，正好有一个司机开车帮他去拉毒品，刚给他送完，那个司机回去了。因为这些贩毒的，手机号都是临时的，名字都是阿三、阿四、阿龙，都是这种名，根本就没有真名，也没有身份证。你要如果这么一说，根本就不知道是谁，只有见了面，才知道是哪个人。所以那个司机就找不着了，结果公安就让他给那个司机打电话，让他过来，算他立功。他后来想了想，就打了个电话给那司机，意思说他又有一批货，那个人不是挣他这个运费嘛，让他过来，那个司机真的来了，警察把他抓住了，是他这个案子的同案被告人。

公安确实也是守信的，说他立功，人家也写了材料，检察院也认可了，认为这是立功。最后法院也认可了，说这是立功。但问题是这个立功，正好涉及同案被告人，那个人是最后一名被告人，第四被告人，最后认定成是这个案子的从犯，判了15年。判15年是构成立功，但不够重大立功，重大立功是要判无期徒刑以上。但是这个罪实际是可判处无期徒刑的，因为我们国家10年以上有期徒刑、无期徒刑、死刑都在一个档里。如果不是在同案，比如在另外一个案件，就可以视为可判无期徒刑这样一个犯罪，那被告人就够重大立功。因为是在本案，就判了15年，不是无期徒刑，就定不上重大立功。但是我认为他立功了，这一条足以换他一个死缓,结果没想到一审法院判了死刑立即执行。后来我们上诉到二审法院,二审法院还是维持了。但是我那时候还是蛮有信心的,认为到最高人民法院应该从严掌握,有立功了,还不能给他改判吗?结果没想到,最高人民法院也认为这个立功不够大,立功承认是立功,但是不够大。所以这个案子确实给我很大的触动,就应了原来的题目,要像法官一样思考。通过这个案子,我也研究了法官的思考,就是这个立功是不够的,尽管我不能苟同。我原来真是几乎有90%的信心认为这个案子被告人不能被判死刑立即执行,但是最后这个立功就没有用了。

四、影响死刑判决的重要的法律因素

(一) 地方性规定的差异

死刑辩护案件,各个地区还是有很大差异的。比如毒品犯罪,毒品犯罪比较多的像云南、甘肃这些地方,有时候就不一样。

我也曾经办过一个案件,这个案件的当事人是山东人,是一个药厂管供销的,他们山东那个药厂有一种材料叫咖啡因,是食品添加剂,很多食品,包括可口可乐都需要添加这个东西。在山东这个东西就是作为食品的原料,他就批发这个东西,都是一吨两吨三吨这么去卖。结果山西运城有一个客户向他买,要两吨半,他就从山东那个厂子里买了,给人家运过去了,没想到被当地的公安给抓住了,抓住了之后,认定两吨半是毒品。因为山西跟山东有一个不同的规定,山西的高级法院、检察院、司法厅跟公安厅联合有一个文件,规定咖啡因是毒品,而且数额10公斤就够死刑,他这个两吨多,所以山西破获了特别巨大的毒品案件,当时报纸也都报道了。

这个案子一、二审都是我辩护的。我当时就说这个东西在全国很多地方都不会把它作为毒品，是把它作为食品添加剂，你地方这么规定，就给规定成死刑了？但是一审辩了之后，没有用，判了死刑立即执行。二审接着让我辩护。二审我去会见他，这个人不像有的判了死刑立即执行的人那样压力特别大，情绪特别低落。他一见了我，第一句话就说："这不开玩笑吗？怎么让我吃枪子儿了呢？"好像他就完全不能相信，说这怎么就让他死了呢？他根本不相信是真的。因为在他们当地这个东西根本就不是毒品，怎么到这地方是毒品呢？后来我发现，山西人和其他地方人不一样，拿这个咖啡因，用精装包烟的那个锡纸展开了之后，放到上面，点着了吸，就是这么当毒品。而且非常可笑的是这个山东人在看守所里才知道他们把咖啡因当毒品吸，而且在看守所里边居然还有人在吸。就是这样一个情况。

这个案子确确实实我也感觉到问题非常严重，那时候死刑复核权还没有收回到最高人民法院，当时我通过最高人民法院确实找到了这类案件的判决，在其他的案件中有过类似的解释，这类案件不能判处那么重。所以这个案子到了二审，到了山西高院的时候，还是起了作用，山西高院考虑到最高人民法院以前的答复，以前的案例，最后改判成了死缓。有的时候这种案件，这种地方性的差异，虽然在我们国家是越来越少越小，但是也不能排除，所以有的时候律师也得特别关注。

（二）证据的形式要求和可采信性

对于任何刑事案件来说，证据都是基础。因为案件的基础是事实，事实要靠证据来证明，证据是最重要的。对于这种死刑判决的证据，我认为应该要求更严。所以在这点上，从我们辩护人这个角度来说，必须得用严格的法律态度来看证据到底够不够。

我也通过办案的实践发现,有些案件中的证据确确实实是有问题的。我们现在有一类案件就是间谍案件,因为这类案件涉及国家安全,往往证据是有问题的。我也办过一个间谍方面的犯罪,在我们国家只要定成间谍罪,要是判了死刑立即执行,据说没有改判的,全部都执行了,很严格。但是间谍罪的相关证据,因为涉及国家秘密,是保密的,不能被提供。那现在就提出来一个问题,到法院来审判,怎么来判断泄露的那个东西是不是秘密?是哪一级秘密?反正我的那个当事人当时跟我讲,他承认是秘密,但是他认为这个秘密绝对没有到那么高的程度。整个法院案卷中的鉴定材料是什么材料呢?就一个鉴定意见,没有任何材料,连被鉴定那个东西都没有,只是说根据别人的介绍,这属于绝密级,就这么一个鉴定书。等于最后法官也没看见到底泄露了什么样的一个秘密,作为律师,你几乎就没有办法辩。你没法说,因为你也没看见那材料,你不但不知道内容,连形式也不知道。到底是个什么样的文件,上面怎么写的,你都不清楚,只有一个说明,说这是绝密。

如果不办这样的案件,我也不知道这个案子是这样的,一、二审到死刑复核到最高人民法院全是如此。所以我办理这个案件时确实给最高人民法院明确地提了,我说法院要像法院,不是说独立公正地审判吗?你要独立公正地去审查证据。在这个案件中,你不能听行政机关的,国家安全机关当然有国家安全机关的一种认识,一种办案的方式,他们有一定的标准,但是不能说他们说什么,法院就认什么,这样的话,法院就没有了独立审查的权力和地位,而法律给了你独立审查证据的这种权力,所以法院应该去独立审查。法官也基本同意我的这个意见,但是事实上他却很难做什么。他也不可能说把那东西拿来让辩护人看一看,让被告人辨认一下这个秘密到底怎么样。被告人本人还跟我们讲，他说其实他这叫以情报易情报，他给对方的这个秘密比从对方拿到的那个还低呢，他从人家那儿获得的更有价值。我们都判断不了到底有没有价值，因为我们不知道内容，所以就是这样一个情况。因此，这类问题确确实实在这种死刑案件中，你还是会碰到的。遇上这种情况，对于这种法院的独立审查证据，我觉得将来还要作为一个命题，给法官提出来，不能只听别人的，法官自己要独立地按照法律标准去审查。

（三）从轻、减轻、免除处罚的情节能否适用于附加刑

这也是我最近的一个考虑，现在就像我刚才提到的那个毒品犯罪案件，说立功不够大，还得判死刑立即执行，那也没有办法，实践中都这么掌握。当然我认为这个是严了，实际上没有必要掌握这么严。但是我要考虑他毕竟是立功了，现在主刑不能改成死缓，能不能把立功的从轻情节适用于附加刑呢？比如少判罚金，少没收财产，这是不是要考虑呢？我觉得应该考虑。

但是我们国家现在实践中是什么情况？只要主刑不能适用，从轻情节就变成零了，就没用了，只考虑主刑，不考虑其他的。甚至还有更多其他的，比如返还财产等，这个是不是都要考虑？所以我觉得这也应该是我们辩护的一个点，以后我们也要多考虑。因为以前我们律师辩护这方面考虑得不多，说得也不多。

五、死刑复核问题

按照我们国家的法律规定，死刑复核程序是一个特别的司法程序。严格地说，它不是一个完全的司法程序，它实际上是有点内部审核性质的，所以现在最高人民法院一直也很坚持这种方法，就是不开庭，甚至听证会都不开，控辩双方也不到场，就是

审阅案卷,讯问被告人,再就是听取意见,实际上是行政审核这么一个方式。用标准的话说,可能就属于内部审查,听听外部的意见,是这样一个程序。

(一)《关于办理死刑复核案件听取辩护律师意见的办法》

现在在死刑复核中,确实涉及很多律师的权利,因为死刑复核是最后一关,能不能保住被告人的命,就看最后这一个环节了。所以死刑复核一直是律师关注的重点,律师也提出了很多的意见。去年最高人民法院印发了《关于办理死刑复核案件听取辩护律师意见的办法》,保障律师执业。我总结下来,大概赋予了律师如下权利:

第一,查询案卷的权利。案卷到没到最高人民法院,律师可以向立案庭查询,而且也规定了,律师接受委托之后,3天内要向最高人民法院提交手续。但是实践中,这个查询往往是很费劲的,有时候立案庭的电话打了之后,没人接,半天也查不出来。当然规定了律师有这个权利,允许查询。

第二,会见权。如果你是死刑复核阶段被委托的辩护人,可以去会见被告人,这个基本上能得到保障,但是全国各地执行的不一样。有的地方会见没有任何问题,也有些地方认为死刑复核阶段不能会见了,但是这种是可以争的。按照最高人民法院的意思,是可以会见的。

第三,阅卷权。这个是明确的,律师可以到最高人民法院查阅、摘抄、复制案卷,这个没有什么问题,最高人民法院也接待。

第四,与承办法官联系及面谈的权利。律师和承办法官面谈,这一条,最高人民法院的态度实际是反反复复的。原来是说律师直接联系承办法官,但是律师根本就不知道谁是承办法官,只给个书记员的固定电话，他也不告诉你谁是法官，只是约好了，他来见。在这个环节上，律师是很有意见的。很多律师都反映，留的电话经常没人接，所以联系起来很费力气。但是后来最高人民法院又重申了，允许律师跟承办法官联系，和承办法官面谈。此处的面谈，可以是承办法官和律师见面，也可以是合议庭成员和律师见面，后来可能也有人提出来，律师也可以跟书记员见，我们说不行，承办法官没有时间，合议庭其他成员也可以，但不能只跟书记员谈，这样做不合适。

第五，调查取证的权利。这个也明确了，律师是可以调查取证的，要有新的证据可以搜集。那相应的还有一个权利就是提交证据的权利，这个最高人民法院是接受的，是没有问题的，没什么障碍。

第六，提交辩护意见的权利。在死刑复核阶段，律师有权利提交辩护意见，就像有权利面谈一样，也是在反映意见，而且最高人民法院还做了一个规定，律师在接受委托之后，一个半月内要提交辩护意见。虽然死刑复核没有期限，但是还是想尽量地快，所以提出了一个半月内要提交书面的辩护意见。这是一项权利，是没有问题的。

第七，获得死刑复核裁定书的权利。这是律师一直强烈呼吁的，也是让律师有时候很尴尬的一个问题。我们听到很多类似的笑话，就是当事人家属给律师打电话，一看当事人家属来电话了，律师就说："我正在北京帮你去最高人民法院跑，问这个案子呢。"结果当事人家属说："都让我们见完了，也执行完了，现在我去拿骨灰。"律师还不知道呢，死刑就已经执行了。因为原来裁定书是不给律师的，所以说经常就弄得律师很尴尬。经过强烈的反映和呼吁，这次也明确规定了，律师可以获得裁定书，但是规定在死刑复核被宣判之后的 5 天内给,也就是说在宣判的前一天不能告诉你。当然是怕律师泄密了,但就是前一天不告诉,确实对律师来说是有问题的,因为 5 天内给,就像我刚才说的那种尴尬还是会发生,律师还不知道,但已经都执行完了。

(二)死刑复核的目的

死刑复核的目的是什么?刑事政策怎么掌握?我觉得这是一个比较大的问题。我认为就目前而言,在死刑复核这种刑事政策的掌控上,我们可能和最高人民法院的理解还是有区别的。

第一,死刑复核肯定是要防止冤假错案,防止错杀冤杀,这是毫无疑问的。

第二,很重要的一点,即死刑复核是不是就是说只要不错杀,不冤杀就可以?换句话说,可杀可不杀的,是杀还是不杀?如果按照我的理解,死刑复核应该贯彻少杀慎杀的刑事政策,可杀可不杀的,不杀。但是就实践而言,我认为现在最高人民法院掌握的政策,有一个底线,就是不能错,不能冤,但只要是不错,杀就杀了,并不是像我们想的,可杀可不杀的就不杀了,没有达到那么严格的一个程度。

我认为我们律师和学者,还是要更多地呼吁减少死刑的适用,减少极刑的适用。这实际上应该符合我们长远的刑事政策,只不过现在可能在实践中没有把它提到那么高。

在死刑复核阶段,律师辩护的重点,与一、二审又不同了。这个阶段辩护的重点我觉得很集中,两条:第一条,要集中地辩护判处死刑的罪名和事实,那些没有判处死刑的罪名和事实,在这时候意义就没有那么大了,所以着重考虑就是一点,判处死刑的罪名和事实。第二条,反向的,就是可以不判处死刑立即执行的理由,就是我前面谈到的。当然其他的辩护意见,在死刑复核阶段也可以提出来，包括在二审的时候，判了死刑立即执行，你可以提其他的辩护意见。因为按照最高人民法院关于死刑复核的规定，可以有部分罪名的改判，部分犯罪事实的改判。有时也不是完全没有效果。因此在死刑复核的辩护中，我觉得要把辩护意见分成两部分：第一部分，突出辩护的是为什么不要判死刑立即执行，或者说为什么可以判死缓甚至更轻的刑罚，要着重论证这一点。第二部分，要讨论一些其他的法定的或者酌定的从轻、减轻情节。

六、关注舆论问题

我认为，死刑的辩护，死刑的案件，在我们国家舆论还是起很大作用的。作为一个律师，如果接办一个可处死刑的案件，还是要非常关注舆论问题的。

（一）舆论有可能导致死刑立即执行的判决

我们国家这种案子实际上是不少的，我在这里举两个例子。一个就是河南张金柱那个案件，那个案件我们今天冷静下来看，判死刑立即执行，尤其是按间接故意杀人给他判了死刑立即执行，实际上是有点重了。因为那个案子案件事实实际上是挺清楚、挺简单的，被告人醉酒驾车，撞了骑自行车的父女两个，撞了自行车之后，有一位好像是女儿，直接就撞到挡风玻璃，之后又掉到地下，死了，然后他把自行车拖到车下，开着车跑，把那个父亲拖了快两公里，最后被人拦着停了下来。但是那父亲是重伤，没死。其实这个案子很简单，这个死亡的女儿一定是交通肇事，撞上去之后死了，那不就是交通肇事嘛。而被他拖的那个父亲并没死，是伤害，实际就是一个伤害案，最后怎么会判得那么重呢？这个案子判无期都很重了。甚至假设他对受害人再赔偿得好一些，都可以考虑判有期徒刑，但是这个案子判得是死刑立即执行，而且当时几乎是不可逆转的。据说张金柱在执行死刑的时候说，都是这帮报纸害了他。他说这话是有一定道理的，确确实实就是媒体和舆论，给法院巨大的压力，最后导致了这样一个结果。

还有另外一个案件，长春的付中涛案件，也叫林肯车拖人案。付中涛开一个林肯车，撞了一个小女孩，结果他开着那个车跑了几公里，小孩掉下来后，他继续跑。过了一天多之后，警察把他抓住了，同车坐的还有他妹妹。这个案件涉及一个非常关键的事实，就是他知不知道撞了这个孩子之后，这个孩子被拖在了车下。据说在以前的笔录中有一句他妹妹的证言，他妹妹说："哎哟，孩子是不是还在车下？"好像说有这么一个证言，但是在法庭开庭的时候，她否认了，她说她不知道，她不知道已经拖了人了。当时在法庭上法官问了一句话，这句话是这么问的："你知不知道你车底下拖着一个小女孩，拖着孩子？"他说："我不知道。"法官又进一步地问："那你能不能确信那孩子没被拖在车下？"他蒙了，没有回答。

但是大家想一想，法官这句话问得是绝对不合法的，这不成了有罪推定，要让被告人自己证明无罪吗？你说让他确信没把人拖到车底下，那他怎么确信？我觉得公诉人问这句话都不合适。媒体报道的时候还认为法官问得特别精彩，所以把这句话报道了出来。但这句话确确实实是一个有罪推定的问法，不应该这样问。我觉得这个案子的这种问法，实际上反映了我们法官在刑事案件中无罪推定观念的不足。

但是这个案件还有一个辩点，我要提出来，以后遇到类似案件的时候，值得考虑。这个辩点是一个检察官跟我探讨的，我觉得这个辩点有价值、有意义。什么辩点呢？就是辩护人可以提出来，必须得鉴定这个小女孩是什么时候死的，怎么死的。如果这个小女孩一撞，脑袋被撞碎了，死了，那拖就是拖的尸体，还是一个交通肇事逃逸。如果一撞，撞断了腿，最后被拖死了，那可能构成间接故意杀人之类的。所以死因的鉴定，在这个案子里是很重要的。

（二）舆论有可能导致死缓改成死刑立即执行

这种情况可以说是我们国家司法实践中一个独有的现象。你看我们有两个案件了，当年的刘涌案件，还有前两年的李昌奎案件，都是已经判了死缓，但由于舆论，群情汹涌，认为不杀不足以平民愤，最后又改成了死刑立即执行。而且这两个案件共同的特点是，不是检察院抗诉，是最高人民法院直接提审的。陈瑞华教授对这个提出过批评，就是法院怎么能自己以纠错的名义把一个死缓的案件又改成死刑立即执行？在我看来，死缓和死刑立即执行虽然是生死之别，但实际上不是错案，因为死缓也是判了死刑。陈教授说这种不能叫错案，但是我们实际上把它当成错案来纠正了。遇上这类案件，我们律师也确实要高度警惕，你以为你的辩护已经结束了，没想到又发生了大逆转。

（三）舆论有可能导致死刑立即执行改成死缓

舆论也有这样的效果，最典型的就是吴英案，这个大家都知道。可以这样说，吴英这个案件如果不是当时这种舆论，她肯定就被复核了。听说类似案件复核的也是有的，都被执行了。但是吴英这个案件因为这么强大的社会舆论，最后引起了最高人民法院的重视，没有复核死刑立即执行。而且很有意思的是，我最近到广东去，我有一个客户是一个老板，他居然很突然地对我说："吴英怎么能定罪呢？"他说像吴英这样的案子定罪，他们民营企业就不用干了,他们都是犯罪。他说像她那种方法他们都是那么干的。所以看来吴英这个案子还是有很大争议的,因为她这种行为和非法吸收公众存款还是不一样的,她不是向不特定多数人去拉存款,人数没有那么多,往往都是熟人,大家共同去投资某一个项目,或者挣钱或者亏钱。我确实没想到这些企业家这么关心这个案子,像这类问题也值得考虑。但是我认为我们辩护人要注意,不要利用媒体去办案。利用媒体办案有时也许会有效果,但是辩护人还是要通过司法程序,向司法机关表达自己的意见,不能利用媒体办案。

去年我专门发表过一篇文章,关于媒体审判的规范,其中我提出来控辩双方都不能利用媒体办案,就是辩方不能利用媒体炒作办案,控方也不能。但是现在在实践中,控方却经常利用媒体。就像徐中和这个案件,刚一起诉,所有的案件事实全部在媒体被披露了。如果不是控方把起诉书的内容细节披露给媒体,记者怎么会写出来呢?有些案子就是通过舆论,把犯罪嫌疑人、被告人丑化、抹黑、搞臭了。我觉得这样办案不好,控辩双方都不要利用媒体来办案。

(四)应该支持司法机关独立公正的司法

作为辩护人,如果介入到一个案件,一定要考虑舆论的问题,甚至也要向办案机关提出来,这个案子受到了太大的舆论影响,必须排除这种舆论的干扰。我举一个例子,就是当年杭州那个胡斌飙车案。那个案件按照舆论的意思,就是要让被告人被判死刑立即执行,像付中涛、张金柱一样。但是杭州公安局还是很好地顶住了舆论压力,经过认真的侦查之后,最后得出来的结论,认为就是交通肇事。飙车的速度是快了,但是不能把他定成杀人,这是生死之别,如果公安给胡斌定成了间接故意杀人,那他几乎就会被判死刑立即执行。胡斌这个案件，应该说司法机关排除了舆论干扰、影响和压力，根据案件的事实和证据定性，我认为这个定性是正确的。

我们作为辩护人，一介入这种案件之后，比如在侦查阶段介入，那就要对侦查机关说，不要等到法院的时候再说。如果一开始定性准了，这个辩护实际就成功了；否则一旦定性错了，到了法院再想去改，就更难了。因此，在这种案件的辩护中，应该在早期介入的时候，就充分考虑舆论的影响，让这种影响降到最低，使办案机关能够独立、客观、公正地办案。

关于有效的死刑辩护，应该说可讲的内容非常多。因为我本人办的死刑案件并不是特别多，有一些是我自己办的，有一些是我知道的其他案件，我结合着谈以上这些意见。不正确的地方，请大家批评指正，谢谢！

张燕生 念斌案、周滨案辩护律师,北京市大禹律师事务所创始合伙人,中华全国律师协会刑辩委员会委员,北京市立法咨询委员会专家,中国政法大学刑事法律援助研究中心研究员,曾担任北京市律师协会刑事辩护委员会主任等职。

02 张燕生
死刑案件与有效阅卷:方法与技能

一、阅卷工作的极端重要性

我今天要讲的是死刑案件的有效辩护中有关阅卷的一些技能,在正式开始之前,我想先请问大家是如何看待阅卷的,或者说,大家认为阅卷在刑事辩护中占有多大的分量呢?

我认为,如果把刑辩律师的全部工作看作一个金字塔的话,位于最底部的就是阅卷,这是我们全部工作的基础,再往上依次是会见、调查、庭审、辩护等。如果说律师最核心的工作是法庭辩护,那法庭辩护就相当于金字塔的塔尖,而我们最基础的工作是阅卷。如果不查阅卷宗,会见就很难到位,调查和庭审也难以保证质量,所以阅卷在我们律师的刑事辩护中占有相当重要的地位,阅卷工作甚至能达到我们整个工作量的50%~80%。虽然很多人对阅卷不以为然，但我始终认为律师的基本功就体现在阅卷上。

我们律师通常自我感觉良好，比如有些律师经常会说"我今天在法庭上的发言非常精彩，台下一片掌声"。而我在评价一个律师的工作时，通常会绕过他在法庭上的精彩表现与气场，更多地关注他的阅卷到底做了多少工作。因为不了解案卷的人，不了解案情的人，即使在法庭上表现得慷慨激昂，也是虚的。当你看了卷宗，全面了解案情以后，你就会知道这个律师在很多地方的辩护其实是不到位的。所以辩护的好坏，不仅仅要看你在法庭上的表现，更要看你在阅卷上到底下了多少工夫，做了多少努力。

我曾经到朝阳区法律援助中心做过一个调查，查了一些案卷，我想看一看我们的法律援助工作到底怎么样。看了以后，真是非常感慨，我发现很多的律师，包括一些大牌所、知名所委派去做法律援助工作的律师，都没有阅卷笔录，甚至连复制的卷宗都没有，会见笔录里也只有几行字，甚至还有会见笔录里写着当事人喊冤而我们的律师却毫不理会，辩护词也是蜻蜓点水的两三百字。我当时大概是从阅卷、会见和辩护词这几个角度来进行评估的，综合感觉，情况比较好的大概只能占到10%，感觉极差的也有10%，这是我们法律援助工作的一个现状。

有时候我们也会请专家对案件进行论证，但是请专家论证的基础工作是谁做的呢？还是由我们律师来做的。当然现在有很多专家不让律师汇报，而要求自己看卷，因为他们觉得很多律师的阅卷工夫是不到位的。如果律师不做好基础工作，那么专家论证就很难给出一个非常好的建设性的意见。就如同你是采买，你给了厨师两个菜，却想着让厨师给你炒一桌满汉全席，那也是非常难的。

我想说的是律师的工作其实是非常难检验的。因为律师的工作是隐性的，不像建筑工程师、医生，他们的工作都是显性的。比如，一个建筑工程的工程师设计的图纸到底合格不合格，要经过一道一道的程序进行检验，而且建筑的时候还要有监理来监视他的隐蔽工程，一个建筑如果不合格的话，可能很快就会塌了，所以说他的工作是显性的，可以毫不留情地暴露出来。医生也是，如果他的手术做的有问题的话，病人可能连手术台都下不来。而我们律师的工作质量就不会这么明显了，律师的工作没有做到位，比如当事人被定了罪，甚至被判了死刑，是没有人质疑的，即使质疑，你也可以说他罪有应得，即使你不说，别人可能也会这么认为，而且这不仅仅涉及律师的工作，你还可以推给法院或检察院，所以我们律师的工作通常是难以检验的。

事实上，我们律师的很多工作是隐蔽的，尤其是花费在阅卷上的工夫和精力很难被识别出来，这是我今天想讲的第一点，就是想告诉大家阅卷在刑事案件中的重要性，不注意阅卷这一隐性的工作，你失去的可能就是别人的生命和自由。

二、刑辩律师的职业道德

（一）刑辩律师需要具备的基本素质

我们今天谈死刑案件的有效辩护，那到底什么是有效辩护？有效辩护是不是指无罪辩护？或者是说服法院改判了的辩护？因为很多人都会觉得只有法院作出了无罪或罪轻的判决，律师的辩护才有可能说是有效的。是不是这样呢？我一直也挺困惑的，但是我今天所讲的有效辩护，实际上是在讲一个无效的最低标准。有效辩护和无效辩护，从根本上讲还是一个律师的职业道德问题，看你是不是尽职尽责了，看你最该做的工作是否做到了。

我每次讲课都会讲到职业道德，讲我们作为刑辩律师需要具备的最基本的素质。那最基本的素质是什么呢？我可以分成两个层次来谈，一个是我们作为刑辩律师最低的要求，一个是我们律师在阅卷中的最低要求。

我认为作为刑事辩护律师最基本的素质或者说最基本的职业道德是诚实，是言行一致。人的诚实是要贯穿始终的，没有诚实，人很难把事情做好、做到底，也很难去说真话、做实事。第二个就是勇敢，因为刑辩律师和其他的律师还是有很多的不同的，我们刑辩律师在现在这样的司法环境之下，需要更多的勇气，一种敢于坚持真理的勇气。第三个就是勤奋，偷懒耍滑、投机取巧都是不可能的，我们所有的工作成果都源自于我们的勤奋。第四个就是责任心，责任心是非常重要的，没有责任心，就没有力量支撑你去把这么一个艰难的工作完成。如果我们只在接案子时有积极性，一旦案子拿到手就马上扔出去，眼睛又开始盯着下一个案子，这种只揽案子不办案子的律师，把更多的精力放在如何揽更多的案子赚更多的钱上，而没有关注到案子本身。对于我们刑辩律师来说，责任心是非常重要的，其实不仅仅是这个职业，我觉得哪一个职业都是一样的，这是关于律师最基本的要求，也是最基本的素质。

(二) 死刑案件辩护律师需具备的基本素质

具体到死刑案件的辩护，律师所需要具备的基本素质还有哪些呢？我觉得这里面既有硬件的，也要有软件的。

先说硬件。我觉得第一是资历，你一定要做过一定年限的刑事案件。因为我们今天谈的是死刑案件的辩护，而死刑案件的辩护是刑事辩护中最残酷、要求最严、标准最高的一项工作，如果你的工作达不到标准，那就是在拿人家的性命开玩笑，人家可能要用他的命来赌你的工作能力，所以对资历的要求是必需的。第二，要有一定的刑事案件的工作量。如果说你只做过一两个刑事案子，现在就来做死刑案件的辩护，恐怕很难胜任，尤其是在中国现在的司法环境下就更难了。一定的从事刑事辩护工作的年限和工作量是我讲的两个硬件条件。

我们再来谈软件。首先就是要懂当事人，其实很多人不懂当事人，甚至拿当事人不当人。大家觉得我们对当事人最大的尊重应当是什么呢？我认为是倾听，对当事人最大的尊重就是你要耐下心来去听，一定要认真地听他诉说。就像前几天，有个当事人一定要见我，说要跟我说十天十夜，当时我就去了，我连续6天去会见他，听他说，有人说没必要，但我觉得还是非常有必要的。他在里边被整的脑子都糊涂了，在跟我说话的时候有些语无伦次，甚至第五天的时候还在重复一些第一天就说过的事情，但是没关系，我们需要做的就是帮助他去整合他所说过的话。我们仍然要理解他们，因为在经历了这样一番特别痛苦的审讯之后，他们所面临的这种困境都是需要我们理解的。因此，要懂得当事人，首先就是要学会倾听。

那么关于死刑案件的阅卷又有哪些基本要求呢？我觉得首先就是要肯于钻研，不能满足，也就是说我们在阅卷的时候，一定不能满足。我经常会看到，很多律师在看了卷以后，当即就很兴奋，因为他发现了一个或两个问题，然后就在网络上到处发。可是当你真正去研究这个案子的时候，你会发现这里面其实有一两百个问题！因此，发现一两个问题是值得高兴的，但是不能满足，不要以为发现了两个问题就等于发现了全部问题，就能把案子翻过来。所以，对于阅卷工作来讲，永远不要满足，要不断往里钻研，不断用心思考，不断去发现新的问题。

做死刑案件还要求你是一个不容易妥协的人。我希望能够做死刑案件的律师一定要对我们现在的刑事辩护的环境和形势有所了解,然后要怀着一种勇敢的精神、执着的精神、敢说真话的精神去做刑事辩护,去做死刑案件的刑事辩护。也就是说,做死刑案件尤其要求你不能"怕"字当头。

做死刑案件还要求你具备一定的逻辑能力。我们刑事案件的辩护是需要逻辑的,没有逻辑思维能力,做刑事案件可能会比较吃力,难以发现对方的逻辑谬误,也难以建构起我们自己的事实逻辑。另外,还要对侦查机关的办案特点有所了解,知道侦查机关是怎么办案的,我们律师才会有针对性地去发现问题。

(三)不适合做死刑案件辩护律师的人

我刚才谈到了适合做刑事辩护的基本素质和做死刑案件辩护的最基本的要求,那哪些人不适合做刑事辩护,尤其是不适合做死刑案件的刑事辩护呢?我认为不适合做死刑案件刑事辩护的有以下这么几种人:

第一,向权势低头,屈从于压力的人。这个压力包括上级的压力,包括某些权力机关的压力,"怕"字当头,在压力面前不敢说真话的人,我觉得非常不适合做刑事案件,做死刑案件就更加不适合了。做刑事案件,尤其是做死刑案件,如果你贪生怕死,临到跟前,你所想的都是个人利益,一有压力就屈服,那就真的不适合。曾经有一个案件,当事人告诉我,他比窦娥还冤,他第一次见到他之前的律师的时候,让律师帮他申冤,但是令他想不到的是,他自己的律师跟着法院一块儿到了看守所,拿着认罪书让他来签字,他仰天长啸!而且他的律师让他一定要认罪,他不认罪,律师对他说党现在需要他认罪。我想这样的人就完全不适合做刑事律师,更不能去做死刑案件的律师,这是一个向权力低头、屈从压力的人，我真的认为，他从一开始就不应该进这个行业，因为刑事辩护这条道路，并不如大家想象的那样都是赚取钱财和光荣，事实上我们所承受的痛苦，所遭遇的困难，远远要比我们获得的钱财和得到的荣耀多得多，所以如果贪生怕死、屈从压力，就早早地退出去，不要做了。

第二，粗枝大叶的人。性格可以粗犷，性格粗犷的人大多都是很好交往的。如果你在家早上起来被子一掀，出门而去，晚上回来接着盖，你说自己生活就是这样，就是不愿意叠被子，我认为是没问题的，因为那是你自己的生活方式。但是我们现在是要为死刑案件做辩护，你就不能是一个粗枝大叶的人，就算你生活中是一个粗枝大叶的人，你也必须要强迫自己细下来，必须要让自己成为一个细致的人。因为粗枝大叶的人，往往不能坐下来踏踏实实地做案子，坐不住。而好的刑事辩护律师，必须要有屁股上长钉子的韧劲，坐下来认真研究案子。否则，你的粗枝大叶很可能会导致当事人付出生命的代价，这是非常可怕的。

第三，过度商业化的人。律师里面有很多的商人，他们以死刑案件作为一种商业发展的契机，借着这个提高知名度，以获取更多的案源，赚取更多的钱财。我记得我看过美国的一些书，他们认为律师是半个商人、半个神职人员。为什么我们要穿黑色的法袍呢？因为神父是穿黑色法袍的。当然，我们律师是商人，因为国家不给我们发钱，我们要在市场上生存，是需要挣钱的，这个没有什么争议，也没有什么可回避的。公检法不能谈钱，但律师就可以谈钱，律师不谈钱，怎么生活呀！但是，律师完全是商人吗？也许商事律师就是一个完整的商人，但是我们刑辩律师不能完全是商人，我们除了是商人，还肩负着神职，我们要关注他人的生命和自由。如果说有了一次开拓案源和挣钱的机会，就扎着脑袋来做，不是不可以，但是你一定不要忘记，作为一个律师，你还肩负着神职，肩负着责任。我们过去在法院的时候经常会说，我们不能用死刑犯的血染我们自己的红缨子，律师也是一样，我们不能用死刑犯的血去赚取自己的不义之财，我觉得这个是我们应当要记住的。

第四，没有经验的人。没有经验仍然属于不道德的范畴，就像一个没有经验的实习医生不能去做大的手术一样，因为我们所做的工作人命关天，你出于很好的动机，有着很好的愿望，想为自己的当事人争取他的权利，但是你没有经验、没有能力，那么你就不适合独立去做刑事案件，尤其不适合做死刑案件，因为死刑案件是我们刑事案件中要求最高、标准最严的。就像公安机关对于重大的凶杀案件，同样也不允许见习警察来独立操作，要是在美国，经验不足的和达不到一定年限的警察是不能进入凶杀现场的，否则，也许你会在毫无意识的情况下踩在凶杀案件的现场里面，破坏整个凶杀现场。同样，没有经验的人也不能去做法官，因为法官所执行的工作是一项要命的工作。所以做死刑案件的辩护，要求你自身的素质必须要达到一定的条件和标准，没有经验而去做这样的案件是不符合职业道德的。

三、阅卷的目的

阅卷的目的是什么呢？我觉得阅卷的根本目的就是了解案情，发现问题，找到辩护的突破点。这很简单，你不了解那个案件，你说什么？人家控方的证据都在卷宗里，你能不看吗？除此之外，阅卷还有一个重要的目的就是重新构建事实。如果我现在画两个建筑，一个是控方构建的，他罗列了一二三四五六七八九个证据。我们律师要干什么？我们要通过阅卷来重新构建一个新的事实。我们所使用的证据也许有三、七、十一、十二、十三、十四。我们要通过阅卷来为我们的辩护打下一个新的基础，构建一个新的事实。我们可以把控方搭建的房子拆掉，这九个证据里一和二是不真实的，五六七八也是不存在的，三和四只是中性的证据，然后我们再重新构建一种新的事实。如果用拼图，可能就更加形象。我们律师在阅卷中就像在玩七巧板，玩拼图板，其实难度是非常大的，它没有图纸，遍地都是乱七八糟的东西，我们要重新拼接起来，让大家可知、可见、可感。

我原来代理过一个杀人案件，警方从案发地捡来一条裤子，就说这条裤子是我的当事人的，但当我们到了现场才发现，那旁边就是一个垃圾场，里面全是破衣裳、破裤子、破袜子、破鞋。控方不能随便拿一个东西过来就安在我当事人身上，说是他落在现场的。要说我的当事人作案，根据什么说？我们画一个张三的脸，有眼睛，有鼻子，有嘴，还有耳朵，所有人都能看出这是张三。但如果你拿了一个李四的眼睛，装了一个王五的鼻子，然后又用了一个刘二的嘴，只有一只耳朵是张三的，连另一只耳朵都不是他的，就指控张三犯了杀人罪，我们辩护律师说这里头哪个都不像啊，这不是张三啊，然后公诉人会说，怎么不像呢？这里事实证明，有鼻子，有眼睛，有嘴巴，有耳朵，有脸，这是一张完整的脸，就是张三，所以就是他犯罪了。我们把它比喻成这样，大家觉得荒唐，但是在现实中，我们实际办的案件就是这个样子的，张冠李戴、驴唇不对马嘴的情况太多了。

我前两天去江西见我的当事人，他跟我说，他在里面被逼罚站，罚站罚了多少天后，腿肿得像大象腿，而且往外渗水，人都快活不成了。最后他对纪委说："你们让我说什么我就说什么，可是我什么也不知道啊！"人家说："没关系，事实我可以告诉你。"

就开始教他事实是怎么回事，然后说："你现在就拍脑袋说数额吧。"他说3万，对方说："你今天态度不错，最起码认罪了，但3万太少。"于是就从5万、50万、500万，一直说到了1000万，案子就这么拍出来了。但是，那么多钱到哪儿去了呢？对方就说他一定是搞女人了，然后他被迫把单位里认识的女人都说了一遍，结果人家挨着个去调查这些女人，还竟然就有三个人真的承认跟他有两性关系，压力之下啊，人的嘴真的什么假话都可以说，其他的人都不认。但就算三个承认了也消化不了1000万啊！然后就找到他们家做生意的亲戚，拿出一个生意上的钱给他安上，认定他妹妹帮他收了钱。最后这个拼图就这样拼成了，但驴唇不对马嘴。

有时候别人总问我说，你一天到晚看呀看，你在看什么呢？是啊，看什么呢？我记得我曾经去找人大的一个老教授，一个非常棒的文字鉴定专家，他在世的时候，我曾经委托他去鉴定过一个文字，他就跟我说，他经常瞅着仨字，一瞅就瞅好几天，他老伴也问他，一共就仨字，他颠过来倒过去看什么呢？是啊，看什么呢？我在看什么？我在看案卷、找毛病、找问题呢，卷宗有那么多的有罪的信息，你不看你就发现不了问题，如果每个细节大家都认为没有必要，说没必要那么细，说没必要做这个，没必要做那个，但是，如果我们把每一个所谓的没必要去做的细节都给抛掉，你觉得我们律师还能做什么呢？我们律师做的就是这些细节，没有了这些细节，所有的工作都变成了没有必要，那么我们的工作质量也就会大打折扣，我们办理案件的质量就是不合格的。

四、阅卷的方法

这些年我一直在讲阅卷的方法,讲了很多,我觉得大家对阅卷的方法也都是知道的,大家可以一起来分享一下。我们在日常生活中比较常见的一些方法主要有如下几种:

第一,重新梳理卷宗。公安机关或侦查机关的卷宗都是按照他们的需要来进行排列的,但是我们律师需要按照我们的逻辑进行排列。这里有一个方法就是拆卷法,如果是纸质的卷宗,你先把卷标好号,复印一份,然后把复印卷拆掉,把原来以口供卷和证据卷来分类的卷宗,以指控事实为线索进行重新编排,通过拆卷,把某一起的口供和某一起的证据放在一起。重新编排的过程就是整理思路的过程,有时候我们思维很乱,看完卷宗脑子一团糨糊,我们就需要把它清理出来,通过梳理,会让我们的头脑更加清晰,也能够检验出有什么,缺什么。但是对纸质卷宗,你一定要注明它是第几卷第几页,否则等你事后再回头找就找不着它了。如果是电子卷宗,排列组合起来就更容易了,我们可以直接把电子卷宗都编成跟原始卷宗的页码完全吻合的,然后再去拆卷,它就永远都带着原始卷宗的号,跟 DNA 似的,走到哪儿带到哪儿。然后,我们就可以做无数的文件夹,一个事实一个文件夹,我们就可以把几十本卷里面的相关内容往这些文件夹里扔。我总说我们的工作说难也难,说简单也简单,拆开了以后,合并同类项,就跟邮递员分拣信件一样。这个梳理卷宗的过程非常非常重要,一页都不要落,没用的单独放着,这都是要看的。

第二,摘抄。摘抄卷宗实际上就是用电脑或者用笔把其中关键的地方抄下来,这个比较适合简单的案件,如果有好几百本卷,就太费劲了。摘抄案卷的方法虽然很古老,但它有一个最大的优点，就是可以增强记忆。如果你用眼睛看过这个事实，然后再用手抄一遍，你会突然发现你一直误以为是这样的东西，其实并不是那么回事，这种经验太多了，用手一抄，才发现这里的问题，所以抄卷也是一件非常值得去做的事情。

第三，整理供证一览表。供证一览表也是非常常见的，我们把供和证的要点摘出来，整理好，开庭的时候，拿一张表或者N张表坐在法庭上，就可以跟他谈了。当然，每一个细节都一定要记住，不管摘什么，都要把卷宗号码抄上，这样我们在法庭上说的话才是有理有据的，我们可以随时跟法官说，请见第多少卷第多少页，这是很清晰的。这就是供证一览表，通常是一个供，一个证，证可能还会有N多个证人，有时候案件复杂，大家可以在做的时候充分发挥自己的主观能动性。

第四，关键情节表。对于某些对定罪量刑具有非常重要意义的事实，我们可能要做关键情节表。比如十几个人的群殴案件，到底是谁把谁给打死了，致命的那一拳到底是谁打的，那一板砖到底是谁拍的，真是乱成一锅粥，这个时候关键情节表就非常重要了，我们可以把整个打架的过程整理出来。比如，纠集众人是一个情节，到达现场是一个情节，开始打是一个情节，打的过程是一个情节，逃跑又是一个情节，我们把它做成五个情节进行分类，把所有的证人和被告人的供述全部按照这个分类分进去，你就会看得很清楚。所以，通过关键情节表，你可以看清楚很多的关键事实。

第五，图表法。图表的种类也有很多，比如组织关系图对一些黑社会案件和公司的犯罪案件就非常有用，又如法律关系图对厘清共同犯罪中每个人在其中的地位和作用也是非常重要的，还如资金流向图、资金流入图等对于金钱的流动情况也是非常必要的。

第六，律师的工作手稿。会计在进行审计的时候，通常要有工作手稿，是要自己留存的，就像我们做数学题时要有一个演算的草稿纸一样，以备未来查询。我们律师的这个工作手稿与其有相似之处，但并不完全一样。律师在阅卷的时候，在摘录的时候，脑子里会突然蹦出好多的东西来，大家体会一下，在工作的时候，脑子里经常会出现一个闪光点，你在旁边备一张纸，把它记下来，提醒自己需要查什么，需要核实什么，需要进一步调查什么，有时候甚至还会有辩点突然闪现。因此，我们把工作手稿留下来，就可以记录下我们的思维过程，就可以把我们脑子里看不到、摸不着的思维，变成一个看得见、摸得着的东西，防止自己忘了。俗话说，好记性不如烂笔头，随手一记，对我们的工作是非常有好处的。

第七，动态画面和模拟现场。我们在阅卷的时候，要有意识地把自己置身于特定的场地和场景，因为任何文字都是在记录一个日常生活中的情境，我们律师要有现场感。比如我曾经有一个案子，当事人的左脸被打肿了，当时拍了一个照片，说是被对方打的，并描述说对方走进自己的房间，进来拿右手啪就打到了左脸上，但是在法庭上，对方就说不是他打的，他没打，说我当事人那个脸是自己坐在床上，头倒在了床头柜上给磕的，不知谁说的是真话。因此，我们就要还原现场，要倒回到现场去看。根据现场床和床头柜的位置以及当事人所坐的位置，他就算要倒也只能是右脸撞上，很显然对方的这个说法是不能成立的。所以我们在做这个工作的时候，脑子里还要有构图，要有动态的画面。

说到模拟现场，我们在实践中用得是非常多的，念斌的案子我们就不知道模拟了多少回现场。还有前不久雷洋的案子，大家其实也是在模拟现场,说他在8分钟之内,要进去讨价还价、开房、脱衣裳、嫖娼、穿衣、结账,走出大门等,能不能完得成?这就是很好的一种模拟。其实模拟现场是我们律师在办理案件中经常使用的,就像福尔摩斯,他就经常会去做场景的模拟。我们曾经还有一个案件,是办公室里的一个性骚扰案。办公室主任总是骚扰调戏办公室女工作人员,后来调戏急了,这个女孩子就拿起桌子上的东西朝办公室主任扔过去,而且还报了警。第二天,办公室主任说女员工把自己的耳朵打聋了,耳道流血了,他说是她用桌上那个润肤露打到耳朵上打出来的血,而且还说在现场留有一滴奶液。因此,这个女孩子就被指控为故意伤害罪。当时我们找了很多书,学了很多耳科学的知识,还模拟了现场。根据伤情,他的耳伤只能是闭合性的气流或爆炸造成,现场没有爆炸是肯定的,而闭合性耳聋必须要求形成闭合性气流,导致耳膜穿孔。那个办公室主任说他的那个耳膜穿孔是用润肤露瓶子打出来的,而瓶子是圆的,圆圆滚滚的连个棱角都没有,根本不具备形成闭合性气流的条件。另外,我们还拿这个润肤露的瓶子去做试验,润肤露的瓶盖只要按下去,一般的力量是挤不出来的,甚至往地上使劲摔都摔不开。况且,即使是摔出奶液,它也是喷射状出来的,而绝不会是圆圆的、四周非常光滑的一滴。因此,很显然这是那个办公室主任自己伪造了一个现场。最后我们查出来了,他是因为调戏妇女被老婆打了一个大耳刮子,反而污蔑说是这个办公室女职员给打的。

第八,走访专家。查找专业书籍与走访专家都是我们在日常办案中经常会做的。我们经常需要专家的帮助,包括法医的鉴定,包括汽车刹车制动系统的专家意见。原来办高虎那个案子的时候,我们就买了好多汽车刹车制动方面的书去研究。遇到与股票、期货有关的案子，我们就去找股票方面的书来研究。总之，不管遇到什么不懂的就要去学习，去研究，去请教，要让自己成为这方面的一个专家。还有我上面说的那个耳膜穿孔的案子，我们当时抱着耳科学的书上法庭，那个法官就捂着嘴笑我们，觉得我们太荒唐了，拿本耳科学来干什么，其实他是真的不知道我们律师在干什么。

第九，查询法律法规。这个工作需要我们在阅卷的过程中完成，而且必须要同步完成。法律法规是什么？就是相关的法律法规是怎么规定的，这些都要动手去查，不能想当然。

最后一个也是最重要的一项工作就是准备质证意见。阅卷笔录和质证意见是完全不同的，我要求大家把质证意见做成书面的，而不是口头的，不要随便写，要正式地去写。阅卷笔录只是帮助你去了解和分析具体的案情，但是你了解、分析完了以后，对质证要有一个结论性的观点，要完成质证意见。质证意见其实也可以认为是阅卷的一个小结。我们会有一个个的质证意见，质证意见可以单个做，也可以对同一类同一组证明的问题，一起来做，这个是质证意见。关于质证意见，后面我们再详细来谈。

五、证据的分析方法

我刚才讲到了阅卷的方法，但是我们应该如何去分析证据呢？审查证据其实也是我们律师的基本功之一，也是我们阅卷的基本功之一。如果我们阅卷光是傻呵呵地看故事是没有用的，不能看完就忘。曾经有一个实习生在我们那儿实习，我说你去把故意伤害的这个案件看一看，看完了之后跟我谈谈你的想法。他看完后跟我说，他觉得这被告人真够坏的，都把人给烫成这样了！他把警察的故事看完了，也看明白了，我说接下来呢？他其实就是完全忘记了，沉浸到故事里去了。

阅卷就是为了分析，要分析这些证据，要审查这些证据，其实非常难。我们现在很多律师通常只会用"三性"：客观性、关联性、合法性。这三个词大家从大一就会说了，但你还是不会办案！这"三性"是不能教我们学会分析证据的。在法庭上经常有律师说"综上，以上的证据不具有客观性、关联性和合法性"，而公诉人则说"公诉人刚才所出示的所有证据都具有客观性、关联性、合法性"。大家都在说，你说你的"三性"，我说我的"三性"，法官也不知道各自都说了什么"三性"，反正谁也没听明白对方都在说什么。因此，审查证据靠"三性"是不行的，我们必须要把它弄具体了，要拆开，大家要看分析的过程，分析的过程是核心，是我们辩护技术的核心。

（一）对证据的审查

我们首先讲对证据的解读。其实很多案件中，在证据比较合法的情况下，同样的证据也会产生不同的解读。控方认为这个证据就是有罪的证据，而辩方可能会认为这个证据和本案根本没有关联、没有意义，或者认为这个证据实际上是一个无罪的证据。

前不久有人来咨询我一个卖淫女故意勾引男人的案子，这个卖淫女故意跟他套近乎，然后就一块儿吃了个饭，还相互留了手机号，接着第二天就给他打电话让他去帮忙开锁。他过去后发现锁根本就没有问题，原来这个女人就是想让他进来跟她嫖娼，她又是搂又是抱的，接着俩人就发生了关系，随后就闯进来几个男的把他按到那儿了，说他强奸了这个女的，必须要赔3万块钱私了，否则就报警。这个人没钱，也不愿意拿钱，这个卖淫女就报警了，现在这案子已经开了一次庭了。当时这里面的证据就是DNA，这个卖淫女实际上并不愿意跟他发生关系，嫌他脏，她是用手来帮他做的。那现场这个DNA证据是怎么分析的呢？首先说现场这个女人的内裤、纸巾、床单上都有这个男人的精液，可是这个女人的阴道里并没有。鉴定结论里写的是，外边的这些符合这个当事人的DNA，但是这个女人的阴道里面的精液是谁的呢？只写了是人的精液，但并没有说是他的。然后这个DNA鉴定结论就成为指控他有罪的一个重要的、核心的证据。当时我在接受咨询时就建议他一定要拿到这幅检验DNA的原图，然后搞清楚。所以这就是对证据的解读，我们通常出现的错误就是对证据的解读不够认真，侦查机关从现场找到一个毫无关联的证据，硬是安在你身上，你必须要指出来并予以反驳。因此，我们对控方提出的证据必须要有自己的解读。

（二）对侦查人员工作程序和职业道德的审查

我刚才讲到，我们当前的司法环境不是特别好，所以劝大家如果没有勇气，没有做好思想准备，真的不要去做刑事，现在已经有很多刑事律师都不想做刑事了。同时，对侦查人员工作的程序和职业道德必须有个了解，因为现在很多侦查人员职业道德欠缺。其实作为一个侦查人员，他们的工作也是神职，他们工作的成果是要把某些人送上断头台，是非常重要的，如果不讲职业道德，那会有多少人被冤杀呀！

我们首先要了解侦查机关办案的程序。我们现在的教科书也很有问题，现在法学院的学生是不学侦查学的，不像在国外那样，法官、检察官、律师都是必须要学侦查学的。而我们现在的侦查学成为秘密的东西了，你想在外面找本侦查学的书都找不到。因为公安部认为这东西是秘密，如果泄露出去，犯罪分子就会反侦查了。但是作为律师，我们一定要懂得他们的工作流程，懂得他们是怎么样去办案的，如果你不了解，有很多问题你就发现不了。

我们对警察一定不要往好处去解释，不要总想着去为他开脱找理由。在念斌那个案子中，其实一开始我就怀疑那个水有问题，因为警察提取了水壶，但是对水壶没有出检验报告，仅说水壶里面的水检出了氟乙酸盐。我们就觉得很奇怪，后来念斌的姐姐念建兰也说过，说她原来跟律师也提过，可原来那个律师说："你傻呀你，人家都不提，你还敢再提吗？那水壶是警察疏漏了，万一真的检出来怎么办呢？"我就觉得这种想法真的是太天真了，他把警察看得太傻了。事实上，警察常年办这种案件，这是他们的工作专业，喝了水壶里的水中的毒，他们第一个就要查水，查水壶，怎么可能不查水壶呢？他们连洗得干干净净的、光溜溜的锅都查了，况且是这个没洗过，里边满是水碱，而且直接浸入最毒农药的水壶呢？怎么可能没查？一定是查了而没查到。这个判断后来被证明是对的。所以，我们不要太相信警察的职业道德，不要太相信他们。而且事实也一再证明，我们警察的造假已经到了极限！因为我们现在不强调警察的职业道德，也不追求真相，而是讲究破案，破案的压力比追求真相的压力大了多少倍！因此，他们首先是要破案，破了案就可以立功，所以我们这么多的案件都迅速地被破了案，但是破了案以后，出现的就是大量的冤案。

侦查机关的证据是有监管链条的。比如念斌案中，对水的检验就有一个严格的监管流程，这个物证的检验在公安部都是有明确规定的，都是要有流程的，即使在教科书里没有写，他们内部的培训资料依然是有写的。我们就说对物证的提取，念斌案里展现出的是一群盲流冲进现场，乱七八糟地抓了一车的东西拉走了，没有清单，没有照片，没有任何的记载。后来我在辩护词中就写"一群盲流进现场",我说你这是训练有素的警察吗?这么一个两个孩子死亡的重大的案件现场,怎么可能一群盲流几十人就涌进去,七手八脚,破坏现场乱拿呢?最终我们从他们提供的很有限的几张照片里发现了端倪,孩子奶奶在孩子发病时煮熟解毒的一种叶子被他们放在了证物袋里边,这个证物袋是反着放的,从透明的袋子的另一侧我们能看到那是什么,打开袋子,然后装进证物袋以后,要给它封合并写上几行字。后来我们联系公安部找来了这个证物袋。这个证物袋说明他们在现场提取物证的时候,是严格按照规范,戴着手套,用镊子,然后一项一项装在证物袋里的,证物袋上写着编号,写着提取地点、提取人、提取时间,只是他们不拿出来。因为如果把这套都拿出来,就能证明念斌没罪了,所以他们把这些全部都隐匿起来,呈现给我们的,没有整个主现场,只有那把水壶跟那个锅。这就是一个严重的职业道德问题,甚至本身就是一种犯罪。

还有念斌的审讯录像明显是被切掉的,但明明是断的,他们却出具了一个公安部的鉴定,说是没有中断,而这个所谓的公安部的鉴定连时间都没有。大家都知道,一个录像带的鉴定必须要有时间,起码要有时长和标号,现在这个录像带的标号跟送到法庭上的一模一样,但是没有时长。我们最后证明,他们实际上是把原始的带子交给了公安部,作出了一个没有剪切的报告,然后用一模一样的标签贴上,新复制一个剪切过的光盘,连同这个报告送给法庭,然后在法庭上就作为录像没有被剪切的结论,还说这是公安部给出的,实际上他们这是欺上瞒下,对公安部也是一种欺骗。

我现在讲的这些就是警察的职业道德,如果侦查人员的职业道德败坏到这种程度,我们还怎么去寻找真相?从这些我们可以看到，我们律师的工作难度到底有多大，识别这些，真的是非常非常难。

（三）科学的分析方法

大家认为分析案件最科学的方法是什么呢？大学里学生其实都应该学逻辑学，尤其搞刑事的更要学刑事逻辑学。我一直都在说，没有逻辑思维能力的人最好不要做刑事，因为刑事案件真是到处都在进行逻辑推理，所以用逻辑的方法来分析案件，是我们最好的工具，要掌握好这个工具。

实际上我们很多律师都能发现案情的不合乎情理，能发现它的反常，其实就是通过逻辑的方式和生活经验来进行推理的，当然如果要进一步来证明的话，那就需要其他的科学手段了。比如我们通过推理，认为这个现场是不可能有氟乙酸盐毒物的，那么我们可以通过检验，拿出它的检验报告。事实上，逻辑在我们刑事案件中是占有相当重要的位置的，我们几乎所有的分析都是依靠刑事逻辑学这种理论来进行指导的，这是世界上公认的科学，可以说是颠扑不破的。

（四）证伪的方法

任何一个真理都要经过证伪，我们刑事案件更需要证伪。如果是一个科学，就要千方百计地推翻它，一直达到推不翻的程度，它才能被证明是科学。严格来说，对于我们刑事案件，法院就要做到这样的程度。为什么会有排除一切合理怀疑的说法？排除一切合理怀疑就是证伪的方法之一，因为当这个结论是唯一的时候，它才能是正确的。其实证伪的方法手段也非常多，在办案过程中，我们做试验、看现场等都是可以的。

事实上，很多指控都是不能成立的。我曾经代理过密云的一个杀人案，控方指控当事人把人打死后扛着尸体沿着他们门前的那条路一直走到隧道的另一头，然后抛尸在了那个路口，让火车把尸体的脑袋压碎了。其实后来证明，那个人并不是我的当事人杀的，而是普通的一个卧轨自杀，但是正好有一个小偷被抓了以后为了立功检举，就说亲眼看见我的当事人杀人抛尸了。我们到现场后发现这种指控是完全不可能成立的，因为隧道里有个大弯儿，一进去后伸手不见五指，他自己扛着一个尸体从隧道里边跌跌撞撞根本就不可能通过去。更重要的是，当事人的房门口只有一条路，沿途全是住宅，夏日晚上 7 点钟的时候，全村的老头老太太都会在路边乘凉，他根本不可能扛着一具血淋淋的尸体走过去而不被发现。所以我为什么说一定要去踩踏现场，去现场没有坏处，一定是要去的，这里有很多东西需要证伪。

（五）整体论

我们还要有整体论的观点。我刚才谈到了，我们的每一份证据，特别是关键证据，都是要做质证意见的，做完每一个质证意见后还要去做一个质证的小结，要总结一下基本的观点是什么。剩下来的，我们不能拘泥于细节，还要站到一个高度把所有的证据汇合起来，综合分析这些证据，看看证据和证据之间是否有矛盾。比如现在我手里拿着这些纸，如果我把这些纸一张张的都给吊在这儿，然后用一支箭穿过这些纸，那么出现的情况是什么呢？这些纸一定是朝向同一个方向破损开来，是很一致、很清晰的。这就是证据的一致性。

在刑事辩护中，公诉机关经常会给我们提供一个朝向这边的证据，再给我们一个朝向那边的证据，是完全相反的。只有当我们深入挖掘的时候，才会发现这两个证据是存在问题的。念斌案特别典型，最初公安机关给的证据里，水壶是有毒的，高压锅是有毒的，什么都是有毒的，给了一大堆，但是当我们深入进来以后，发现水壶是朝向无罪方向的，现场最重要的地方也是朝向无罪方向的，而他们指控的都是有罪的方向，这个时候我们就觉得，这些证据一定出了问题。因此，证据的一致性是需要我们从整体上来进行分析的。

这一部分我还想讲讲我自己的体会。我在办案的过程中，首先是从微观的角度去钻研，用耐心和观察力去钻研细节，这些都是非常重要的，没有耐心、没有观察力都是不行的。另外，细节看完之后，还有三个步骤：第一个就是做细，第二个就是对单个的证据进行逻辑学上的归纳并做好小结，第三个就是要从整体论的角度来分析问题，把这些单个归纳、单个的细节放在整体上，再做进一步的分析。其实我做好多案件都是从这个过程走到那个过程，再走回到这个过程，然后再走过去，可能这样的过程要走很多遍，就是为了要去论证这里的核心问题。

（六）对侦查机关造假的识别

这一点我觉得是有必要提出来的，因为现在造假已经到了非常严重的地步，而且这种造假的方法手段普及全国，所以我们律师现在办案的难度相当大。

前几天开了一个研讨会，有关认罪认罚制度，我当时就极力反对。公检法都说现在案子太多了，希望推行认罪认罚制度。但是现在案件的造假已经到了非常严重的程度，我们很多律师，甚至包括经验丰富的老律师都难以分辨。我觉得我做刑事案件做了几十年，还是很有经验的，但是现在仍然感觉案子诡异难办，难就难在了"道高一尺、魔高一丈"上。而一旦推行认罪认罚制度，公检法机关就会在很多经不起推敲的案件中通过威胁，逼着被告人认罪，就不需要严格审查证据了，这后果会非常严重，所以我是反对的。

比如反贪的案件，检方跟律师的博弈此消彼长。过去，对于既没来源，又没去向的贪污案件，我们律师经常会提出来据理力争，但现在检察院都学会了，他现在会查与被告人有关的人的银行账户，只要有资金流，他们就会抓住两头来定罪，比如，他们会去查被告人妹妹的账，把被告人妹妹的一笔资金收入拿出来，然后逼着被告人说是他给他妹妹的，再逼着他妹妹承认是他给的，两头一对就可以定案了，这等于检察院从中串供，双方都照着他们教的说，不合理的地方就通过嘴来解释，这种情况太多了。当然现在很多检察院都不会再做这种小儿科的事情了。

江西有一个很出名的案子。检察院抓了一个官员，官员被逼得没办法就承认了自己受贿，说是哪年哪月哪日在家里收了钱，等到开庭的时候再拿出来一张飞机票，证明他那天在澳大利亚，受贿事实根本就不能成立。但现在这种事情已经不可能发生了，因为检察院早就学会避免这种事情了。我这回也在江西办案子，我跟当事人聊了一礼拜，他说他当时被逼得没办法了就说自己在11月份收了一笔钱，结果检察院说他们知道我的当事人11月在中央党校学习，就告诉我的当事人可以说10月，也可以说12月，唯独不能说11月。现在检察院也知道不能乱编，他们也知道这种破绽到法庭上就会被暴露出来。所以我们律师发现一个破绽，揭露一次，他们就会弥补一点，真的可以说是道高一尺、魔高一丈。而且，他们也会去观摩法庭，也会集体去看，也会分析律师是怎么去辩护案件的，你辩护的某一个点，将来都会成为他们的教训。

我江西这个当事人跟我说，他现在整天都在被迫演戏，检察院把摄像机放在那里，他不认罪就不录，一直到他认罪了才开始录，让他对着镜头认罪。摄像机后边还有人打手势告诉他，万一记不住了就说要去厕所，而他们会在楼道里进行提示。还事先逼他背诵，要他对着镜头表情自然，谈笑风生。他们在镜头里还非常文明，又是递水又是递烟。所以说句真心话，对于死刑案件的辩护，对于死刑案件的法律援助，我是很担忧的，因为大家如果没有责任心，像这种证据，根本就识别不出来。

不要说你们觉得难，我现在都在说难，我们前几天弄的那个案卷，在录像里边还能看到反贪局的人在那儿跟他说"你就这么说就行了"，原来是剪片子的没剪干净。我们过去也经常看到剪不干净的片子，比如一次录像问三个问题，问题和问题之间不关机，有一次当事人问："下一起多少钱来着？"检察院的人说："三千嘛，给你背几天了还背不下来？"当事人就说："三千，哦，我记住了。"检察院的人又说："别忘了哈，咱们现在开始，你先出去，从外边走进来……"整个过程就跟说相声似的。这是他们没剪干净被我们发现了，可现在他们都学会了，剪得好干净，真的是很难识别。所以，现在真的是非常艰难，我只是想让你们知道现在的形势是什么样子的。

但是我还得说，冤案还在产生，案子还得做，我们还得坚持。难，不代表不能。我经常说一句话，叫作真的假不了，假的真不了，这句话颠扑不破。你就是智商再高，也是编出来的，编出来的东西就是违背客观的，就是有漏洞的，早晚有一天是会被发现的。靠抓人，靠强权高压逼迫人家说，这样的情况也不是所有的人都会接受的，也不是每一个人都会愿意服从的。我们依然能在困境中找到出路，所以我们需要做的一点，就是不要轻易地相信。我不断地说，要把法官当成傻子，把警察当成坏人去看问题。我们跟法官要掰开了揉碎了，要把每一个问题像跟儿童讲话一样地跟法官来讲。而对待警察，对待侦查人员，要把每一件案子都放到假案上去考量，不是说看不起，因为现实太残酷了。

对物证，尤其是对人证，都要抱着怀疑的态度，要学会耐心地听取嫌疑人和被告人的陈述，要注意审查这些言词证据形成的过程。我们一定要抱着怀疑的态度去看待每一个证据，才有可能识别检察机关、侦查机关的造假行为。现在连物证检验也造假，刚才提到念斌那个案子，物证也造假，所以大家都要注意。

另外就是调查，我过去是不主张律师去做调查的，一是出于律师安全的考虑，因为《刑法》第306条悬在脑袋上，我们律师，尤其这些年轻律师初出茅庐，很容易栽在上面。咱们今年这半年，单单我知道的就已经抓了俩了，都是说他们涉嫌伪造证据，尤其是那个女孩是第一次办刑事案件就被抓进去了。但是，当我们今天要做的是死刑案件时，当我们面临着个人可能的危险与我们当事人可能白白付出生命的时候，调查该不该做？我觉得还是要做的，必要的调查依然是要做的。当然这个做是要在非常严谨的、绝对不能够有任何违法行为的情况下去做，而且要在有全程同步录音录像以及其他各种能够证明自己的行为是合法的这样一些证据保全的情况下妥善地去做。因为没有调查往往很难揭露证据的造假，因此我认为调查还是要做的，在必须调查的时候，该出手还是要出手，该去做还是要去做。

六、质证意见和质证小结

原本我想详细地来谈这一部分，但由于时间关系也不能特别细，点到为止吧。

第一个是质证意见的内容。内容都应该有什么？首先是要明确指出需要提醒法庭注意的有关事实，也就是法庭应当注意的这些重要的事实。其次是证据中存在的问题，同时你要向法官说明你指出这些问题到底是想说明什么,这个点到为止即可,因为质证意见有的时候跟辩论意见还是要区分开的,质证的重点还是要放在内容上,放在对事实的确认和否定方面。最后就是每份证据证明了哪些事实,存在着哪些问题。这些都是我们应当在质证意见中提出来的。

第二个是质证意见的形式。很多律师是没有书面的质证意见的,在法庭上都是口头去说。我主张书面的形式,因为毕竟这些书面材料在事先都是有的,而且质证意见就如同我们在法庭上向证人进行交叉询问。虽然严格来说,它不完全一样,但由于当前我们证人大多是不到庭的,尤其是反贪案件,不把证人抓进去威胁一段,都不敢让证人上庭来,只有那些真是想巴结他们,屈从压力进来的证人才有可能出庭,即使出庭也还不敢让你多问,所以通常都是书面的质证。在改变这种现状之前,我们还是要接受纸质的质证,所以我们要尽可能地出具书面的东西。另外如果有可能,质证意见不要只满足于完成一版,我经常建议要写到2.0版本,3.0版本,甚至有时候要达到6.0版本。另外,书面的质证意见,可以对单个的证据来进行详细的剖析,也可以对一组证据或者一个问题来进行质证,这些都是可以考虑的形式。

第三个是质证的目的。我们进行质证的目的是要指出证据中存在的问题,让法庭注意到哪些证据是存在问题的,甚至是对定罪量刑产生重大影响的关键证据存在的关键问题,要让法官知道,以此让法官对该份证据的可采信性产生怀疑。我们指出了问题,法官可能会不以为然,因为我们中国的法官大都是有罪推定的,就算这个法官不是无罪推定,审委会若是有罪推定,法官也扛不过去。但是尽管这样,我们仍然要说出来。我始终都认为,我把问题告诉法官了,在存在着这么严重的问题的情况下,法官如果还敢判,那我就只剩下佩服了,法官自己去掂量着办吧。尤其是死刑案件,我认为最高人民法院还是非常谨慎的,他们复核死刑案件,神经都是绷得相当紧的,担心出错,但就像我刚才说的,那个证据都造假造成那样了,最高人民法院的法官也难以识别,除非真凶再现,亡者归来,否则很难去纠正。不要说中国有冤案,美国也有冤案,冤案是正常的,重要的是能不能纠正。

最后,我想说,阅卷笔录其实是反复完成的,不是一蹴而就的,如果时间来得及,就要反复去做。而且要注意,在完成这个阅卷笔录之后,要和后面的工作有所衔接,比如我刚才说到的我们律师的工作手稿,哪些是要带着问题去会见被告人的,哪些是要带着问题去进行调查的,哪些问题是需要继续查法律法规的,都要通盘考虑。同时,在你会见完、调查完、查询完之后,可能还要返回来再去看这个卷宗,只有经过这样一个反复的过程,我们才有可能把卷宗吃透,也只有吃透案情,我们才有可能形成一个充分的辩护意见。阅卷笔录最后要做成质证意见,而质证意见是辩护意见的基础,或者可以说,辩护意见是论点,质证意见是论据,也就是说,你辩护的观点要有事实根据和法律根据。我一直认为,作为一个律师,我们说话要有两个根据,一个是法律根据,一个是事实根据。法律上的根据要去查法律,事实上的根据,我们要有质证意见,而质证意见尤其是结论部分,论证的过程是要进入到我们的辩护词里的。

我们今天只是讲了阅卷这一节,如果要全部展开讲,大家就可以看到一个案件是怎么最终走到法庭上去的。谢谢大家!

张青松 刘汉案辩护律师，北京市尚权律师事务所创始合伙人，全国律师协会刑事业务委员会副秘书长，北京市律师协会刑事诉讼法专业委员会副主任，北京市法学会刑法学研究会理事，美国联邦刑事辩护律师协会会员，中国社会科学院法学研究所法律硕士导师，西南政法大学刑事诉讼法学法律硕士导师、客座教授。

03 张青松
死刑辩护的成败得失

大家晚上好！一般来讲，律师不管是做什么样的讲座，一个基本的调调应该就是讲一下自己的成功案例，我们基本上就称之为"律师吹牛"的过程，通过这些成功的案例来证明自己是非常厉害的，调调应该是这样的。

但是接到了这样一个讲课任务之后，我跟吴老师说，我可不可以借机把我从业以来这么多年所参与办理的死刑案件做一个梳理？尽管我也不知道这样一个梳理究竟会得出一个什么样的结论，但是我想把成功的和失败的，尤其是失败的说一下，包括自己在办理死刑案件中所犯的错误也能够提出来。

一、如何认识死刑案件的辩护工作——从两个真实案件谈起

（一）从业初期接触的首个死刑案件

我根据回忆，简单地检索了一下，发现这 20 多年来我总共参与办理的死刑案件是 12 个，这 12 个中有 9 个被我辩死了。这些案件各有特色，可能很多大家都知道，下面我给大家介绍第一个案例。我这两天一直在想，这个案子当事人的名字叫什么，我实在是想不起来了，因为这个案子是在 1994 年左右办的，那个时候我在山东一个县里做律师，这也是我第一次接触死刑案件。这个案子是强奸案，被害人一共有 27 个，但是后来公诉机关起诉的，法院认定的是 17 起强奸，被告人一共强奸了 17 个妇女，据说另外 10 个人是证据不能查实的。当时我刚拿到律师证，这个不是法律援助案件，是收了 30 块钱的，因为那个时候刑事案件收费标准是 30～150 元。1994 年的时候，我们还是适用旧的《刑事诉讼法》，按照当时的《刑事诉讼法》，律师要在案件起诉到法院之后才可以介入。

我犯的第一个错误是，这个案件直到开庭之前，我都没有会见被告人，就只是看了案卷。要知道，一个有 27 起强奸事实的卷宗是非常有意思的，尤其那时候我年轻，带着愉快的感觉就把案卷看完了。到了开庭这一天，因为是中级人民法院的合议庭到县城里去审判，在县法院，首先是法官到了办公室，然后是我在办公室和法官做简单的交流，聊天。这时候法警要去看守所把人接过来，接过来以后，直接就绕到了办公室的后边。刑庭的办公室在一层，从窗户就能看到警车到了，我面对着窗子，法官坐在办公室桌上，面对着我，我们在聊，我正好是可以看到窗外的。警车到了之后，两个法警把被告人带到车下，然后两个法警不知

道为什么就开始在那里聊天，被告人就蹲在地上。因为我没有见过这个被告人，于是我就仔细看了一下，看了不到两秒，他突然间站起来就跑，直接就脱离了法警的控制，但是两个法警还是背对着他，在那里聊天。

当时我一看，那个人是戴着脚镣的，但是仍然跑得飞快，直接就奔大门去了。我就说："完了，人跑了。"法官听了回头一看，大喊一声。法院是三层，当时整个法院就沸腾了，法院工作人员就下来了，紧关大门，那个人一看大门被关上了，翻墙就跑。这时候那两个法警才反应过来，那个人当时已经爬到墙上去了。但是你要知道爬到墙上，手扳着墙头，脚往上搭，戴着脚镣根本搭不上去。这时候那个人被法警拽着脚就给拽下来了，接着被押到了候审室，后来我听说是被暴打了一顿。开庭的时候对被告人采取了特殊的措施，被告席上是一个重达400斤的铁椅子，而被告人被用手铐铐在椅子上。这个时候你知道我最难受的是什么吗？是我怎么辩护。我往辩护席上一坐，看了这个案件的卷宗，在这个案件中，被告人是村里的一个电工，身体特别棒，长得特别帅。这个村里大多数成年男子都出外打工了，村里就剩下一群少妇。他在收电费的过程中，比如说给谁家省上几毛钱，或者这个月的电费给免了之类的，利用这样的条件，再加上这样一个特殊的村情，所以说有的是自愿，有的是不自愿的就发生了这样一个事情。

对于这个案件，按照我现在的印象，我当时觉得确实构成犯罪，我很发愁怎么去辩护，再加上又出现了这样一个情况。法官一宣布开庭之后，我做了一件事情，我说："审判长，我决定拒绝为他辩护。"审判长说："为什么呀？"我说："因为他没有向律师如实交代案件的基本事实。按照《律师管理暂行条例》，我有权拒绝辩护。"审判长说："那你拒绝辩护，你就走吧。"于是我就收拾东西出来了。大概一个多小时之后，庭审就结束了。我当时在法官的办公室里坐着，二审中院的法官到了办公室，第一个动作是一拍腿，说："哇，小张好样的，拒绝辩护！"我当时就有一种被表扬的感觉，觉得自己好聪明。

但是后来，我认识了一个老律师，我们关系非常好，他就非常含蓄地说："青松，听说你上次那个案件，你没会见被告人，而且还当庭拒绝辩护了，我觉得不太合适。"大家可能不知道，当时我作为一个拿到律师证时间不长的年轻律师，我觉得我是用一种非常智慧的方法，躲过了为他辩护这样一件事情。一个重犯，还企图逃跑！我也能够熟练地运用《律师管理暂行办法》。另外让我特别高兴的还不仅仅是法官说"青松是好样的，小张是好样的，能够拒绝辩护"，而且后来他还给我打电话，他说："张律师，我要请教你一个问题，关于你拒绝辩护这个事情，我在判决书里怎么写，应当引用哪一个条文？"我特别牛地告诉他《律师管理暂行条例》第多少条，律师有权拒绝辩护。他说："哎哟，这个还真不熟悉。"

其实我本来觉得非常得意，结果被那个律师一提醒，我就觉得好像不是所有人都在表扬我，我心里就开始琢磨这个事情。多年之后，我虽然忘了这个人，但是在一段时间里，我一直在悄悄地打探消息，关于那个人有没有被判死刑。过了一段时间有人给我传来一个准确的消息，他被判了死刑立即执行。我当时就有一种心里一块石头落地的感觉，终于判了死刑了。这种心态是什么？这件事情对我影响特别大，因为曾经在很长一段时间里，我一直觉得这件事情我做得非常对，这是我自执业以来第一次接触死刑案件，第一次拒绝辩护，当然也是到目前为止唯一的一次。

这件事情给我的一个启示就是，我觉得作为一个律师，应当有基本的社会正义，像这样一个"十恶不赦"的人，去给他辩护，你根本就找不到什么样的理由。那么我们首先从基本善恶的角度上，去为他找一些开脱的理由，恐怕是不合适的。另外就是证据确实充分，证明一个人有罪，而且是重罪，律师从哪儿辩护？你再怎么辩，结果也无非如此。我一直以来都有这样的困惑。

(二) 法官故意杀人案

之后的一段时间里，我也遇到过一些事情，我在想刑事辩护律师究竟有什么意义？存在的价值是什么？如果一个人依照法律，根据他犯下的罪行、事实、证据，肯定是要被判处死刑的，那是不是还需要律师进行辩护？所以说我曾经是非常动摇的，有一些迷惑。但是这么多年来，我认为我现在这种说法是一种检讨，其实那就是一个特别年轻的律师对刑事辩护律师这样一种角色不理解所致的。

在2009年至2010年的时候，我办过一个法官故意杀人的案件。这个人叫潘华山，浙江省高级人民法院立案庭副庭长兼信访办副主任。这个人后来也被判了死刑，我是2010年给他辩护的。这个案件当时被舆论炒得非常热，法官杀人嘛。案情是这样的：安徽有一个经济案件的申诉，潘华山当时作为立案庭的副庭长兼信访办副主任，负责处理这个申诉案件。这个案件的当事人就经常到浙江省去找潘华山，后来这个案子申诉处理了很多年，这个当事人也就缠住了他，使他不胜其烦。

最后潘华山就和这个当事人说："这个事情你不要再这样，我告诉你，具体下一步怎么走，你到我家里来，我来和你好好地聊一聊。"于是，他们一起到了潘华山的家里。那是一个星期五，潘华山的女儿在外边上学，他的夫人在外地开会。潘华山在回家的路上顺手捡了一块石头，不大。在潘华山的家里，潘华山和这个当事人谈了这个案子，很快言语不和，潘华山就用石头把这个人砸死了，然后到浴盆里用刀把尸体分成几块，一共分了八个袋子装起来，放到自己的后备厢里，开着车在从浙江往安徽方向的高速公路上，每过一段路程扔一块，然后把现场处理好。这个案件大概是在一、二月份发生的，七、八月份被破获的。

给我印象特别深的就是潘华山的夫人当时找到我，她说："张律师你不知道，他被抓了之后，一些事实清楚了，我们全家人很难受。"为什么？她说："他用来分尸的那把刀，这半年来我们一直用来切菜。"这个案件当时影响非常大，一审判处死刑立即执行，二审的时候，潘华山的家人找到我，说看看能不能保一条命。我就了解了一下，有一个确切的消息，二审必然是要判死刑立即执行的，要维持原判。这个消息我就不说是从哪里来的，我就跟他们家里说他必死无疑。原先她是想让我给他们出出主意，后来她说："既然是这样，那你就出庭给他辩护一次吧，不管是什么样的结果。"

这个案件，有两件事情改变了我对律师角色的一种认识。一件事情是在法庭上，当时这个案件的事实肯定没有问题，证据没有问题，程序上也找不出毛病来。我记得在这之前会见潘华山的时候，我知道了这样一个情况，包括卷宗中也反映了，就是他作为一个立案庭的副庭长，加上信访办的副主任，他的工作，按照他的说法，就不是一个人干的工作。因为每天面对全社会的怨气，压力特别大。他说这个经济案件的申诉已经十几年无法解决了，但是（经济案件的）当事人（也就是本案的被害人）一直在上访，一直在缠访。所有人都认为这个案件是不可能解决的，或者是无法解决的。潘华山说他就特别希望用他的能力把这个案件解决掉,把它塑造成为一个申诉息访的典型案件,但努力了很多年,一直没有效果,因为法院自己说了不算,案件一直得不到纠正。

后来他自己的内心已经承受不了自己这种承诺了,加上你知道一个长期上访的人的那种心态,把他逼得很难受。法庭上公诉人当然是在一个特别具有优势的角度上进行控诉,而作为辩护人的我就把潘华山内心的一些想法,从犯罪起因这个角度,认认真真地阐述了一下,没有提出任何具体的意见和建议。我记得检察员当时就说了一个观点,他说:"辩护人口若悬河说了这么多,但是本检察员认为,本案证据确实充分,可以认定上诉人杀人的事实,而且情节极其恶劣,应当判处死刑立即执行,但是辩护人在明知是这样一个情况下,仍然这样去给他辩护,检察员对此很不欣赏。"这句话让我有一点受刺激,本来这个庭是波澜不惊的,然后我就做了一个回应,我说:"刚才检察员这样一番话,让辩护人感觉特别遗憾。我没想到在法庭上检察员能对辩护人职责的问题进行一个评价,而且竟然不能够认识到我们辩护人在法庭上所行使的权利是《宪法》和《刑事诉讼法》赋予上诉人的一个最基本的权利,我对此表示遗憾。我认为检察员如果愿意的话,可以向上诉人以及他的辩护人表示歉意。"

后来开完庭,浙江省检察院的公诉处处长就追我到法庭外边,说:"张律师不好意思啊,我们检察员的说法是不对的,希望你不要太介意。"我说不存在。这是一件事情,在法庭上我觉得这是一个枝节的问题。

那么关于这个案件的第二件事情是,后来潘华山被判处死刑立即执行,执行死刑之前,他有两个小时可以和家里人见面。在他被执行死刑之后，他的一审的律师和他的夫人分别给我打了一个电话，说潘华山在被执行死刑之前，多次说到让他们一定要表达对张律师的谢意，感谢我在这么短的时间里，能够把案件了解得这么清楚，把他想说的话能说到，他觉得律师已经尽了最大的努力，他表示感谢。实际上这个案件，我在很多的培训场合都讲过，一个人，当他的生命只剩下两个小时的时候，他仍然要多次表示对一个陌生人的谢意，尽管这个陌生人的辩护实际上并没有对他的生命作出任何的延长或者挽留。那么我就在想，一个律师，一个死刑案件的辩护律师为什么要进行辩护？我们的辩护仅仅是为了生或者死吗？后来我又接触了很多很多案件，我对死刑案件辩护律师的意义有了这样一个认识，一种全新的认识，就是作为刑事辩护律师，尤其是在对死刑案件进行辩护的时候，你的目的并不一定就是让这个人活，对他们进行辩护本身就是一个最基本的职责。

那么我就形成这样一个观点，我说刑事辩护是什么？刑事辩护实际上是人类社会文明到达这样一个程度之后，我们总是要杀死一些同类，因为这些同类会对其他人造成危害，那么要合法地杀死他。但是他们毕竟是我们的同类，所以我们要表示对同类的关爱，辩护律师做的就是这份工作，送他一程。所以我认为死刑辩护实际上是辩护律师代表人类，对那些将被我们合法杀死的同类，表示我们关爱的一种方式，这就是人类的文明。

以上两个案例，我做了一个对比，我想说的是，对刑事辩护尤其是死刑辩护的成与败，我们必须要有一个清醒的认识，必须要了解作为一个律师，在对案件，尤其是死刑案件辩护的时候，自己应当怎么去做。这是我通过这两个案例，想说明的一个问题。

二、如何看待死刑

（一）辩护律师对死刑的态度

我办过12个死刑辩护案件，一审、二审、死刑复核这几个环节都包括了，总共12个，其中有9个人被我辩死了。那么对死刑应当是一种什么样的态度？死刑到底是应该被继续保留还是应该被废除？我一贯的观点就是，这是一个社会问题，不是法律问题。既然中国是有死刑的，那么必然会有人被判处死刑。实际上包括欧洲，美国大多数州，还有其他一些废除了死刑的国家，他们社会也并不是一致认可不应该有死刑的。

有这么一个案子，可能大家也知道，有一个英国人叫阿克毛，全名我不记得了，因为贩卖毒品，在中国新疆被抓获。贩卖的数量不多，我印象中好像是5公斤，一审判了死刑，二审维持。死刑复核的时候，我来为他辩护。当时英国的首相是布莱尔，还因为这个案件专门给我们的温总理写了三封信，大概的意思就是尽量别杀他。这个案件在国内只有一部分媒体在报道，没有成为所谓的热点，但是在整个欧洲社会基本上已经是沸沸扬扬了，大家谈到的司法案件基本上就是它，因为阿克毛成为被中华人民共和国处决的首位英国公民，这是新中国成立以来第一例。

当时英国使馆专门有一个副大使在负责这个案件，他和我联系，想了很多办法，其中一个办法就是精神病鉴定，因为这个人表现得不太正常，后来包括国外的一些专家，国内的专家都对他进行了会诊。当然最高人民法院是没有采纳的，最后核准了死刑。当时在办这个案件的时候，我就认为这个人完全是有可能保住一命的，因为已经到了这样一个层面。结案之后，差不多快到一年的时候，我有一次又遇到了这个英国副大使。

当时我问："欧洲的舆论到底是什么样的？你们对这个案件是怎么看的？"这个副大使当时跟我说了一句话，让我特别吃惊，他说："你知道吗，其实在欧洲社会，多数舆论是支持中国政府杀了他的，甚至在英国要恢复死刑这样的呼声一度渐渐增强，就是多数人认为这样一种罪行是应当被判处死刑的。"我说："那为什么你当时没有告诉我？因为英国当时搞的那个阵仗，搞这么多事，让我觉得舆论对我们是有利的。"他说："我当时告诉你有意义吗？"

实际上，死刑这样一种社会现象，并不是说我们（社会）不文明，有些社会更文明，不是那回事，我们要坦然接受它。

那么接下来看看我们现在很多人提出废除死刑或者保留死刑的时候，都说过的这样几个案子。原先吉林有一个人偷车，之后又把小孩埋在雪里给埋死了。这个人叫周喜军，后来是被判了死刑的，包括李昌奎的案件，这些案件大家如果有印象，没有一个案件不支持中国要继续保留死刑。所以说我为什么说这个问题？就是作为一个刑事辩护律师必须面对这样一种现状，中国是有死刑的，那么必然就会有人被判处死刑。如果我们对刑事案件，尤其是死刑案件辩护的成败以生与死作为衡量标准，那么辩护律师将永远没有成功可言，那是一个法律问题。

（二）当事人对死刑的看法

我辩死了这么多人，那么在这些案件中，每个当事人对死亡的看法是什么样子？为什么一开始我提了那个强奸犯的案件？我觉得如果一个律师对于人的生死还没有理解到足够透彻的时候，可能不一定特别适合去做死刑案件的律师。从我办第一个死刑案件（那个强奸案件）一直到现在，我接触过这9个被判处死刑的人，我跟他们见面的时候，发现他们对死的认识是完全不同的，是出乎我们意料的。

有几个例子我可以给大家逐一地介绍一下，你可以感受到作为刑事辩护律师在死刑辩护的过程中，对于生死的一种理解。跟我交流最深入的一个人，叫刘世波。刘世波案件当时是被称为江西省建省以来最大的黑社会案件，22个被告人，四五条人命。一审判处死刑之后，我和他在看守所里连续三天长谈，每天从早晨8点到下午6点，中午就在看守所里吃饭。

他从自己上小学开始，一直到整个案件事实过程的发生，把所有能够想起的事情，从头至尾跟我谈了三天。不好意思，我录了音，这个到现在也没敢说，因为看守所是不允许录音的，我是偷偷录的，这个录音还在。在谈话过程中，我和另外一个律师，一个女律师叫常峥，现在是尚权律师事务所的主任，我们能感受到一个黑社会性质组织的老大的人格魅力和他的善良之处。所以当他谈到他整个经历和他对社会和人生的认识，你真的会感受到一个人之所以能成为黑社会性质组织的老大，不是有一般的领导干部那样的能力就可以的。我们说领导一群好人不难，领导一群坏蛋，而且都得听你的，那是太难了。后来这个案件判了6个死刑，二审维持。听说执行死刑的那天，《焦点访谈》还专门给放了一下。我们的（常峥）律师是掉了眼泪的，说这样的人怎么能杀了他。实际上他在一审的时候就知道自己是肯定要被判死刑的，这条命是不可能被留下来的。后来为什么要和我们谈这么多，他是要把他自己对整个社会的想法告诉我们。这是一种对死的处理方法。

第二个案件也是一个黑社会老大，这个案子在媒体上没有报道，这个人姓郭，我就不说他的名字了。两条人命，后来被判处死刑。一审被判处死刑立即执行，二审来找我的时候，我和他会见了多次。这个人是一个特别典型的东北汉子,身体特别壮。我跟他聊,他就告诉了我很多人和事。虽然这些人和事不具体,他也没有说名字,但是每一个人后边都存在着严重的犯罪行为,那么我的想法就是,在二审能不能把这条命给保下来,就看他有没有可能把他掌握的这些非常严重的犯罪行为给举报出来。他问为什么,我说:"按照法律规定,如果你是重大立功,可以从轻或减轻处罚,这样的话,这条命完全是有可能保下来的。"他说:"那样活着还有意思吗?我怎么可能去出卖别人?让别人被追究犯罪,我自己去活一条命呢?那还是人吗?"这件事情其实我个人理解,就是我们在讨论的过程中,可能因为我是随意这么一提,他只是一个本能的反应。我说:"这件事你再考虑一下。"从发现这个问题之后,一直到后来审判,这个案子经过了将近一年的时间,每一次去基本都讨论这个问题,包括他的姐姐、姐夫,家里的很多人也都转告他,让他把他掌握的一些情况举报了,立功。他都断然拒绝了,就一个理由,人早晚都是要死的,没必要去害了别人,自己活下来。我就觉得他说这些话的时候,简直就是一种英雄,特别令人崇拜的样子。当然这个人最后也被执行死刑了。

第三个案件,就是大家都知道的李昌奎的案件。我开庭前见过他两次,开庭之后又跟他见过一次。李昌奎这个案件,当时社会上沸沸扬扬,是一个影响特别大的案件。因为一审判处死刑,二审云南高院改判为死缓,然后被害人不断地要求申诉,最后提起再审,启动再审,当时是我给他辩护的。

这个案件特别有意思的就是我跟李昌奎第一次见面的时候,他说:"我知道你,我们干警都已经跟我说了,说你在中国是特别著名的律师,这回我差不多就有救了。我顺便跟你说一下,我们号子里还有好几个要判处死刑的呢,都想让你给辩护呢。"我说:"你先把你的事处理好,其他的以后再说。"这是第一次见他,他是一个特别纯朴的小伙子,就是典型的农村人,一看就知道他不可能是坏人。第二次再去会见他,就告诉他快要开庭了和对案件的预判,我说:"我不能保证案件结果会不会有变化。如果有变化,基本上就是要判死刑立即执行。"他说:"其实我知道,可能最后我就是要被判死刑了,但是也无所谓了。因为我杀了两个人嘛,其实一审的时候把我判了死刑,我觉得都很正常了,本来就该死嘛。"他是这么坦然,所以到再审的判决下来之后,改判死刑立即执行,我又去见了他一面,我说:"不好意思啊,我也是尽了最大努力了。"他说:"没有啊,你做得特别好,我真没想到我活了这么多年,到最后还惊动了你这么大一个律师给我辩护,我觉得我知足了,而且你说的那些话都特别有道理。其实我真的该死,真的该判我死刑。"这个人是一个什么样的状况?我个人觉得这个案件确实不应该把他改判为死刑立即执行,他那种悔罪的态度,他回到人本善良那个角度的时候特别快。当时监狱的人我见了一下,因为他是一审被判处死刑立即执行,后来改判死缓的,又在监狱里待了好几年了。监狱里的人都说:"哎哟,这个小伙子可好了,干什么脏活累活都是跑在前面,他简直比社会上的雷锋还好。"就是他在监狱里很讨人喜欢。我跟他聊的时候他也说:"我这个人就是一条烂命,本来就该死的,又给了我一条命,那我当然要好好去做人了。"当时我就说让监狱里出一个证明,能够证明实际上这个人是可改造的,但是法院说这个没必要吧,这个都是服刑之后的事情了,没有什么好考量的。当时时间也来不及了,就没有提供。这是一种人对生死的看法。

还有一个叫董学文的,这个名字大家可以不记,因为这个也没有任何的报道,就是一个普通的杀人案,雇凶杀人,在死刑复核期间,我接手了这个案件,到看守所见过他两次,最后是核准死刑了。这个人跟我谈话的时候,给我的感觉是这个人已经完全垮掉了,就是那种求生的欲望,"你救救我,你救救我,我还想活",然后什么招都有,就是什么样的思路他都有。当然他非常可怜,但是给我的感觉就是人在面对死的时候,如果是这样一种态度,我觉得是没有意义的,或者完全是没有必要的。当然后来我跟最高人民法院的法官在讨论这个案件的时候,我就说希望法官还是去见他一下,我说一个人对生存的欲望这么强,他还有没有可能造成更大的社会危害?是不是必须得杀掉他?当然这个仅仅是一个理由,后来法官也去提审了。结果法官就一个结论:这个人很坏,他除了雇凶杀人之外,还有其他一些犯罪,这个卷宗里面没有反映,但是我了解了,这个人特别坏。后来这个人被核准死刑了。

实际上在一个有死刑的法律制度下,每一个被判处死刑立即执行的人,对生死的看法都是完全不一样的。那么从律师的角度上看,就我辩护这么多人,给我的感觉是,没有一个人是必须被判处死刑立即执行的。我辩护过的这些当事人,让我觉得可能只有律师和当事人自己的感受是一样的,就是我们《刑法》第48条所规定的,犯罪行为极其严重的,应当判处死刑。但是对于应当判处死刑的人,不是必须立即执行的,可以缓期两年执行。有哪一个人是必须立即执行的?我的看法是,这几个案件没有一个是必须立即执行的。

三、如何认识影响死刑案件结果的因素

（一）关注每个案件的情节

刚才我说的这几个，从他们自己对生死的看法和他的罪行上来谈的，这是一种感受。那么从法律上，其实每个案件都有它独特的情节。像李昌奎案件，原先二审为什么改判死缓？就是因为认为没有必要立即执行。舆论炒起这个案件之后，当时我接手这个案件有一种感觉，这不是在给李昌奎辩护。因为李昌奎这个人他当然可以立即杀掉，也可以不立即杀掉，这个度本身就没有特别硬性的标准。我觉得这种辩护应当是在为二审的判决辩护。一个人究竟是适用死缓还是适用死刑立即执行，那完全是法官自由裁量的问题，法官认为没有必要立即执行就可以了。如果你形成这样一种判决，回头你再把它改过来，法官的自由裁量为什么会被改变？这样实际上对于司法的权威是一个严重的破坏，我是本着这样一个角度，想去为这个案件争取一下。

但是后来的结果大家是知道的。当时看了案卷之后，我发现可能二审也是错误的，二审改判为死缓也是错误的。因为其实在一审判决结束之后，李昌奎就向法院写了很多东西，包括名字叫《自我辩护》的一份材料，写了自己很多情有可原，或者请求能够饶他一命的言辞，大概五六页纸。在一审判决之后还有一个叫《我的上诉》的材料，这几页纸，他是手写的，在信纸最后两页上，他说"我知道我们村里有几个姑娘是被我们村里的谁谁谁给卖到重庆去了，而这些姑娘叫什么名字，贩卖人口的人又叫什么名字，家住在哪个地方，和谁一起去的，我是怎么知道的，有一次坐火车，在哪遇到的，然后怎么去聊起这件事情"，这是一个特别重大的贩卖人口的举报线索，具体地址、人员、时间都很清

楚。但是这样一个简单的案件，因为大家知道李昌奎犯罪行为是特别恶劣的，他是跑到人家家里，把一个女的给强奸了，然后把她不满3岁的小孩（弟弟）顺手提起来给摔死了，强奸完以后杀人，就是一个特别恶劣的情节。但是这个卷宗是非常薄的，就在这非常薄的几页纸里，他一审写完的这几页纸，二审的控辩审三方都没有看到，或者说都没有看完。所以再审的时候就出现了一个问题，我当时觉得非常纠结，为什么？如果说我要论证原先的二审判决是正确的，这就是不客观的了。因为二审是对这些举报没考量到的，也没有去调查，没有考量到他有立功这样一个情节，而且是重大立功，所以一旦提出这个问题，我就不是在论证二审的正确，而是在论证二审的错误。如果本着减轻处罚，可能判处死缓都是过重的，因为要体量出一个减轻的层次。

所以说这个案子就发生了一个戏剧性的变化，当时全国舆论炒得特别热，最高人民法院还有云南省高院希望这个案件再审的审理能够完全公开，那是唯一一个重大的且没有受到任何限制的案件。全国的媒体记者都蜂拥到云南，就想着如何报道，而且视频什么的都已经准备好了。但是因为可能涉及立功情节，在宣布开庭前，法院突然说所有的记者都不能够到法庭上去旁听，所有的媒体都不能够参加。然后在旁边一个房间里，据说是搞了一个电视屏幕，并且要求所有媒体要用新华社的通稿。

这个案件开庭持续了一天，一直到晚上9点当庭宣判，在这一天里，公安机关发了两份传真，证明被告人所举报的线索不能查实，然后法庭当场认定。这个后来就是大家可以听一听，但是不可以乱说的事情。在法庭上，我看到了好几个最高人民法院的法官，他们要等着这个处理结果。后来这些法官就告诉我，他说："哎呀，你知道中央政法委要求今天下午6点之前必须宣判，因为你的辩护，导致我晚上 9 点才宣判。"我说："挺有成效，我推迟了三个小时。"他说："你知道为什么会那么长？因为在合议的过程中，我们一度想采纳你的意见，但是领导不同意，中央政法委不同意，所以说很遗憾。"

我说："这个也说不上，那是你们的遗憾，我已经努力了，这个案件我个人认为李昌奎被判处死刑立即执行不冤，但是法治挺冤的，你们最高人民法院也挺冤的。"在李昌奎案件中，好像李昌奎原先还有一个情节，一审认定了他一个自首的情节，大家知道在《刑法修正案（八）》之前，自首加重大立功，按照《刑法》规定，是应当从轻或减轻处罚，而不是可以。这样一种判决是维护了法治还是打击了犯罪呢？

另外刚才我说的那个姓董的，在面对死亡时，就有一种特别强烈的求生欲望，他的情节是什么呢？他杀了人之后，逃跑了，跑了一段时间，他害怕了，就要回去。然后晚上他就想回去自首，这当然是按他自己的说法。他走到一个小卖部前，买了点水喝了，还跟小卖部的人说自己犯了罪，要回去自首，从小卖部出来，再往前走，警车到了，晚上灯一开，一照到他，他马上就站在那儿，被抓获了。按照最高人民法院的司法解释，他应当是在自首的途中。后来他也如实供述了自己的罪行，像这样一些情节，我们当时也是从这个角度上去论证的，从《刑法》上考量是可以从轻或减轻的，这是他的一种量刑情节。

刘汉案件的辩护情节在哪里呢？刘汉一共 21 个罪名，除了包庇罪、窝藏罪之外，我都是做无罪辩护的。当然审查起诉时去掉了一些罪名，一审去掉一些罪名，二审去掉一些罪名，最后只剩下 14 个罪名，但是保留了死刑。后来最高人民法院法官说："青松你很厉害，你看你的意见非常重要，我们采纳了你很多的意见，一审二审都作了改判。"我说："谢谢，但是你为什么不把判处死刑的这个罪名给他去掉？"当然（对于这些罪名）我都是做无罪的辩护，多数没有被采纳，有一小部分被采纳了，但是没有影响他的死刑。

下面说刘汉案件，可能大家对刘汉的案件知道得比较少，因为新华社和央视说得非常详细，但是和案件的情况有些出入。而且庭审的过程中刘汉在哭，他在看守所里哭，在法庭上哭，哭的那种表情，给人的感觉是，我记得网上有一个评价叫"这样也配做老大？"其实他每次哭，为什么没有台词，只有哭声？没有台词，就是因为他每次哭都说"我冤枉啊，我冤枉啊，还有没有天理啊？"类似这样的东西，那涉及案件的事实，实际情况，这个说来话长，就无法一一介绍了。

但是他的案件中，只有两起有证据指认他可能知道或者参与（杀人），就是我们通常所说的孤证。孙晓东说他们在杀人的时候曾经告诉过他，但是告诉刘汉的时间和地点都无法衔接，也没有其他的证据能够印证。也有一些证据能够证明其实孙晓东说刘汉知道的这样一个事实，是与实际情况有出入的，但是法院都不采纳。

实际上通过这些案件，刘汉这个案件也好，其实还有其他几个案件，我们得出这样一个结论，在死刑案件中，尤其是对黑社会性质组织的老大，讲证据是没有用的。证据确实充分这样一个标准，在黑社会性质组织的故意杀人罪中，尤其是对于老大的定罪上，是没有意义的。刚才我提到的郭兆庆、刘汉、刘世波，还有辽宁那个宋鹏飞，在我所辩护的被杀掉的9个人中，这4个人都是老大，共同的特点就是证据，直接指认他参与、指使或者知情的恶性犯罪的证据都不确实。所以在有人命的案件里面，刑事辩护律师的辩护，我到目前为止还没有听到哪一个律师，哪一个黑社会性质组织的组织领导者的辩护律师，在罪名上采取了有罪辩护的态度。因为按照犯罪集团的量刑，所有的黑社会老大要对所有的犯罪承担责任，所以他是否直接参与已经不重要了，首先要打掉黑社会性质组织这个帽子，这是一贯的做法。但是这个帽子基本上不可能摘除，非常少。这是在黑社会性质组织的犯罪中的死刑辩护几乎很少有保住命的原因。到目前为止，我没有见过一个留下来的，都被杀了。这是对这几个问题的看法。

（二）关注案件的舆论走向

除了刚才说到的黑社会性质组织的这样一种特点，就我办的这些案件中，我觉得影响一个案件能否判处死刑立即执行的因素基本上是有迹可循的，其中一个因素就是舆论的影响。我觉得在我经手的这些案件中，有几个案件，舆论都对当事人被判死刑立即执行起到了推动作用。第一个就是李昌奎，不说了，因为本身是一条活命，闹成这样。第二个就是刘汉，刘汉是全国皆知。第三个就是刘世波，被宣扬为"江西第一黑"。然后是潘华山，大家知道潘华山有一个非常大的问题，他是一个法官，法官把当事人杀了。而且当时还有一个案件叫邱兴华杀人案，陕西的，一个人杀了11个人。当时跟最高人民法院在协调的时候，我们说能不能对潘华山做精神病鉴定，这个是浙江省高院同意了的，因为觉得这个人在那样的司法压力下会不会有精神问题，一个法官怎么把当事人给杀了？最高人民法院的答复是，老百姓杀人都不做精神病鉴定，法官杀人了就做精神病鉴定，他们对舆论无法交代。所以说我们能做的就是死刑复核的时候尽量快一点，别让家属在痛苦中太久。这就是舆论对案件所带来的一个特别直观的影响，我们说最高人民法院"大义灭亲"了。

阿克毛的案件也是，当然他是另外一个层面上的，除了境内境外这种舆论的推动，我记得英国使馆把布莱尔三封信发过来，我就说："你们英国是法治国家，你们一直在批评我们的法治，说我们司法不能独立，你一个英国首相怎么可能给我们国家的总理写封信，让我们总理跟最高人民法院说不能判他死刑呢？这个你们是怎么想的？"他说当时之所以这么做，好像是正在竞选，为了表示对国民的关注之类的。我说这样一种做法，实际上是小瞧我泱泱中华法治独立的程度了，这个必死无疑了。这是舆论，也解释了为什么我几乎在办所有案件过程中，都对舆论这样一种东西，持特别纠结的心态。我办的案件，都非常慎重处理与舆论的关系，基本上不去说话。因为不知道舆论会往哪个方向走，尤其是一些恶性案件，朝对自己的当事人有利方向走的这种情况比较少。可能大家有印象，有一个叫夏俊峰的小商贩杀人的案件，按照媒体的说法，那个案件可能证据上本身就存在问题，能不能指认他最后采取了杀人行为的证据本身就不牢靠。包括还有一些资料也反映出来了，甚至证言都有可能是假的。虽然舆论是一边倒地对夏俊峰这个人持一种同情的态度，但是他最后还是被杀了。

那究竟是我们同情他，他不被杀呢？还是不同情他，他才不被杀？舆论究竟起什么样的作用？我觉得这个风险只有当事人才能去承担。所以在具体的办案过程中，对于舆论的态度，我不好把握，只能随着感觉走。

（三）关注被害人对案件的影响

李昌奎案是一个典型，包括贵州孟超故意杀人那个案件，后来也是被害人的态度导致了被告人被判处死刑立即执行。本着这样一种规律，当然我说也有一些是我办成的，9个被判处死刑了，但是也有3个是活的嘛。北京有一个企业家，名字不说了，姓周，因为这个媒体没有报道，不好去说。他的犯罪情节应当也算比较恶劣，他和自己的妻子发生纠纷，长期闹，最后忍无可忍，把自己老婆勒死了，然后买了一个巨大的行李袋，把尸体装在行李袋里，从邻居那儿借了一辆崭新的车，把行李袋放在后备厢里，从北京朝阳区一路连夜开到了山东威海，想扔到海里，怕被海水冲上来，又拐弯往内地跑，跑到一个矿山上，想埋起来，车就不走了，然后打开后备厢，把尸体扔在矿山上，想烧了它，结果一点火，刚烧起来，下雨了，又把尸体抱回来搁到车上，这时候车就又走了，他跑到前面找了一个石堆，把尸体扔进去用石头盖上，自己开车回来，跑到烟台把车开到海里，自己买张机票，跑到了国外去，一个小国。几个月之后，山东潍坊的警察发现了尸体，后来这个家伙从国外回来了，在深圳，那时候就被通缉了，被抓获了。

就这么一个案件，杀人焚尸不成，抛尸。在山东被抓住之后，这个案件交到了朝阳区管辖。就是在他从山东被押回来的路上，他们家里人委托了我，让我去给他辩护。我跟家属说，这个案件能不能保住他的命，就在于一件事情，从现在开始，我们律师只做一件事情，去会见他，看他好不好，而家属，包括这个人的两个姐姐，还有他父母，我让他们到被害人家里去，表示哀悼，表示慰问，然后表示歉意，其他的不要说，不要提钱的事情。他们说："如果去他们家里，我们家里的人把人家人给杀了，到时候人家要是打我们，怎么办？"我说："打嘛，那就挨着嘛，他又不会打死你，拍一巴掌，回头再挨一巴掌嘛，打上第一次，第二次就不打了嘛，反正你要去，但是千万别提钱的事。"因为毕竟原来是亲家，这个事大家也知道。从侦查一直到审判有一段很长的时间，他们就做这一件事情，我说人心都是肉长的，要不断地去和对方进行沟通。

后来到了开庭的时候，案件起诉到法院，在北京二中院，当时两家已经到了什么程度呢？就是被害人家和被告人家一块儿去旁听，被告人的家属是带着 40 万现金去的。到了法院，首先我跟法官说："你看被告人和被害人两家已经达成了和解协议，愿意赔偿他们 40 万，被害人这边提出一个意见来，认为毕竟是夫妻两人之间的关系，家庭纠纷，而且他的女儿还有这样的过错、那样的过错，希望能够留住被告人一命，因为再死一个人，也不能把被害人给救活。"法官说这个钱法院不能代收，我问为什么，他说因为这个案件可能要判处死刑立即执行，如果他们收了钱，把人给判了死刑立即执行，那么被告人这家肯定和法院闹，所以说他们不能收，除非判死缓或者无期，那么他们可以代收这个钱。我当时实际上心里觉得挺不靠谱，最后法官说："你这样吧，钱别先交，过段时间我会给你打电话，如果说钱可以收，你们再来。"接着就开庭了，庭审是非常简单的，大概两个小时就开完了。

开完庭之后，又过了一段时间，法官通知被害人家属到法院，说被告人给的 40 万赔偿太少，至少也得 70 万，被害人家属说他们同意，他说同意也不行，太少了。然后就传达给被告人一方，被告人一方说那就 70 万嘛，就赔了 70 万，法院收了，收了我们就知道这个结果应该是没有问题了，最后判了无期。这个案件关键在于被害人的态度，刑事和解在我们的《刑事诉讼法》里仅仅是一个原则，你不要考虑它的所谓多少年以下那个条件。因为化解社会矛盾，只要是被害人能够原谅的，只要是没有什么太特殊的情况的，基本上都没有问题。我个人认为这个是操作比较成功的一个案件。

(四) 具体策略的选择

除了被害人的影响，还有一种案件，就是在法律上的清白，或者事实上的清白,与生死之间如何选择,这个取决于当事人。我觉得有两个案子特别能说明这样一个道理,一个案件就是当时东营那个副市长叫陈兴銮,贪污多少万,受贿好像是2700多万,一审判处死刑立即执行,当时一审的判决,我印象里是认罪态度极其恶劣。二审找到我之后,我去和他见了一面,他的那个事实特别有意思,他自己首先是喊冤,他冤在哪个地方呢?一个就是他自认为非常廉洁,这个人原来是大学教授,觉得自己一腔热血来报国,自己多么清廉,给我讲了很多他和他家人如何躲避别人给他送钱,最后被迫收了一点之类的事情。他这两千多万侦查的时候特别好侦查,直接从他们家里床底下找出来几个箱子,箱子里边装着各种信封,有的是大信封套小信封,里边全都是现金,信封上写着送钱人的名字和时间,两千万基本上就拿到了。

这样一个高级干部没经过纪委,检察院就直接把他办下来了,他就特别冤。当时侦查人员问他:"陈兴銮你知道在你家里,我们找出来多少现金吗?"他说:"至少得三四百万吧!"侦查人员说:"错了,两千多万。"他说:"哇,这么多呢!"就是他收了多少钱,他都不知道。那么他的理论是什么呢?为什么会这样做?这也是他自己觉得冤枉的一个重要原因,就是他从大学出来之后,做了这个副市长,分管工业,一开始他特别廉洁,任何人,一顿饭都不吃,钱也不收,结果发现他和同事以及上下级之间无法处理关系,而且商界的,社会各界的有头有脸的人都不配合他的工作,他没法去干。他说最过分的时候,行贿的人跑到他家里,直接扔下钱就跑,他自己就去追,追不上,他在楼上打开窗户哗啦就扔下去了。

就这样的情况,后来他就四邻不招。所以他就想了一个办法,第一次是有一个人送他五千块钱,再不收就不行了,他就收了这个钱。收了这个钱之后,找了一个信封一装,写张三某年某月某日,搁到家里。过了一段时间,送钱的这个人,比如孩子结婚,他就把这个钱又拿出来,原封不动地还,你看你的钱我收了,你的孩子结婚,就随礼随回去了,特别聪明的一种办法。但是这样一下子就开了口子了,给了他就要,要了就记上,反正你家再有事我就去。但是别人家里有事的很少,从五千到一两万到五六万,然后到一捆十万,都用各种信封装起来,放在家里一个纸箱子里。他跟自己的女儿和老婆说,这几个箱子里边的钱谁都不准动。家里人非常有规矩,就一分钱都没动。他的女儿是在北京公安工作,买房子按揭贷款,也就是说他是没钱的,就是这样一个状况。那么我们现在可以说,从《刑法》上来分析,这样一种行为有受贿的主观故意吗?我们是不是可以论证他是无罪的?什么叫及时退还?可以说这个事情,他极其冤枉。当然还有一些贪污的事情,他也觉得很冤枉。我个人认为,要想让他这条命保住,他必须得认为自己构成了犯罪,尽管律师也不认为他100%构成犯罪。他必须得认罪,能活着最重要。那怎么做这个工作?因为找不出更好的理由来,他有自己的逻辑,他内心的逻辑就是这样的,自己就没想去收人家钱,你确实没法说服他。

最后,山东省检察院和山东高院和我们做了一个沟通,我们说因为案件材料比较多,希望程序能够尽可能长一点。我们一个是研究案卷,再一个和当事人要做一些思想上的沟通,后来就不断地会见,就没有反对他认为自己是无罪的这样一种观点。最后我们在北京请了很多专家做了一个专家论证,咱们政法大学几个牛人都参加了,我记得当时他们家属也在那儿,我说老师你看这个构成不构成犯罪?老师说这个构成犯罪了。我说这条构成犯罪吗?这条也构成犯罪了。这条呢?这条也是。最后就不好意思了。你觉得这条呢？这条嘛，这条应该不是受贿，这条可以是贪污吧。但是你律师可以说呀，你可以说这个不是受贿，这属于贪污呀，受贿数额就减少了嘛，因为判死刑是受贿罪嘛，减少了，量刑就有减少嘛，这个是非常有创意的一种思路。最后大家全部都论证有罪，老师说："你看这个专家论证意见还要不要出？我们认为控方指控的是对的，一审判决就是对的，都构成犯罪了。那既然都构成犯罪了，还出不出？对你被告人不利。"我说要出，肯定要出。所以说正儿八经形成了一个专家论证意见，就论证被告人是如何有罪的。

我拿着这个专家论证意见去找了陈兴銮，我说："经过我们这么长时间的沟通和我看案卷的情况，你是有罪的，但是我拿不准，就请教了咱们中国最有名的几个刑诉和刑法的专家，让他们给论证了一下，他们都认为你是有罪的，理由是什么，你自己看。"因为他本身是学校的老师，石油大学的一个教授，也是博导，所以说他看了这样一个论证之后，才认罪。后来我们就跟法院说上诉人表示认罪，二审简单开庭，然后改判死缓，算是保下了一条命。

这就是说被告人自己那样一种认识和逻辑，无论是对的还是错的，当他有一个严重的犯罪行为，面对我们强大的司法机关的时候，应当采取什么样的态度，究竟是还他自己所认识的清白还是留下这条命？那么另外一个案件可能更有说服力，就是内蒙古自治区的政府副秘书长白志明，他是受贿贪污加起来不到一个亿，就是几千万的样子。我从审查起诉开始做他的辩护人。他在纪委双规期间受了很多苦。这个白志明原先就是锡林郭勒盟的纪委书记，做了很多年的纪委书记，后来他被纪委双规之后，描述了很多很过分的情况。因为这个人是个蒙古族人，特别豪爽的一个人,他说他都没想到现在这些纪委小伙子敢打他,这些人太过分了。他们对他各种羞辱。蒙古汉子是很厉害的,因为他的汉语还不是太流利,我觉得他好像是纯种的蒙古族人。打他咋行啊,他就反抗,最后导致自己脑颅出血。后来我见到他的时候,他特别有意思的一句话就是"张律师你可是在北京啊,现在纪委办案这样可不行啊!哎哟,真的不行啊,纪委不能办案,你一定要向中央反映",我说"我尽量,我尽量"。所以你想想整个卷宗的证据是什么样子,有点经验的辩护律师都知道,受过这样虐待的人,他的供述里面很多可以被作为认定其有罪的东西,都是应当被排除的。

但是这个人有一个问题,后来我问了几个蒙古族的朋友,他们说他们蒙古族就是这样,当他们说汉语的时候,会绕,他们用蒙古语说话也是这样,比如汉族人两个熟人见面,说"郭老师干吗去呀?挺好吧?挺好呢,我出去办点事",可能就完了。他们蒙古族人说话是"哇,天好蓝啊,白云飘飘啊,秋风萧瑟啊",然后说"你干吗去",好像就是这么一个表达方式。所以在用汉语时他也有这样的表达习惯,得绕半天。但是你要知道,只有律师会听他讲故事,只有我会耐下心来,说慢慢讲,不要紧。在他给纪委和检察院侦查人员讲的时候,才没有人那么有工夫,他们就觉得他可能是狡辩,所以他好多东西都说不清楚。当然这个案子涉及的钱确实很多,他尽管有很多的说辞,这些故事讲起来都挺合理的,但是就是说不清楚。

到了后来,进入审查起诉和法院审理过程,他对纪委打他这件事情耿耿于怀,就提到我们现在所说的什么非法证据排除了,要进行控告之类的,他不断地提。我们也在准备一些材料,到了法院审判的过程中,我们就得到了准确的消息,这个消息具体的当然我也不能说,就是已经在一个层面上开了会,定了要判他死刑立即执行。当时我的感觉就是他如果不服输,就死定了。所以后来辩护策略只有一条路了,就是怎么让老白在法庭上别说纪委打人这件事。他只要敢说,那么就有人敢杀他。怎么样让庭审非常和谐,我们只谈案件事实和法律,而不谈纪委打人这件事情?就做这个工作,大概用了半年多的时间,我们律师事务所的三个律师轮流会见,一方面和他聊,另一方面逐渐渗透这样一种思想。直到开庭前,我们还在跟法官沟通,说希望保证这个案件的顺利进行,因为法官和公诉人也都很清楚,这样一个级别的干部,又是一个蒙古汉子,血性人,如果说法庭上不让他把这些话说出来,可能庭审怎样进行都是一个问题。所以我们就说我们愿意去做这样一个工作,至少要保证庭审能顺利进行。后来就通了,我们就一个理由,当然也是经过长期不断的沟通,最后用一个理由说服了他,就是根据我们看的案件的情况,他的这样一个案件是可以判处死刑立即执行的。如果判处死刑立即执行,到一审能判死刑,二审当然也可以判,所以说我们能不能定下一种思路,一审别判死刑立即执行,然后到二审,我们已经确定命保下来了,再说纪委打人这件事,咱们该告谁告谁,行不行?然后他说,哎,这个办法好。那在法庭上怎么处理呢?谈到他的有罪供述的时候,他就一句话,这个供述不属实。为什么呢?因为是当时特殊情况下形成的。法官假装没听见,公诉人也假装没听见,律师也假装不明白什么意思,就过去了。庭审中,这么多的事实,仅用了一天多的时间。我们当时开庭和公诉人交流得非常好。公诉人把所有的公诉词、举证目录、举证提纲的电子版都发给了我们,我们把辩护意见、质证意见发给了他,最后反正我说上一句,他就知道下一句,他说上一句,我就知道下一句。我跟公诉人说:"你看是这样的,我们都准备好,我说什么,你知道,你说什么,我也知道,我们互相攻击,搞一个表演赛。"领导一看,我和公诉人水平很高,沟通得特别好,激烈而有序。因为大家都演好的嘛,庭开得特别精彩,一审下来就判处了死缓。

白志明当时长出一口气,命保下来了。二审他说:"张律师,这回我要搞纪委,要告他。"我说:"对不起,没时间接你的案子了,让别的律师去做吧。"后来二审,当然也是我们所的律师去接的,告纪委,为他伸张权利这样一种行为,从律师的角度是对的。但是我觉得我没有那个能力,另外一个呢,这里边有一个障碍,你看他是坐到了政府秘书长这个职位,他全家人,老婆、孩子、亲戚朋友全部都是公务员,而且级别都不低。他们家属一再说"律师千万不要给我惹事,千万不要和司法机关对着干,不要说政府不好的事情,否则我们都完蛋等等"。所以说基于这样一种情况,我们只能给当事人一个交代,说材料已经形成了,至于怎么告,那是下一步的事情。所以这个人后来二审是没有开庭的,死缓没有开庭,然后就到了监狱。前段时间他又通过别人委托我给他申诉,我说对不起,没时间,办不了这样的案件。

今天我就讲这些吧,我把我自己做的案件捋一下,仅仅评一下,也没有什么样的条理,因为我也不知道从这些得失里能够讲出什么来,能够提炼出什么来。感谢大家能听我啰唆这么多,谢谢!

顾永忠 周永康案辩护律师，中国政法大学诉讼法学研究院副院长、教授、博士生导师，兼任中国法学会刑事诉讼法学研究会常务理事兼秘书长，中国法学会审判理论研究会理事等。顾永忠教授还是著名的刑事辩护律师，曾任中华全国律师协会刑事业务委员会副主任，从1994年底开始从事律师工作以来，承办了大量在国内外具有广泛影响的大案要案。

04 顾永忠
死刑案件辩护的基本路径

我今天主讲的题目是"死刑案件辩护的基本路径"。什么意思呢？不管你是私人律师或者我们中国叫社会律师还是法律援助律师，当你接受委托或者接受指派，为一个死刑案件辩护的时候，你应当怎么去思考？辩什么？我们搞刑事辩护的律师经常讲辩点，辩一个案子，辩一个罪名，辩点是什么？

可以说今天我主要是讲侦查阶段、审查起诉阶段、审判阶段包括一审、二审乃至死刑复核程序中，律师在办理死刑案件的时候辩点是什么，应当从哪些方面去思考，从哪些方面去辩护。至于怎么辩，基本的技能技巧，我今天可能涉及不到，因为时间也有限，如果再有时间，再有安排，我可以从辩护的技能和技巧上再讲。今天，在一定意义上，我是从实体法的角度帮大家梳理一下，作为一个死刑案件的辩护律师，从侦查阶段开始一直到死刑复核阶段，我们应该做什么。要解决应该做什么首先要解决应该想什么，我们能想到的前提下，才有可能做到，我想今天就这个内容给大家做一些介绍。

一、死刑、死刑案件与死刑辩护

（一）死刑

什么叫死刑我们不多说了，但是我们今天所讲的死刑应该包括死刑立即执行和死刑缓期执行。我们学习刑法都知道，死刑只有一种，执行的方式有两种——死刑立即执行和死刑缓期执行。死刑缓期执行不是一个独立的刑种，它是包括在死刑当中的一种死刑的执行方式，这是我们要解决的一点。

（二）死刑案件与死刑案件的辩护

死刑案件从程序上分类，我把它分为两类：一类是"可能判处死刑的案件"，包括在侦查阶段、审查起诉阶段和一审阶段，都叫可能判处死刑的案件。因为我们知道如果我们简单地理解死刑案件，那当然应该是已经判处的死刑，那么在侦查、审查起诉、一审中，自然不存在这样的已经判处死刑的案件。但是对于死刑案件的辩护，我们不能等到被告人被判处了死刑再去为他辩护，死刑案件的辩护从侦查阶段就应当着手。

过去我们的法律没有给我们提供这样的条件，2012年《刑事诉讼法》修改后明确规定，刑事案件从侦查起，具体来讲从犯罪嫌疑人、被告人被讯问或者采取强制措施起，就可以聘请辩护人，侦查阶段只能聘请律师担任辩护人。这解决了1996年《刑事诉讼法》中侦查阶段律师可以介入，但并不是辩护人的这样一个困境。所以从侦查阶段起，律师就要介入，并且还是以辩护人、辩护律师的身份，这对所有案件都是一样的。可能判处死刑的案件更是如此，并且还有不同于一般案件的特殊性。不同于一般案件的特殊性就在于可能判处死刑的案件，如果本人没有聘请律师，公安机关、检察机关、人民法院应当通知法律援助机构，指派律师为其辩护。这也是考虑到死刑案件的特殊性，哪怕是可能判处死刑的案件。

另一类是"已经判处死刑的案件"。已经判处死刑的案件，首先是二审程序中已经被一审法院判处死刑的案件，这是确确实实已经被判了死刑的案件，包括死刑立即执行和死刑缓期执行。但是二审案件并不都是已经判处死刑的案件，在二审程序中仍然存在可能判处死刑的案件，这就是在一审中没有被判处死刑，但是检察机关依法提出抗诉，认为没有判死刑是错误的，或者认为判处死刑缓期执行是错误的，要求二审改判为死刑立即执行。

前不久大家关注的由最高人民检察院向最高人民法院提起抗诉的陈满案件，一审法院是海口市中级人民法院，陈满被判处死刑缓期执行。检察机关认为判处死刑缓期执行判轻了，向海南省高级人民法院提起了抗诉，目的就是要求对陈满判处死刑立即执行。海南省高级人民法院经过审理，没有接受抗诉，驳回了抗诉，维持了一审判决。幸好维持了原判，才有了20多年以后对这起案件的纠正，成为我们去年和今年以来全社会关注的一个典型案例，这就属于在二审程序中已经判处死刑的案件。当然这是已经判了死缓，而没有判死刑立即执行。还有在一审中死缓、死刑立即执行都没有判，检察机关仍然提出抗诉的，那么到二审程序中，律师的辩护当然属于可以判处死刑案件的辩护。但是二审程序中，死刑案件的辩护主要是已经判处死刑的辩护。除此之外，从程序上分，还有进入死刑复核程序中的案件。

从实体上来分，死刑案件其实可以分为两大类：一类叫"暴力犯罪死刑案件"，另一类叫"非暴力犯罪死刑案件"。经过《刑法修正案（八）》和《刑法修正案（九）》的修改，《刑法》上有死刑的罪名我没有精确地算过，因为我现在不教刑法，现在应该有40个罪名左右。在40个左右的罪名中，真正在司法实践中被判处死刑的主要是暴力犯罪，当然也有非暴力犯罪。

我曾经主持承担过司法部的一个项目，叫"暴力犯罪死刑适用的实体标准与政治标准"。我到一些地方司法实务部门进行了调研，大概有四种犯罪占到了死刑案件90%以上，故意杀人罪、故意伤害致死罪、抢劫罪和毒品犯罪，虽然说我们有大概40个左右的死刑罪名，但在实践中真正适用判处死刑的罪名90%以上是这四种。

后来我看到最高人民法院的有关统计资料，大致上和我做的局部调研是一致的。所以从这个意义上说，死刑案件的辩护主要是普通暴力犯罪的辩护，并且主要集中在故意杀人罪、故意伤害致死罪和抢劫罪，非暴力死刑犯罪主要是毒品犯罪。实际上我们在解读死刑案件的同时，也就把死刑案件的辩护一并说了，这是第一个要给大家讲的，就是死刑、死刑案件和死刑案件辩护这三个关键词的基本含义。

二、《刑事诉讼法》及有关文件关于死刑案件辩护的特殊规定

（一）《刑事诉讼法》关于死刑案件辩护的规定

一般适用于所有案件的规定我们就不多说了，这里我们就专门针对死刑案件的相关规定特别说明一下。

第一，《刑事诉讼法》34条第3款规定，犯罪嫌疑人、被告人可能被判处无期徒刑、死刑，没有委托辩护人的，人民法院、人民检察院、公安机关应当通知法律援助机构指派律师为其提供辩护。前面我已经说到，这是在2012年《刑事诉讼法》修改以后才做到的。在此之前，死刑案件的法律援助只限于审判阶段。在审判阶段之前的侦查和审查起诉中还没有法律援助，包括死刑案件。

第二，《刑事诉讼法》第121条规定，对于可能判处无期徒刑、死刑的案件或者其他重大犯罪案件，应当对讯问过程进行录音或者录像，录音录像应当全程进行，保持完整性。这条规定并不是专门针对辩护作出的，但是它和辩护有密切的关系。讯问活动中要对包括死刑案件在内的嫌疑人进行完整的全程的录音录像，这对于律师的辩护至关重要，所以我们仍然把它认为是针对死刑辩护的一种特殊规定。

第三，《刑事诉讼法》第240条第1款规定，最高人民法院复核死刑案件，应当讯问被告人，辩护律师提出要求的，应当听取律师的意见。这也是2012年《刑事诉讼法》修改中新增加的规定，在此之前，《刑事诉讼法》中，律师是不能介入死刑复核程序的。2012年《刑事诉讼法》修改过程中，各个方面都呼吁应当允许律师介入到死刑复核程序中去。大家如果有兴趣可以看一下，最初，在2012年3月之前，大家看到的修正案草案的版本里写的是：律师提出要求的，可以听取律师的意见。最后在2012年3月人大审议《刑事诉讼法》草案的时候，在讨论过程中，把"可以"两个字改为了"应当"，就是最高人民法院的法官复核死刑案件，应当或者说必须听取律师的意见，而不是可以。但是这样规定实际上还有一个问题没解决，这个律师是从哪里来的？是在死刑复核程序中，已经被判处死刑的被告人自己委托聘请的律师，还是法律援助机构指派的律师，还是在死刑复核程序之前，参与一审二审辩护的律师？这个规定有意地回避了，没有明确讲。所以在2012年《刑事诉讼法》修改以后的司法实践中，律师介入死刑复核程序需要办理什么手续，能不能直接委托聘请，能不能由法律援助机构指派，能不能去会见在押的死刑被告人，能不能到法院去阅卷，都没有明确的规定。

（二）有关文件关于死刑案件辩护的特殊规定

到了2015年6月，中共中央办公厅、国务院办公厅印发了一个重要的文件：《关于完善法律援助制度的意见》，第4条明确规定了建立法律援助参与死刑复核案件办理工作机制。这是作为一个中央的文件，第一次明确规定在死刑复核程序中，应当为没有聘请律师的被告人提供法律援助，这项规定来之不易。大家知道死刑核准权，在2007年以前，几乎都下放授权给高级人民法院了，保留在最高人民法院核准的死刑案件是极其有限的，主要是涉外案件、经济犯罪案件和部分地区发案量很少的毒品案件。其他大量的，并且主要判处死刑的那些案件，包括我前面讲的那几类犯罪，都被下放到省一级高级人民法院。2007年之前，中央作出决策，要把死刑案件的核准权收回最高人民法院。在这个过程中，理论界和律师界都提出，在收回死刑核准权以后，应当允许律师参与到死刑复核程序中。但是即使2007年1月1日死刑核准权正式收回到最高人民法院，这一点也没有实现。

多年来，理论界都在呼吁解决这个问题，包括我的老师陈光中教授，也包括我在参与到一些学术活动和实务活动中，大家都提出这样一个呼吁和要求，但是始终没有突破。一直到去年才真正把这个问题突破了，中央政法委书记孟建柱同志在一封有关学者提出的内参上作了批示，之后中央政法委和有关部门进行了研究协商，最后确定死刑复核程序应当允许律师介入，本人没有聘请律师的，应当提供法律援助。这项工作应该说目前正在积极地筹划和准备中，今天在座的咱们司法部法律援助中心的桑主任直接参与了这项工作。据我了解，目前很多方面的工作都已经到位，可以说万事俱备，只欠东风。所以我们这次培训主要是配合这项新的任务，因为死刑案件的辩护在司法实践中，由当事人自己聘请律师的比较少。因为这是一个很简单的事实，真正进行暴力犯罪的这些嫌疑人、被告人，大多数都是穷人，大多数都是文化层次比较低的人，他们没有能力聘请律师。所以在司法实践中，死刑案件的辩护包括侦查、起诉、审判阶段，大部分是通过法律援助提供的辩护。而通过法律援助提供的辩护，一部分并且是少部分是由法律援助机构的专职律师来承担的，更大一部分是由法律援助机构指派社会律师在承担。这是我们一个新的气象，所以为了配合这样一个新的气象，现在我们开始着手对死刑案件的辩护进行培训。

三、侦查阶段死刑案件的辩护

现在我们进入到实务层面，在侦查阶段死刑案件的辩护到底应该辩什么？我想首先要明确一下侦查程序的特点，因为辩护是与诉讼程序密切相关的，而诉讼程序又分为不同的诉讼阶段，不同的诉讼阶段具有不同的诉讼任务，不同阶段的辩护包括死刑案件的辩护也应该是有所不同的。但是在司法实践中，在辩护中，有一些律师没有这样一个清醒的认识。

在侦查阶段的辩护，在审查起诉阶段的辩护，在审判阶段的辩护，不同的阶段应当做什么，能够做什么，不应当做什么，不能够做什么，一些律师是不清楚的。我们讲死刑案件侦查阶段的辩护，首先就要明确侦查程序的特点是什么，根据它的特点，再来确定侦查阶段死刑案件辩护的目标是什么。一个我们很清楚的问题是侦查是什么，是收集证据的过程。犯罪事实发生以后，当然这个犯罪事实可能是真的，也可能不是真的，侦查阶段侦查人员的主要活动就是立案侦查，首要工作就是收集证据。收集证据的工作包括：第一，要查明、要确认是不是确有犯罪发生；第二，要判断、要确认犯罪嫌疑人是什么人；在确认了这点以后，第三项工作就是查获犯罪嫌疑人，在收集证据之后，查获犯罪嫌疑人。侦查阶段的最终任务是什么？就是侦查终结。对于犯罪嫌疑人是否构成犯罪，是否应当移送检察机关审查起诉，应当作出结论，构成犯罪应当追究刑事责任的，移送检察机关审查起诉；不构成犯罪，或者依法不应当负刑事责任的，要撤销案件。这就是整个侦查机关活动的内容，它虽然也会涉及罪名的认定，但是从法律上讲，它对罪名的认定并没有现实的法律效力。

至于嫌疑人是不是要被处罚，如何处罚，侦查机关是根本不会涉及的。他只是解决一个案件，就死刑案件而言，是不是确实发生了，是不是犯罪嫌疑人所为，是不是依法应当追究刑事责任，然后向检察机关正式移送。既然这是侦查活动的特点，那就决定了我们侦查阶段死刑案件辩护的目标应该是两个方面，一个就是实体上的任务，即没有实施犯罪，当然指的是可能判处死刑的犯罪，以及依法不负刑事责任的人获得实体辩护，依法不被追诉。侦查阶段，死刑案件的辩护实体上的目标，就是对没有实施犯罪的人，或者虽然实施了犯罪行为，但是依法不负刑事责任的人，通过我们的辩护，使得他不受追诉，不被追诉。

另一个就是程序上的任务，或者程序上的目标，使涉嫌犯有可能被判处死刑犯罪的人获得程序辩护，其诉讼权利和其他合法权益受到法律保护，不被侵犯，这是非常重要的。死刑案件也好，其他案件也好，侦查阶段的辩护辩什么，我一直在强调一点，就是程序辩护为主，实体辩护为辅。刚才我讲到死刑案件的辩护在侦查阶段的目标是实体上的，但是真正能够属于这种情况，真正能够让律师提出这样辩护的案件，在实践中是有限的。没有犯罪，或者虽然行为是嫌疑人实施的，但是依法不应当追究刑事责任，这样的案件到律师辩护的时候，包括在侦查阶段，不能排除有，但是很少。因为侦查阶段立案侦查，在对犯罪嫌疑人采取强制措施的时候，这也是他们要解决的非常重要的问题。

经过侦查机关的审查把关，到了律师辩护中还能够发现没有实施犯罪，或者依法不追究刑事责任的情况，不能说没有，但是应该是比较少的。所以死刑案件的辩护也好，其他案件的辩护也好，在侦查阶段律师辩护主要是程序辩护。什么叫程序辩护？这个概念应该说在理论界，在实务界都已经不陌生了，大概有10余年的历史。但是什么是程序辩护，理论界现在其实还没有完全一致的意见，实务界也没有达成共识。比较普遍的一种看法，或者已经被不少人接受的一种观点是，程序辩护就是针对违法办案行为提出的辩护，比如非法证据、超期羁押。这种看法不能说不对，应该说是对的，然而是不全面的。死刑案件的辩护也好，其他案件的辩护也好，程序辩护并不仅仅是针对违法办案行为进行的辩护，依法提出有利于犯罪嫌疑人的申请要求，依法维护犯罪嫌疑人、被告人在诉讼中，包括侦查阶段依法享有的诉讼权利，这都属于辩护，不能仅仅把针对违法行为提出的辩护才叫辩护。我们向办案机关提出取保候审的申请，这里不存在违法办案行为；我们认为不必要逮捕，可以取保候审的，我们提出申请，这同样也是一种辩护。所以说程序辩护不能限制在针对非法行为或者违法行为的辩护这方面。程序辩护最集中的、纲领性的规定就是《刑事诉讼法》第35条。《刑事诉讼法》第35条最后一句是怎么规定的？维护犯罪嫌疑人、被告人的诉讼权利和其他合法权益。这句话是在我们的《刑事诉讼法》中第一次明确地体现了程序辩护的纲领性的规定。在此之前，我们看不到这样的规定，有具体的程序辩护的规定，但是没有一个综合性的、纲领性的程序辩护的规定。最后一句话，维护犯罪嫌疑人、被告人的诉讼权利和其他合法权益，指的就是程序辩护，是在刑事诉讼过程中，要维护犯罪嫌疑人、被告人的诉讼权利，要维护他实体辩护以外的其他合法权益。而实体辩护规定在哪里？规定在《刑事诉讼法》第35条的第一句：辩护人的责任是根据事实和法律，提出犯罪嫌疑人、被告人无罪、罪轻、减轻或者免除刑事责任的材料和意见。这句话讲的就是实体辩护，是针对有罪无罪、如何处罚进行的辩护，我们把它叫作实体辩护。而最后一句，是在实体辩护以外，维护当事人的诉讼权利和其他合法权益，那么它就和实体辩护并列起来。所以在死刑案件辩护中，同样也要重视程序辩护，也要向它提供程序辩护所要求的相关的行为，这里我们不具体说，后面我们专门来说。

首先说辩护要点，就是在实体辩护下我们辩什么。在侦查阶段，明确了目标，具体从这么几个方面来辩：

第一，是否确有犯罪事实发生。一个律师在侦查阶段介入一个可能判处死刑的案件，首先要解决是不是确实发生了可能判处死刑的犯罪。一个人死亡了，到底是怎么死的，是自杀还是他杀？自杀就可能不涉及死刑，他杀就可能涉及死刑，所以这是我们首先要解决的一个问题。

第二，即使发生了犯罪，是不是犯罪嫌疑人所为。如果确实发生了犯罪，有人被杀了，因为现场一看就是被杀、他杀，而不是自杀，那么是不是侦查机关已经查获的犯罪嫌疑人所为？这也是侦查阶段律师要辩护的一个重要问题。怎么来判断呢？侦查阶段律师不能阅卷，侦查阶段律师掌握、了解案情的渠道是非常有限的，但是一些基本的信息还是可以了解到的。你可以向侦查机关了解犯罪嫌疑人涉嫌的罪名和涉嫌犯罪的基本事实，可以通过会见犯罪嫌疑人，了解犯罪嫌疑人是不是实施了这些犯罪，包括他有没有作案时间，有没有到过案发现场等等，这些信息比较容易得到。如果一个人确实没有犯罪，他被侦查机关作为犯罪嫌疑人采取强制措施了，那你会见他，他自然要向你说，你也了解了之前涉嫌犯罪发生的时间地点等等，那么你就可以判断他有没有作案时间，有没有到过案发现场。

第三，是否存在违法阻却的行为。这是一个刑法学上的概念，违法阻却行为，就是正当防卫、紧急避险。正当防卫有的时候往往会造成不法侵害人的生命被剥夺或者人体受到严重的伤害。但是正当防卫在法律上是合法的、正当的，所以理论上把它叫作违法阻却行为。过去我们也把它叫作合法行为、正当行为。所以我们在侦查阶段的辩护中要特别注意是否存在正当防卫，而且《刑法》第20条第3款专门就没有限度的防卫作了明确的规定：对正在进行行凶杀人、抢劫、强奸、绑架以及其他严重危及人身安全的暴力犯罪，采取防卫行为，造成不法侵害人伤亡的，不属于防卫过当，不负刑事责任。杀人案件、暴力犯罪可能判处死刑的案件，大多数就发生在杀人、抢劫、强奸、绑架这几种犯罪中，所以它往往和正当防卫或者防卫过当搅和在一起。律师在侦查阶段辩护的时候，这是要关注的一个很重要的辩点，要注意是不是存在这样的情况。

第四，是否属于意外事件。造成他人死亡或者伤残，这是客观事实，但是行为人主观上有没有故意，有没有过失，能不能防止这种结果的发生？如果是意外事件，自然也不构成犯罪，所以这也是我们在实体辩护上要注意的。

第五，是不是已经过了追诉时效。对于已经过了追诉时效的，如果涉及可能判处死刑案件的话，《刑法》第87条有一个规定：法定最高刑为无期徒刑、死刑的，经过20年，如果20年以后，认为必须追诉的，需报请最高人民检察院核准。这是我们在侦查阶段要关注的一点。律师们都知道，前两年公安机关进行了一个大范围的清网行动，查获了一批十几年二十几年没有破获的案件，其中就包括一些按照案情本身来看，可能会被判处死刑的案件。那么对于这样一些案件，律师辩护的时候就要注意是不是已经过了追诉时效。可能判处死刑的，一般20年之后就不能追诉了。当然不能追诉的前提是还得符合追诉时效没有中断的一些规定。如果过了20年还要追诉，你就要注意有没有最高人民检察院核准的文件。

第六，犯罪嫌疑人是否达到了法定刑事责任年龄。特别是死刑案件，法定刑事责任年龄，法律有专门的规定。《刑法》第17条第2款规定，已满14岁，不满16岁的人，犯故意杀人、故意伤害致人重伤或者死亡、强奸、抢劫、贩卖毒品、放火、爆炸、投毒罪的，应当负刑事责任。这几类犯罪恰恰都是可能判处死刑的犯罪，所以已满14岁的人都可以构成，但是不满14岁的人就不构成，哪怕差一天，也不能构成，所以在办理这类案件的时候要特别注意犯罪嫌疑人的年龄。

第七，犯罪嫌疑人是否属于依法不负刑事责任的精神病人。

精神病人在不能辨认和控制自己行为的时候实施的犯罪行为，是不负刑事责任的，即使他把人伤了，即使他把人杀了，那都不能追究刑事责任。

所以在侦查阶段我们的实体辩护主要关注这些方面，这些方面是从侦查阶段总体上来说的。虽然我们了解案情，掌握证据的条件非常有限，但是从我们正常获得的案情事实来说，基本上是可以作出判断的。

再就是程序辩护，侦查阶段的程序辩护主要包括向犯罪嫌疑人提供法律咨询，重点是其依法享有的诉讼权利，这点非常重要。一个人突然被作为犯罪嫌疑人采取强制措施了，他不懂法律，或者即使懂法律，也会非常恐慌，非常紧张。

第一，律师要帮助他了解犯罪嫌疑人在诉讼中依法享有的诉讼权利，对于可能判处死刑的案件的嫌疑人来说更为重要。因为一旦他在侦查阶段不能有效地维护自己的权利，违心地或者被迫地认罪，可能对后面的辩护会造成极大的障碍，也可能会导致冤假错案的发生。所以在侦查阶段程序辩护首先我们要向犯罪嫌疑人提供有效的法律咨询。

第二，了解犯罪嫌疑人到案以及被采取强制措施的情况，针对违法办案行为，依法提出辩护。侦查阶段我们要特别重视对犯罪嫌疑人采取强制措施的情况，侦查机关有没有违法的行为，如果有，就要提出。比如超期羁押，拘留已经30多天了，超过了37天，检察机关还没有批准逮捕，但是嫌疑人继续被羁押，那我们就要依法提出辩护。法律规定辩护人、当事人可以向办案机关提出要求，解除羁押或者变更强制措施。

第三，了解犯罪嫌疑人被讯问的情况，针对违法讯问以及非法证据提出辩护。要求纠正违法办案行为，要求排除非法证据，这是我国刑事诉讼方面的一个重要特点。我们在侦查阶段就可以提出非法证据排除的要求，这在西方国家是不存在的，西方国家的非法证据排除是到了审判阶段才提出的。我们在办案中就要注意，特别是要了解嫌疑人被讯问的过程，是不是存在违法行为，是不是存在非法证据，如果存在，我们就要依法提出。

第四，案件的管辖是不是符合法律的规定。对不应当管辖的案件，我们可以依法提出异议以及其他一些问题。

还有一个需要明确的问题，就是在侦查阶段律师是否可以调查取证。这不光是死刑案件的问题，所有案件都存在这样一个问题。我列举了两个法律的规定，结论当然是侦查阶段律师有权进行调查取证。

第一个就是《刑事诉讼法》第33条第1款的规定：犯罪嫌疑人自被侦查机关第一次讯问或者采取强制措施之日起，有权委托辩护人；在侦查期间，只能委托律师作为辩护人，被告人有权随时委托辩护人。这一条的核心意思是侦查阶段的律师就是辩护人，就是辩护律师，那么据此，我们再看第41条的规定：辩护律师经证人或者其他有关单位和个人同意，可以向他们收集与本案有关的材料，也可以申请人民检察院、人民法院收集、调取证据，或者申请人民法院通知证人出庭作证。辩护律师经人民检察院或者人民法院许可，并且经被害人或者其近亲属、被害人提供的证人同意，可以向他们收集与本案有关的材料。这个第41条是1996年《刑事诉讼法》中的第37条，一个字都没有改。在1996年《刑事诉讼法》中，律师在侦查阶段还不是辩护人，不是辩护律师，所以按照这个规定以及相关的从审查起诉起嫌疑人才可以聘请辩护人的规定，侦查阶段的律师是没有调查取证权利的。

但是2012年《刑事诉讼法》修改以后，律师有没有调查取证权？一些人认为现在第41条的规定，一个字、一个标点符号都没有改，在1996年《刑事诉讼法》中律师是没有调查取证权的，那么在2012年《刑事诉讼法》中仍然不应当有。这是很多人认为没有的一个理由，就是这个条文本身没有改，原来是没有的，现在怎么会有呢？我现在明确讲，是有的，就是基于第33条第1款的规定，侦查阶段律师的地位已经变了，他已经是辩护人，已经是辩护律师了，他当然属于第41条所规定的，可以调查取证，这是我认为有的第一个根据。

第二个是《刑事诉讼法》第40条的规定：辩护人收集的有关犯罪嫌疑人不在犯罪现场、未达到刑事责任年龄、属于依法不负刑事责任的精神病人的证据，应当及时告知公安机关、人民检察院。这一条说得已经非常清楚了，辩护人收集的有关犯罪嫌疑人不在犯罪现场、未达到刑事责任年龄、属于依法不负刑事责任的精神病人的证据，应当及时告知公安机关和人民检察院。公安机关在刑事诉讼中是什么性质的办案机关呢？是侦查机关。要告知公安机关，自然就是在侦查阶段、侦查程序中，你才能收集到证据。在这个阶段收集不到证据，自然谈不上向公安机关告知，在这个阶段能够收集到证据，当然是要向公安机关告知的，除了公安机关，人民检察院也承担自侦案件的侦查活动。所以说第40条的规定其实也是向我们明确了侦查阶段的律师是可以进行调查收集证据活动的，所以这个问题我认为法律的规定是明确的，现在很多人说不明确，是含糊的，这个说法我个人认为恐怕值得商榷。

但是作为律师来说，也要注意一个问题，法律上律师有调查收集证据的权利，在不同的诉讼阶段如何行使这个权利，其实是不同的。在侦查阶段，律师要调查收集证据，应当紧紧围绕侦查阶段的辩护目标展开。侦查阶段的辩护目标是什么？我们前面提到了，实体上，是通过我们的辩护，使那些没有实施犯罪的，或者依法不负刑事责任的人，不受追诉。程序上，维护他的诉讼权利和其他合法权益。以实现这两个辩护目标为前提，需要调查收集证据的，律师可以调查收集证据，甚至律师应当调查收集证据。比如犯罪嫌疑人不在犯罪现场、没有达到刑事责任年龄、家史有精神病，是属于不负刑事责任的精神病人，需要我们调查收集证据，律师当然应当去。

再比如涉及非法证据，嫌疑人向你陈述他被讯问的时候被打昏了，被送到医院抢救过，或者他被关押到看守所，和他同号关押的其他人已经出来了，可以证明他当时受到了刑讯等等，那么律师能不能去调查呢？当然可以。所以侦查阶段的调查收集证据，应当紧紧围绕侦查阶段的辩护目标来展开。和这个辩护目标无关的，在这个阶段不可能实现的事情，侦查阶段不宜进行辩护，调查收集证据。我们有的律师分不清这一点，侦查阶段侦查机关在调查，他也在调查，这样一方面会给侦查机关的侦查活动造成障碍，另一方面会给自己带来风险。所以我们了解了辩护人有调查取证权，还要善于运用这个调查取证权。

四、审查起诉阶段死刑案件的辩护

审查起诉阶段的辩护，我们首先也应当了解掌握审查起诉的特点。审查起诉的特点无非就是检察机关审查案件，根据对案件的审查，作出起诉或者不起诉的决定。他不解决处罚问题，虽然也会认定罪名，但是他认定的罪名从法律上讲，并没有现实的效力。他只解决起诉或者不起诉，这就决定了我们在审查起诉阶段的辩护，主要是使不应当起诉、不必要起诉的案件能够不被起诉。这就是审查起诉阶段在实体上的辩护目标，至于我们分析判断肯定要起诉的案件，在这个阶段一般不需要进行辩护。另一方面，同样在审查起诉阶段也要进行程序辩护。具体内容和侦查阶段的辩护大致一样，我们就不说了。下面我们具体说一下在审查起诉阶段实体辩护的要点，大概有这么几个：

第一，对具备法定不起诉条件的案件，依法提出法定不起诉的辩护意见。法定不起诉规定在《刑事诉讼法》第173条第1款，犯罪嫌疑人没有犯罪事实，或者有本法第15条规定的情形之一的，人民检察院应当作出不起诉决定。法定不起诉没有裁量余地，没有商量余地，只要符合法定不起诉的条件，就不能起诉。所以律师在审查起诉阶段，对死刑案件辩护的时候要特别关注他是不是属于法定不起诉的范围，如果属于，当然就要提出。这一款规定，没有犯罪事实或者有第15条规定的六种情形之一的，不追究刑事责任，已经追究的应当撤销案件或者不起诉或者终止审理，或者宣告无罪。和死刑案件相关的主要是两种情况：一种是犯罪已过追诉时效的，另一种是经特赦令免除处罚的。过去我们国家的特赦很少，除了20世纪五六十年代，针对战犯有过特赦之外，后来就很少有，今后可能会有。应该是去年（2015年）我们有过一次特赦，针对一些特定对象。在特赦中有没有可能判处死刑的案件，也是我们应当注意的。

第二，对于具备酌定不起诉条件的案件，依法提出酌定不起诉的辩护意见。可能判处死刑的案件，存不存在酌定不起诉的条件，让我们律师去辩护？我个人认为当然是存在的。存在的法律依据是什么？《刑事诉讼法》第173条第2款规定，对犯罪情节轻微，依照刑法规定，不需要判处刑罚，或者免除处罚的，人民检察院可以作出不起诉决定。这里面包括两种情况：第一种情况，犯罪情节轻微，依照刑法规定，不需要判处刑罚的；第二种情况，免除处罚的。第一种情况显然不可能在可能判处死刑的案件中存在，第一种情况一般指的是《刑法》第37条的规定，没有法定的免除刑罚的条件或者情节，但是根据案件的情节，不需要判处刑罚的。这是办案机关办案人员裁量权范围，在可能判处死刑的案件中一般是不存在的。

但是依照刑法规定，免除处罚的，在可能判处死刑的案件中当然是存在的。比如防卫过当，《刑法》第20条第2款就规定应当减轻或者免除处罚，所以在审查起诉遇到这种情况，我们认为属于防卫过当的，就可以提出酌定不起诉。因为其中有应当免予处罚的情节，当然还有另外一种选择，减轻处罚。再有《刑法》第22条第2款：对预备犯，可以比照既遂犯从轻、减轻处罚或者免除处罚。这里面也有免除处罚，当然它是属于可以裁量的范围。还有《刑法》第24条第2款：对中止犯，没有造成损害的，应当免除处罚。这也是在可能判处死刑的案件中存在的。《刑法》第27条第2款：对从犯应当从轻、减轻处罚或者免除处罚。《刑法》第28条：对被胁迫参加犯罪的，应当按照他的犯罪情节减轻或者免除处罚。只要法律规定中包含了免除处罚，不管是应当免除处罚还是可以免除处罚，我们在酌定不起诉的条件中提出，都是可以的。至于检察机关能不能接受，能不能采纳，那是他的问题，但是作为律师辩护，是完全可以甚至应该提出的，特别是应当免予处罚的几种情形，我们有充分的理由提出。

第三，对具备存疑不起诉条件的案件，依法提出存疑不起诉的辩护意见。这也是法律明确规定的，检察机关向侦查机关退回补充侦查两次以后，仍然事实不清、证据不足的，应当作出不起诉的决定。1996年《刑事诉讼法》是"可以"作出不起诉决定，2012年《刑事诉讼法》修改，把它改为"应当"作出不起诉决定。我们律师在辩护中遇到这样一些情况，特别是被检察机关退回补充侦查过，甚至两次退回补充侦查过，我们就要关注，是不是达到了证据确实充分的条件。特别是在2012年《刑事诉讼法》修改之后，审查起诉阶段律师辩护有一个非常重要的权利，我们可以到检察机关全面阅卷了。能够全面地充分地阅卷，为我们判断是不是证据确实充分，提供了重要的依据和条件。如果我们认为没有达到证据确实充分的标准，仍然是证据不足，我们就可以提出存疑不起诉的辩护意见。

当然这种情况让检察机关采纳和接受，那是不太容易的。因为这是一个仁者见仁、智者见智的问题。好在我们2012年《刑事诉讼法》修改中，对什么是证据确实充分，第53条第2款作了专门的规定。所以我们在审查起诉阶段，要提出存疑不起诉的辩护意见，就要非常认真地学习理解运用第53条第2款的规定。对于什么是证据确实充分的三个要求，要融会贯通，要对照你所办的案件作出理性客观的判断。具体怎么判断，因为后面审判阶段的辩护会涉及，我这里就不讲了，后面我们专门就这个问题，多讲一些。

第四，对于属于非死刑罪名的案件，依法提出轻罪辩护的意见。审查起诉阶段，检察机关审查起诉以后，作出起诉决定，还要认定一个起诉的罪名。我们在辩护过程中就要注意，这个案件是不是确实触犯了死刑的罪名，所谓死刑的罪名，就是法定刑中包含有死刑的，这样的犯罪我们叫它死刑的罪名。我们要注意，如果这个案件确实构成了犯罪，但它不属于死刑的罪名，比如它是过失致人死亡罪，而不是故意杀人罪，那么我们在审查起诉阶段也可以,甚至也应当向检察机关提出。如果能在审查起诉阶段把一个死刑罪名改变为非死刑罪名,应该说就已经成功了一大半了,因为后面的辩护就不涉及死刑问题了。所以这也是我们在审查起诉辩护中需要注意的。至于审查起诉的程序辩护,应该说和前面的侦查阶段的辩护大致一样,我们就不多说了。

五、一审阶段死刑案件的辩护

一审阶段它的程序特点有哪些呢?它对我们的辩护是非常重要的。

第一,全面审理。在一审程序中,对案件要全面审理,事实问题、法律问题、程序问题、定罪问题、量刑问题,几乎都要涉及。在侦查阶段,在审查起诉阶段,不可能涉及这么多,侦查阶段只解决是不是构成了犯罪以及是否应当移送检察机关审查起诉两个问题,审查起诉阶段只是解决一个问题,即起诉或者不起诉。但是到了法院,特别是一审要全面审理,因此是不是犯罪,犯什么罪,是不是应该处罚,应当如何处罚,程序有没有问题,定性有没有问题,证据有没有问题,几乎都会涉及。所以这对我们辩护来说就是一个非常广阔的空间。

第二,开庭审理。开庭审理包括公开和不公开两种形式,但不管是公开还是不公开,对于诉讼参与人来说,都是公开的。而且是在特定的时空条件下,对同一个案件进行全面的审理,这在侦查和审查起诉阶段是不存在的。这是辩护人大有作为的一个最佳机会,在此之前,你没有这样的机会。

第三,我们还要注意,一审阶段死刑案件的辩护,包括对可能判处死刑立即执行的案件的辩护,也包括对可能判处死刑缓期两年执行的案件的辩护。一审对案件的裁判就死刑来说,同样存

死刑案件的有效辩护

在两种可能,我们在辩护的时候就要有这两种考虑的基础。我们首先争取不被判处死刑,接着争取不被判死刑立即执行。如果不被判处死刑做不到,我们再争取死刑缓期执行,这都是我们可以去做的。

同时在一审阶段,律师有一个很重要的权利,可以申请有关人员出庭作证,如证人、鉴定人、侦查人员,还可以申请专家辅助人出庭协助质证,所有这些为审判阶段,特别是一审阶段的辩护,提供了非常有利的条件。一审阶段死刑案件辩护具体的目标有这样几个:其一,使确实无罪以及依法不负刑事责任者获得无罪的判决;其二,使涉嫌犯罪,但证据不足的被告人获得疑罪从无的无罪判决;其三,使确实有罪,但不构成死刑罪名的被告人改判罪名;其四,维护被告人的诉讼权利和其他合法权益,这属于程序辩护的范畴。

下面我们就实体辩护来讲,它主要是应当怎么去辩。第一,使确实无罪的被告人获得无罪判决。这里面可能分为很多情况,比如没有作案时间、不在犯罪现场,这是没有实施犯罪很重要的方面。犯罪嫌疑人有没有作案时间,有没有到过犯罪现场,比如昆明公安局原来已经处理过的杜培武案件,20世纪,说他杀害了他的妻子和另外一位公安人员,他本人以及他的辩护人提出无罪辩护中一个重要的理由是他没有作案时间。因为根据案件证据所披露的案发时间和地点,再根据被告人当天在工作单位,也就是昆明市公安局戒毒所当天一天的活动进行的调查,他们确认被告人没有时间、没有条件能够在案发时间出现在现场。所以辩护人从没有作案时间这个角度提出了无罪辩护,当然还有其他。但是公安机关说他到过现场,根据是什么?有两个很重要的所谓鉴定结论,一个是对从案发现场的一个面包车的车底板上提取的泥土，和从被告人杜培武在案发当天脚上穿的鞋的鞋底下提取的泥土，做了微量元素的鉴定，认为是一致的。另一个是对从案发现场提取的和从被告人杜培武身上穿的警服中提取的射击残留物进行微量元素分析，认为是一致的。所以公安机关、检察机关、一审法院、二审法院都认为杜培武实施了这起犯罪，因为这两份证据足以证明他到过现场，实施了开枪行为，但是被告人本人和他的辩护人都提出，首先他没有作案时间，他们计算下来，他不可能赶到那个地方去实施犯罪。其次，他们对于现场勘察笔录、鉴定结论提出了大量的质疑，认为在之前的现场勘察结论以及提取物证的有关证据和材料中，没有显示出他们在现场提取过什么泥土，提取过什么微量元素，什么射击残留物。所以对于这两个鉴定，首先从鉴材的来源，他们就提出了质疑。当然，除此之外，他们还从其他方面提出了无罪的辩护意见。最后，事实证明，杜培武确实没有到过案发现场，这说明所谓他到过现场，所谓他在现场实施开枪的鉴定结论都是完全错误的，是别人实施的犯罪，这是一种情况。

第二种情况就是被害人死亡时间是不是存在错误。这也是我们在一审阶段，针对死刑案件辩护要特别注意的。被害人死了，可能是个事实，但是死亡时间是什么时间？死亡时间和被告人是否实施了犯罪、是否有作案的时间等细节是密切相关的，所以我们在死刑案件辩护中要特别注意这一点。我曾经在2002年至2003年，在郑州市中级人民法院办理过一起故意杀人案件，被告人（黄兴）被指控杀害了他的女朋友。指控的证据主要是：其一，被害人死亡的时间，案件事实证据可以证明那天晚上，1998年10月23日晚上24时许到早晨9时许，黄兴和他的女朋友从外面回到他们居住的房间，当然死者已经不在了，被告人自己以及被害人的父母都证实了，这段时间他们俩在一起。其二，被告人自己说在这段时间没有发生过任何事情，早晨他离开，他的女朋友还和他说了话，布置他做些什么事情，他的女朋友是活着的。但是办案机关作出的死亡时间鉴定是，被害人在当日夜里凌晨1时或者2时已经死亡，那就是说被告人说了假话。其三，侦查机关对现场进行勘察以后得出的结论是，排除他人入室作案。排除他人入室作案这点和被告人的陈述其实是一致的，被告人也说了，一个晚上没有发生任何事情，唯一不同的是，被告人说他走的时候，他女朋友还活着，跟他还说了话，侦查机关说她早在凌晨1时或者2时已经死掉了，被杀了，那么这个死亡时间就成了一个至为关键的东西了。

如果被害人确实是在那个时间死的，那显然被告人说了假话。但是如果被告人说的是真话，显然这个死亡时间就是有问题的。所以我们在辩护的过程中就要特别关注被害人死亡的时间，特别是当被告人否认是他实施了犯罪的时候，更要注意被害人死亡的时间。这个案件，我在辩护中就注意到，虽然我是外行，但是我查阅研究了一些有关死亡时间鉴定的文献和司法判例，并且向有关法医请教以后，我也从多方面提出了对死亡时间鉴定的质疑。虽然这个死亡时间经过了四家鉴定机构的鉴定，第一次是郑州市公安局进行的鉴定，第二次是河南省公检法和郑州市公检法六家机关的主任法医、副主任法医的会诊，第三次是北京木樨地公安部二所的鉴定，第四次是最高人民检察院刑事科学技术鉴定中心的鉴定，四次鉴定的结论几乎一致，都是认定被害人死于当日夜里凌晨1时或者2时。

但是我仍然提出了很多质疑，从死者的尸温情况、尸僵情况、尸斑情况、角膜情况、瞳孔情况等方方面面，我提出认定她在凌晨1时或者2时已经死亡与事实不相符。当然还有其他方面质疑的理由和根据。这个案件最后的结果证明我的质疑是成立的，最后确认被害人死亡是早晨黄兴离开以后，别人入室作案形成的。当然我们的辩护在2003年初，被郑州市中级人民法院采纳了，被告人在被关押4年多以后，被释放出来了，但是当时是按照疑罪从无所作的判决。在2008年意外地发现了该案的真凶，真凶是在早晨9点被告人离开以后，敲门入室进行作案的。被害人和被告人过去认识，他敲门，对方问是谁，从声音中判断是熟人，就把门打开让他进去了，他进去以后实施了强奸杀人的行为。后来他流落到上海，进行盗窃犯罪，被抓了现行，被上海司法机关判了刑，在服刑期间，监狱对他的DNA做了鉴定，最后和网上没有破获的案件包括河南这起案件进行对比，意外地比对出来了。所以这个死亡时间是错误的，当然一错应该是百错，只要是冤案，只要是不成立的案件，肯定不止一点，所以我们在这里仅就死亡时间来提出。

再比如我们还要注意被害人身份的认定有没有错误，在死刑案件中，被害人的身份对不对，也会对被告人是否实施了犯罪有重要的影响或者关系。比如赵作海案件，办案机关指控赵作海杀害了他的邻居赵振响，凭什么证明被害人就是赵振响？因为那个尸体是一具肢体不全的，没有头颅的尸体，是从一个枯井里意外发现的一具根本无法辨认的尸体。那怎么能认定那就是赵作海的邻居赵振响呢？办案机关做了DNA鉴定，可是DNA鉴定的结论是什么？既不能肯定是赵振响，也不能排除是赵振响，所以当时检察机关多次退回公安机关补充侦查，并且坚决不起诉。但是公安机关请示政法委，政法委出面进行协调，最后还是起诉了，并且判决赵作海有罪。

在这个案件一审程序中，当时为赵作海辩护的就是一个刚刚进入法律援助机构的年轻律师，他在辩护的时候提出的无罪辩护理由中，一个重要的理由就是被害人的身份不能确认。那么一堆烂骨头，你凭什么说就是赵振响？你做的鉴定既不能肯定，也不能否定，你怎么能认定赵作海杀害了他的邻居赵振响呢？这个质疑最后被事实也证明了是成立的，十几年以后，赵振响活着出现在村里了，那就说明当时的尸体根本就不是赵振响，所以给赵作海平反、赔偿了，这也是我们要注意的。

还有很多，比如被害人死亡的原因以及现场有没有排除被告人作案的证据等等，都是我们在辩护的时候要特别注意的。比如浙江杭州发生的张高平、张辉叔侄案，他们始终不承认，当然中间被刑讯，虽然不是很严重的刑讯，他们曾经承认过，但是在审理阶段，他们都否认了。否认的一个重要理由是什么？根据是什么？在侦查阶段，公安机关对被害人十个手指甲缝里的物质提取以后，做了DNA鉴定，再把包括两位被告人在内以及和被害人同村在案发之前有过接触的一些人的DNA做了比对，结果谁的也不是。被害人手指甲缝里的组织和两位被告人，和案发前她接触过村里的其他人，一个都对不上，所以一审二审他的律师都提出了被告人是无罪的。当然无罪的理由是很多的，其中一个理由就是这一条。

被害人遇害，肯定要进行搏斗反抗，肯定有可能手指甲里留下别人身体上的物质。你们做了鉴定，都足以排除两位被告人，为什么还要指控他们实施了犯罪呢？并且更重要的是，在诉讼过程中，杭州发生了另外一起和本案作案手段几乎一样的案件，张高平在看守所在押期间，看到了这起案件，他从媒体披露的案情中作出一个重要的判断，他们这个案件很可能就是那个案件的犯罪分子实施的。所以他要求公安机关把他们的案件和那个案件并案侦查，但是公安机关不予接受，置之不理。经过所谓一个神探进一步的侦查，把它办成了铁案。最后的结果是什么？确实不是张高平和张辉杀的人，而就是那个案件的被告人，可是那个被告人早在十几年前案发后不久就被执行枪决了。最后能够平反的依据是什么？把那个案件被告人的 DNA 和被害人身上的 DNA 放在一起进行比对，一下就比对出来了，这个案件被害人手指甲缝里的 DNA 和那个案件被告人的 DNA 是一致的，就这么简单，但是被我们的办案机关办案人员铸成了一起严重的冤案。律师在一审二审都提出了这样的辩护，所以这也是我们在辩护中要注意的。其他的还有正当防卫、意外事件等等。这是第一个，就是使无罪的被告人获得无罪判决。

第二，使依法不负刑事责任的被告人不被追究，这是我们要注意的。虽然是被告人实施的行为，但是没有达到法定刑事责任年龄的、不具有刑事责任能力的、已经超过法定追诉时效的，依法都不应当追诉了，这是第二个我们要注意的。

第三，使涉嫌犯罪，但证据不足的被告人获得疑罪从无的判决，这是我们在死刑案件辩护中非常重要的一种辩护。因为前面的辩护往往需要你有比较充分的根据才能辩，而证据不足的辩护，是我们没有足够的证据推翻指控，但是我们可以对指控的事实和证据提出有根据的质疑。什么是证据不足？前面我已经说到了，过去我们《刑事诉讼法》没有作出规定，2012 年《刑事诉讼法》第 53 条第 2 款专门作了规定，证据确实充分，应当符合三个条件，如何理解这三个条件，或者如何理解第 53 条第 2 款，到今天为止，我们的理论界和实务界还没有完全达成共识。

比如很多人说 2012 年《刑事诉讼法》修改以后，我们的证明标准和美国一样了，也是排除合理怀疑的证明标准，这种说法是不对的。我们的证明标准仍然是证据确实充分的证明标准，我们只是从三个方面提出了如何来认定是不是证据确实充分的条件，并没有否认我们原来的证据确实充分的证明标准。所以我们要对一个案件作出证据不足的辩护，就要从这三个方面切入，要从这三个方面切入，就要准确、深入地理解这三项规定的含义是什么。我个人在这里讲一下我对这三条的基本看法，供大家在辩护中或者研究中参考。

这三项要求的第一项是定罪量刑的事实都有证据证明，这句话不难理解，定罪的事实要有证据证明，量刑的事实要有证据证明，就字面意义来看，非常简单，非常清楚，但是这里面是非常深奥的。什么是定罪事实？有没有证据证明这些定罪事实？这是我们首先要解决的问题。如果我们要为一个死刑案件辩护，如果我们要说它证据不足，首先要从检察机关的角度分析，从法院的角度分析，这个罪要成立，定罪事实应当有哪些，然后再看案内有没有相关的证据证明这些定罪事实，量刑我们今天先不谈。

有人说这还不简单吗？定罪事实不就是犯罪构成要件事实吗？我们学过刑法的，学过证据法的很多老师不都是给我们这么讲的吗？我个人认为，这种讲法是错误的。我们以故意杀人罪为例，故意杀人罪的犯罪构成要件事实是什么？故意非法剥夺他人的生命，这就是犯罪构成要件事实，当然如果你再把主体的年龄、主体的责任能力都算上，那也可以。我就想问一个，被害人的身份，他是谁，他是干什么的，是不是犯罪构成要件事实？是不是定罪事实？按照我们的传统理论，当然不是。故意杀人罪只要非法剥夺了一个自然人的生命，或者故意要剥夺他的生命，即使是没有杀死，也够了。至于这个自然人是谁，是张三，是李四,还是王五,不影响故意杀人罪的成立。是不是这样?

但是我们再回来看,赵作海案件为什么错了?佘祥林案件为什么错了?错在哪里?首先错在把被害人的身份搞错了。佘祥林的妻子没有被杀害,那个被认为是他妻子的尸体根本不是他妻子,赵作海的邻居赵振响也没有被杀害。在这两个案件中,办案机关也确实把被害人的身份作为定罪事实看待了,也提供了相应的证据,从这点上说,只要是定罪事实,都应当有证据证明。

但是这说明什么?定罪事实不仅仅是犯罪构成要件事实,还可以是犯罪构成要件以外的其他事实。比如杀人动机,犯罪动机是不是犯罪构成要件事实呢?也不是,我过去教了10年刑法,我在课堂上也给同学们讲犯罪动机不是构成要件事实,除非刑法分则把某种动机作为构成要件。从总则角度,从一般性上讲,为了图财杀人,为了报复杀人,为了奸情杀人,不管为了什么杀人,不影响杀人罪的构成。这是从定罪的角度讲。

但是当我们办理一个具体的案件的时候,不管是侦查机关、检察机关、法院还是辩护人,要不要关注被告人有没有杀人的动机呢?当然要关注啊。特别是暴力犯罪案件,特别是可能判处死刑的案件,没有犯罪动机,证明不了有犯罪动机,能够认定被告人实施了杀人吗?黄兴案件我提出无罪辩护的另外一个重要根据或者理由是,控方没有证据证明黄兴具有杀人的动机。他们俩是热恋中的一对男女,未婚已经同居在女方家中,办案机关调查了很多他们的亲属朋友,看他们俩感情怎么样,有没有杀人的动机,没有,找不到任何问题,只是说那天晚上他们回家之前和另外两个朋友打扑克的时候,他们俩一伙,另外两个朋友一伙,为出牌的事情双方有点不愉快,拌了几句嘴。但是最后结果是他们俩赢了,另外两个朋友输了,说好第二天要请他们吃饭,高兴而归，怎么回到家里就把自己的女朋友用刀捅死了？动机是什么？

而且案发的时候，黄兴已经委托一家律师事务所，正在办理移民加拿大的手续，而且办得很顺利，如果不是这个案件发生，几个月之后，他就到加拿大了。为此，他向女方的家长提出，希望他们早日结婚，结了婚，免除对方担心是不是会将来生变、变心，结了婚，有利于他到了加拿大以后，向加方移民局提出移民的申请。双方的家长都同意，可是他的女朋友不同意，她说她还小，还没玩够呢，结什么婚？除此以外就没有任何证据证明他们俩感情不好，或者有什么恩怨，使被告人会有杀人的动机。没有杀人动机，一对男女朋友，热恋中的朋友，同居中的朋友，能下如此狠心，用残忍的手段去杀害对方吗？所以杀人动机在定案的时候，是不是也可能是定罪事实？我用的是可能，请注意，不是每个案件都要有杀人动机。

这是一个广场，几百人上千人在看一个营销活动，小偷趁一个客人不注意，偷了他的钱包，客人回过头三拳两脚就把小偷打倒在地，不幸的是小偷被打死了。公安机关对这个案件的侦查很容易，但是有一点很难，死者是谁，查不清。那最后能不能定罪呢？这种案件被害人是谁，身份查不明，不影响定罪。佘祥林案件、赵作海案件被害人是谁，身份查不清，就不能定罪。所以定罪的事实在不同的案件中是不同的，犯罪的动机也是如此，还有很多东西。经常有人问，某个案件作案工具没有找到，能不能定？某个案件赃款赃物没有追到，能不能定？我的回答是，因案而异。在这个案件中，它是不是应当成为定罪事实，如果是，没有找到，那就不能定罪，如果不是，不影响定罪。所以什么是定罪事实，什么不是定罪事实，绝不是简单的是不是犯罪构成要件事实，还可能是犯罪构成要件事实以外的其他事实，并且这些事实也不是适用于每一个案件的,而是因案而异的。这是第一点,定罪量刑的事实都有证据证明。我们要辩护,首先要看这个案件定罪事实应该有哪些,检察机关指控被告人犯了杀人罪,应该有的定罪事实是不是被纳入事实了,有没有相应的证据来证明这些定罪事实,这就是第一项我们要查的。如果应当列入定罪事实的没有被列入,或者虽然列入了,但是没有证据证明它,仅此一点,我们就说没有达到证据确实充分。

第二,据已定案的证据均经法定程序查证属实。这是要解决什么?哪怕是你已经把它作为定罪事实,哪怕你也有证据来证明这些事实,那这些证据是不是属实的,也就是我们讲的证据确实充分的确实是不是达到了。我刚才说佘祥林案件、赵作海案件,在第一项把被害人身份作为定罪事实上都是符合要求的,都有一定的证据,但是在第二项上出了问题,证明被害人身份的证据都不是确实的。赵作海案件我刚才说了,连那个 DNA 结论都是既不能肯定,也不能否定,那佘祥林案件凭什么证明她(被害人)是佘祥林的老婆张在玉呢?是张在玉的亲属肉眼辨认的一个记录。可是这个辨认过程并不是非常客观的,并不是非常可靠的,家属看了一个发臭的、腐烂的尸体,根本不敢到跟前去看,老远看了看,觉得像,然后又说他妹妹,他姐姐,他女儿身体哪个地方有一个什么特征,我们的侦查人员、法医去验证一下,说有,就在辨认笔录上写上,那个尸体是张在玉。法医也作出一个尸检结论说,根据被害人家属的描述,如何认定那个死者就是张在玉。可是人家佘祥林不相信啊,佘祥林强烈地要求、反复地要求,让他看一下那个尸体,是不是他老婆,他最有发言权,但是侦查人员不让他看。

案件诉讼过程中,佘祥林的父母家人听邻村的人传言有一个疯女人曾经从他们村里走过，而且那个疯女人的衣着、长相等特征，看来就是张在玉。人家家人跑到那个村子里，调查了村里的干部和看到过的村民十几个人，联名写了一份材料，按照他们所看到的这个人的特征，做了一个详细的描述，把它提交给了办案机关，告诉办案机关，张在玉可能没有死，邻村这么多人都看见了。办案机关拒绝采纳，而且还把村里这些村民和干部抓起来进行了审查。

最后证明这都是事实，他们看到的确实是张在玉，张在玉精神有毛病，从家里走失之后，最后流落到了山东，跟别人结了婚，生了孩子，十几年以后又回到家乡，大家才发现这是一个冤案。所以在这两个案件中，认定被害人身份的证据均没有查证属实，所以就不符合第二项要求。

第三，综合全案证据，对所认定的犯罪事实已经排除合理怀疑。这是要把认定被告人实施了杀人罪，实施了抢劫罪的证据综合起来看，认定的事实是不是足以排除合理怀疑了。这个合理怀疑指什么？理论界在讨论、在研究、在争论，但统统都是抽象的争论。什么是没有合理怀疑，是不是排除了合理怀疑，必须放在具体的个案中去看待。离开个案，无法得出什么是合理怀疑，什么是排除了合理怀疑或者没有排除合理怀疑。就刚才所说的前两点来说，如果应当有而没有，如果虽然有了，但是没有查证属实，那么这都属于合理怀疑的对象。就算这些事实，这些证据都没有错，都没有问题，但是放在一起，能不能足以证明被告人实施了犯罪，那也很难讲。

比如可能有的朋友知道，我曾经为大连一位律师，陈德惠律师事务所的偷税罪辩护过，指控律师事务所偷税罪的证据表面看起来是铁的事实，他确实是少交了税。他有一本账外账，在银行里反映不出来，在账目里反映不出来，在司法行政机关对律师事务所进行财务审计中反映不出来，是单独存放了一本账外账，是律师事务所 5 年来接待上门咨询代收的普通客户直接缴纳的现金所形成的一个现金账。账本上 5 年下来将近有 200 万，少交了税，又有账外账，不是偷税是什么？这是铁的事实，是偷税。所以要从是不是定罪事实都有证据证明，是不是这些证据都查证属实来看，似乎都没有问题。

但是我仍然提出了无罪辩护，无罪辩护从哪里提出？用今天的语言，就是我提出了合理的怀疑，什么合理的怀疑？这个账外账不是为了偷税而设立的。你认为他设立账外账是为了偷税，但是从案内的已有证据看，并不是为了偷税而设立的。首先这个账本不是陈德惠作为主任提出要设立的，是一个会计，一个财务人员提出来的，说每天所里来的一些客户交的这些零星的现金，不经过银行，也不出具发票，我们建一本账吧，这样便于财务管理，他同意了，不是为了偷税。

其次，这个律师事务所每年交什么税，交多少税，按什么方式来申报，都是由税管员（李鹏）交代安排的，不是他们自己想怎么交就怎么交。当然李鹏说了，他不知道有一本账外账。

最后，更重要的，账外账上的钱干什么用了？办案机关做了一个司法会计鉴定，认定这个账外账一共有 190 多万，其中有 90 多万用于这个律师事务所正常的，并且应当税前列支的项目。这就是合理的怀疑，如果他为了偷税而设立账外账，200 万已经拿出去了，而且这个所名义上是合伙所，实际上就是他的个人所，他把钱偷出去了，为什么还要把其中一半的钱又拿回来，用于律师事务所正常的、正当的、连税务机关都认定的应当税前列支的项目呢？这不符合为了偷税而设立账外账，所以我们提出一个合理的怀疑，认定他具有偷税的故意是难以成立的。

这个案子最后经过最高人民法院组成合议庭的审查，确认同意辩护意见，最后由大连市中级人民法院，一审已经判了有罪，改判为无罪。这就是一个合理怀疑，如果仅仅从上面两个方面，看不出他有什么问题，但是证据本身没有问题，不等于指控的罪名就能成立。所以合理的怀疑在不同的案件中，都可以从不同的角度提出。什么叫证据确实充分？什么是定罪的证明标准？我个人一直在强调，没有适用于所有案件的定罪证明标准，定罪的证明标准是因罪而异、因案而异的。定罪的证明标准永远是具体的个案的，不是抽象的，不是统一的，所以这里面就可以给我们律师为死刑案件的辩护提供很大的空间。

第四，即使确实有罪，但不构成死刑罪名的被告人获得改判罪名，这也是我们辩护的一个角度。确实有罪，但是不是死罪，是不是应当判处死刑的罪名？我们也要注意，我们把它叫作轻罪辩护，或者叫此罪与彼罪的辩护。律师能不能进行此罪与彼罪的辩护？理论界、律师界还在讨论，还在争论，我的回答是，在一定的条件下，能够甚至应该这样辩。什么条件？首先要征得被告人的同意，你要告知他，指控他的罪不成立，但是成立别的罪。其次，指控他的罪重于事实上应该成立的罪，只能在轻罪的情况下，有利于被告人的情况下，才能为他辩护，这是这两个条件，一个是要征得他的同意，二是指控的罪重于实际上构成的罪。

在这两个条件下，律师应当为被告人辩护。有的人说我们仅就指控的罪是否成立进行辩护就可以，我们不是第二公诉人，不应该给被告人安一个罪。理论上讲，这样听起来非常舒服，非常好，可是你不讲，能够阻止法院改判罪名吗？我们都知道法院是可以改变检察机关指控的罪名的，并不是说指控的罪名不成立而成立别的罪，法院就可以作出无罪判决，这是不可能的。这种做法不仅中国有，国外也有，德国、美国都有，只是改判罪名的程序更加健全完善一些，法院要改判罪名，要向诉讼各方提前告知，听取诉讼各方的意见。我们中国过去没有这样的规定，所以二审法院可以改变一审的罪名，一审法院可以改变起诉的罪名。在这种情况下，我们明明知道构成罪，而不去辩护，却做个无罪辩护，最后法院给他定了罪，被告人家属问你："律师你不是说没罪吗，怎么还给他定了一个罪呀？"你怎么回答？恐怕你不好回答。所以我们对死刑案件辩护要特别注意是不是构成死刑罪名，如果不构成死刑罪名，对我们辩护来说也是非常有价值的。只要给他定了不是死刑罪名，那就保了他的一条命了，那不是非常重要的吗？

第五，使确实构成死刑罪名的被告人，依法不适用包含有死刑法定刑这样的辩护，叫罪轻辩护。现在我们经常听到罪轻辩护，但是什么是罪轻辩护？很多人把罪轻辩护和量刑辩护混为一谈，我这里讲的罪轻辩护不同于量刑辩护，请大家注意。我举个例子，《刑法》第132条故意杀人罪是这样规定的：故意杀人的处死刑、无期徒刑或者10年以上有期徒刑，情节较轻的，处3年以上10年以下有期徒刑。如果我们面对一个故意杀人案件，为被告人辩护，我们从量刑的角度，首先要解决的是什么？被告人是适用上面的可能判处死刑、无期徒刑、10年以上有期徒刑的法定刑，还是适用下面的情节较轻的，处3年以上10年以下有期徒刑，这是首先我们要解决的。

如果我们综合各个方面，认为被告人属于情节较轻的故意杀人罪，比如杀婴，好多未婚女孩生了孩子以后，把孩子弄死了，这就属于情节较轻的故意杀人罪。对于这种案件，我们首先就要提出应当适用情节较轻的，处 3 年以上 10 年以下有期徒刑的法定刑，这就叫罪轻辩护。几乎每一个罪名之下都有这种情况，我们在死刑案件的辩护中就要注意，如果死刑罪名是成立的、不可否认的、无法推翻的，我们就要注意它适用的法定刑有没有辩护的空间。这就是我们所说的罪轻辩护。

第六，使确实构成死刑罪名，并应适用死刑法定刑幅度量刑的被告人，依法不适用死刑的辩护，我们可以把它浓缩为量刑辩护。即使是属于依法应当判处 10 年以上有期徒刑、无期徒刑和死刑的案件，我们仍然可以在里面找出从轻的、减轻处罚的情节。一旦这样的情节被司法机关所采纳，那么就有可能不给他判处死刑，或者不给他判处死刑立即执行，而给他判处死刑缓期执行，这叫量刑辩护。量刑辩护是在既定的法定刑范围内来进行辩护，罪轻辩护是在不同的法定刑幅度中，选择有利被告人的法定刑，为他辩护，这就是它们之间的区别，这对死刑案件辩护来说至关重要。

当然还有程序辩护，特别是死刑案件中的程序辩护，比如管辖异议，死刑案件的管辖异议，我们从侦查可以提，审查起诉可以提，法院审判可以提，但说实话，侦查管辖弹性很大。《刑事诉讼法》规定的管辖主要是审判管辖，所以审判管辖是在程序辩护中要特别注意的一个问题。另外一个就是依法要求排除非法证据，到了审判阶段，排除非法证据的意义有时候是非常重大的。有的案件一旦非法证据被排除了，可能就无法定罪或者可能就无法判死刑了，那我们更要重视。当然还包括排除其他的，维护被告人其他的诉讼权利和其他合法权益。

六、二审阶段死刑案件的辩护

我们再简要说一下二审阶段死刑案件的辩护。二审阶段死刑案件的辩护我们分为两个方面，一个是对于已经被判处死刑的上诉案件，依法提出不适用死刑的辩护意见。已经判了死刑了，那我们辩护首先要争取，要提出依法不适用死刑。依法不适用死刑，我们可以从事实认定上提出，从法律适用的定性上提出，从量刑上提出，比如量刑过重，以及违反法定的诉讼程序等等，通过这样一些辩护，力图让二审法院改变死刑。

另一个是对一审没有判处死刑，检察院提出抗诉的案件，辩护的立场是什么？支持一审辩护，驳回抗诉。这就是第二种辩护，这种情况比较少，但也有。

七、死刑复核程序中的辩护

最后说一下死刑复核程序中的辩护。对于死刑复核程序中的辩护，我们知道它已经经过了一审二审，被判处死刑，包括死刑立即执行和死刑缓期执行，我们这里更要重视和强调死刑立即执行。死刑立即执行是由最高人民法院核准的，应该说2007年1月1日最高人民法院收回死刑复核权以来，在死刑复核这个问题上是非常慎重的，非常严格的。所以虽然这几年没有公布数据，但是从我们了解的情况来看，总体上死刑适用在减少，特别是死刑立即执行在减少，死刑缓期执行比过去增多了。而且我们知道还有相当一些案件经最高人民法院复核后，最后不予核准。

前几天我从微信里看到，某一个律师事务所几个律师把最高人民法院不核准死刑的判例做了一个梳理，非常有价值。这对我们办理死刑案件，特别是对于死刑复核程序中的案件的律师来说,非常有参考价值。我们可以通过这些案件,分析最高人民法院不核准死刑主要是基于哪些情况,这为我们提出辩护提供了非常有力的依据。我们也可以到最高人民法院的裁判文书公开网上去查,我前不久做一个课题,打开看过,确实还有不少。

具体来说,死刑复核程序中律师辩护大概有这么几个辩护点:

第一,对于不构成犯罪或者依法不负刑事责任的死刑案件,依法提出无罪辩护。我们在一审就提出了,二审也提出了,仍然不被接受,那我们到死刑复核再提出。

第二,对证据不足的死刑案件,依法提出疑罪从无的辩护。这几年最高人民法院不予核准死刑,更多的是以证据不足为理由不予核准的。

第三,对不构成死刑罪名的案件提出轻罪的辩护。

第四,对虽然构成死刑罪名,但不属于罪行极其严重,不是必须立即执行的案件,依法提出改判死刑缓期执行的辩护意见,这也是死刑辩护中一个重要的角度。特别是2007年死刑核准权收回以后,现在一个案件经过中级人民法院一审,高级人民法院二审,再到最高人民法院复核,那些根本无罪的人还能上到那个层面,应该是很少了。大多数案件还是确实有罪的,确实是被告人实施的,所以对于这种案件辩护的追求是什么,通俗地说,就是保命,能够把死刑立即执行改变为死刑缓期执行就是成功的辩护。《刑法》也明确规定了,罪行极其严重,必须判处死刑立即执行的,才可以判处死刑立即执行,所以只要不属于罪行极其严重,不是必须判处死刑立即执行的,我们都可以提出应当变为死刑缓期执行,这种意见比较容易被接受。我前面提到,我曾经主持过一个关于"暴力犯罪死刑适用的实体标准与证据标准"的课题,后来这个课题出了一本书,题目就是这个题目,其中我有相当一部分内容就是谈什么叫罪行极其严重,必须执行死刑。并且我收集了大概几十个案例,作为附录放在书的后面,哪些案件可能必须判处死刑立即执行,哪些案件通常可以判处死刑缓期执行。比如,现在杀害一个人的,一般不会被判死刑立即执行,但是杀害两个甚至两个以上的人,被告人可能就会被判处死刑立即执行;比如被害人有过错的,一般就不可能判处死刑立即执行等等,这都可以成为我们辩护的一个焦点。

第五,对于具有法定从轻、减轻处罚情节,或者免除处罚情节的案件,依法提出不适用死刑或免除处罚的辩护意见。

第六,对原审违反法定诉讼程序的案件,依法提出不应核准死刑,发回重审的辩护意见。如果一审、二审程序违法,那也是我们在死刑复核程序中提出的一个很重要的理由,当然可能还有其他的。

时间关系,我想我就只能这样概括地把死刑案件的辩护(在各个阶段),包括侦查、审查起诉、一审、二审以及死刑复核程序,我们应该关注的一些辩点,给大家说到这里。谢谢大家。

朱明勇 浙江张氏叔侄案辩护律师，中国案例法学研究会常务理事，中国政法大学刑事辩护研究中心联系主任，中国政法大学刑事法律援助研究中心研究员。由清华大学出版社出版的其独著的《无罪辩护》一书获评"2015年度最畅销法律类图书奖"。此外，朱明勇律师还曾办理了河南马廷新灭门血案（无罪释放）、贵阳小河黎崇刚组织领导黑社会性质组织案（无罪释放）、安徽张虎故意杀人案（无罪释放）、福建司法局长黄政耀贪污案（无罪释放）等一系列具有重大影响的经典刑事辩护案例。

05 朱明勇
破解生死的密码：从会见开始

一、我国死刑案件的辩护现状

感谢各位来参加我们今天的互动学习，希望借此机会，大家可以相互交流。根据主办方的安排，我今天重点讲的是死刑案件辩护中有关会见的部分。

首先我们做律师的应该都知道，在目前我国的《刑法》中，死刑的罪名还是比较多的，经过《刑法修正案（八）》和《刑法修正案（九）》两次减少，现在还有46个，而且涉及的领域也非常广泛，比如在"危害国家安全罪"这一章里面还有7个死刑罪名，"危害公共安全罪"这一章有十几个，"破坏社会主义市场经济秩序罪"中有两个，"侵犯公民人身权利、民主权利罪"中也有，"侵犯财产罪"中也有，"妨害管理秩序罪"中也有，另外"贪污贿赂罪""军人违反职责罪""危害国防利益罪"中都有。大家看，我们国家还有这么多死刑罪名，这在实践中体现为，被告人可能被判死刑的案件数量比其他国家要多，范围要广。

而我们刑事辩护律师在死刑案件的辩护中，所做的其实还是不够的，这里边既可能是因为缺乏一个相应的专业的培训，也可能是因为缺乏一个长期的专业的经验积累。我们在实践中经常会发现很多案件的死刑辩护出现了我们难以想象的一些事情，比如曾经有个死刑案件的辩护律师的会见只有不到一支烟的工夫，他在会见过程中对当事人说："你这种罪名可能是要被判死刑的。"当事人说："我是冤枉的，我没有干这个事情。"这个律师却说："你是冤枉的，你跟我说没有用，等你死了之后，让家里人再给你申诉去吧。"这是我遇到的案子，真的有这样的辩护律师。还有一个死刑案件，辩护律师中午喝酒之后去会见他的当事人，然后会见的时候就睡着了，一直到下班，那个监狱的管教干部来锁门，那个当事人还一直在喊"律师，律师，下班了，你醒醒"。这也是我办案中遇到的当事人跟我讲的这些事情。

这样的辩护方式，对一个可能被判处死刑，甚至一审已经被判处死刑的当事人来讲，到底意味着什么？我们完全可以想象得到。其实，我们在对死刑案件辩护质量的研究过程中就发现了这样一些很严重的问题，比如我们在中国裁判文书网上检索相关死刑案件判决书的时候有一个重大的发现，那就是有一个省的一个律师在两年时间内做了31起死刑案件的法律援助，平均一个月2.6件，我们通过对比，发现他的辩护词基本上是一样的，而且都被法院经典地采信了这样一句话，就是法院在判决书中引用的"辩护人认为本案事实认定清楚，证据确实充分，定罪准确，量刑恰当，建议省高院维持原判，核准被告人死刑缓期二年执行"。你很难想象这样的辩护词是一个很大很著名的律师事务所的一个合伙人律师做出来的。

我们常常在思考，对一个重大的死刑案件的辩护，律师应该以一种什么样的姿态出现呢？我们认为至少要有一定的专业培训，要有相应的办理刑事案件的经验积累，毕竟这个责任的确太重大了，很可能因为你稍微的疏忽，被告人就人头落地了。

我最近接了一个案子，被告人一审被判死刑立即执行，二审维持原判，很快被核准，在被拉到刑场前打了一针封闭，但在准备开枪的过程中，这个人在刑场上一直不停地喊冤，又蹦又跳地拼命挣扎。因为他的这种抗争，在行刑人即将扣动扳机的那一刻，有一个神秘的老人出现了，可能是一个领导，一直到现在大家都不知道这个人是谁，说这个案子可能有问题，就决定暂停执行。这个人被带回监狱之后，事隔3年才被稀里糊涂地改判死缓，直到现在还在监狱里，已经19年了。

我上周去见了这个人，在检察官的陪同下跟他聊了一上午，检察官就说："这个人在这里关了将近20年，怎么还有这么多的故事我不知道呢？"他说来了好几个律师也都会见过，但他们从来都不问这些细节。我就问当事人："公安局有带你去指认过杀人现场吗？"他说："没有啊。"我问："让你看被害人的照片了吗？"

他说："也没有，检察官画了一个人给我看。"我说："那你到底有没有杀人呢？"他说："我当时在老家干活，怎么可能跑到另外一个省里去杀人呢？"我说："那你不在场的时间，你的律师没有提出来吗？"他说："反正我也不知道，当时也不懂，我第一个律师来了，没有让会见，他就回家了；第二个律师是指定的，他来了，就告诉我，我这案子可能要判死刑，等我死了以后让家里人帮我申诉吧。"好在那个扳机没有扣动，所以他现在还在监狱里边，但他已经服刑 20 年了，现在的状况还是无期徒刑，还没有减到有期徒刑。

我跟检察官说，即便是死缓经过 20 年的服刑，假释也好，减刑也好，即使不平反也差不多该出来了，但就是因为没人管，所以出现了这样的情况。因此，我们觉得很多当事人其实真的很需要一种有实质意义的法律援助，需要一个专业的律师去帮助他。但很多法律援助的律师就只是走过场，刚才那个当事人现在还有一个指定的援助律师，当我们想把这个案件进一步挖掘一下，想找这个律师去提前会见一下时，这个律师不去，他说法律援助费就那么一点，他再跑一趟就亏本了。这也是一个问题，那就是，既然承担了法律援助，你还要计算成本吗？但这就是实践中存在的问题，我们经常会感到很纠结，也很痛心。

正是因为我们看到了那么多的冤假错案，看到了那么多的死刑案件的当事人因为没有专业的、有经验的律师提供刑事辩护而人头落地，让惨剧无法逆转，我们才急于对死刑案件的辩护进行深入的研究。在此基础上，我把死刑案件的辩护大致分为以下几类，下面分别来说。

二、事实清楚、证据确实充分的死刑案件及其应对

事实清楚，证据确实充分的死刑案件意味着什么呢？就是当事人所犯的罪名是可以被判死刑的，而且犯罪的事实是清楚的，证据也是确实充分的，也就是说，当事人被判死刑是没问题的。

对这样的案件我们应该怎样去辩护？这里可能就涉及一个价值取向的问题。《刑事诉讼法》第35条明文规定："辩护人的责任是根据事实和法律，提出犯罪嫌疑人、被告人无罪、罪轻或者减轻、免除其刑事责任的材料和意见，维护犯罪嫌疑人、被告人的诉讼权利和其他合法权益。"基于这样一种价值观，辩护人所做的工作，就是要想尽一切办法，在合理合法的框架之下，拯救你的当事人，把他往无罪的方向或者罪轻的方向引导。这种情况下有人可能会问，律师怎么总去替坏人说话呢？其实这样的一个话题已经很古老了，我们也不用过多地去研究、去解释。你只需要记住法律的明文规定，记住辩护人的职责就行了，你要知道，你就是干这个事情的，你就是找他无罪、罪轻或者减轻、免除刑事责任的材料和意见的，这就是你的职业定位的需要。明白了这一点，即便犯罪事实清楚，证据确实充分，我们也要尽量寻找被告人不该被判死刑的事实和理由，这就是量刑问题。

在我国，尤其需要关注量刑问题，因为我国自古以来就有一个重刑主义的传统，且奉行疑罪从有。这两个因素导致很多的案件实际是被重判了。但是，犯罪事实清楚，证据确实充分，这个罪是可以被判死刑的，就一定要判死刑吗？不是这样的。而且大家回想一下这几年引起舆论关注的几个死刑案件，我们会发现，类似的案件有的被判了死刑，有的就没有被判死刑。比如，典型的城管杀人案件有两起，夏俊峰案和崔英杰案，性质基本一致，

但被告人一个死了，一个没死。还有一些因为拆迁问题，导致被拆迁人捅死了拆迁人的案件，有被判死刑的，也有被判10年有期徒刑的。为什么同样性质的案件都被定罪，而且罪名是一样的，性质、后果和影响也都差不多，量刑结果会有那么大的差距？这就值得我们思索，辩护人在这里边所起的作用到底有多大，或者说辩护人应当采取什么样的辩护方式，这都值得我们研究。

对于我们所说的第一类死刑案件，或者任何一个死刑案件到了我们辩护律师的手里，我们首先要考虑的就是，一定要想办法救他一命。且不说救人一命，胜造七级浮屠，不管你是信奉佛教的也好，基督教的也好，伊斯兰教的也好，都认为我们不要去杀人。这种理念的问题我们先放一边，就是单从技术的层面，我们有没有能力在已经事实清楚，证据确实充分的案件中，找到被告人不死的密码？我觉得我们可能需要从介入案件第一步的会见开始，很多案件就是在会见的时候发现案件有问题的，所以会见其实是至关重要的。

我们的经验是，每一起重大的、可能被判处死刑的案件，主办律师必须要亲自去会见，而且要多次会见，在条件允许的情况下，我的建议是能见几次就见几次，或者说当事人要求你见几次就见几次。事实上，很多人是做不到这一点的。我们知道很多律师由于时间的关系，以及工作的安排，对这样一些重大案件，可能没有那么多的时间去安排会见，或者只会见一次，还可能只是会见很短暂的一个时间，完善一下相关的手续。我们认为，这样是远远不够的，不要以为事实清楚，证据确实充分就没有什么可以提的问题和可以发表质疑的观点了。你不知道也没关系，可以从跟当事人聊天开始拉开话题。

我们的经验是，你跟这个可能被判处死刑的人在见面的时候，就放开了让他去说，不要预设问题，不要仅仅是带着问题去问。会见的问题提纲可能来自于阅卷时需要核实的问题，因为绝大多数的律师都是先交手续，后复制案卷，然后阅卷，阅卷中发现几个问题后，带着问题去会见当事人，跟当事人做一些核实和交流。我觉得这样做只是一个基础性工作，还远远不够。我们一般的经验就是在会见死刑案件的被告人的时候，一般不去跟他谈案件案卷中的问题，而是先跟他聊聊人生，谈谈理想。第一次会见你就让他放开了说，想到哪里说到哪里，不要考虑案件对他的指控，也不要考虑为自己辩解，就是把这个事情的前因后果，把他的想法都说出来，引导他想到哪里说到哪里，不设定范围，当然，这个会见时间可能会很长。

我曾有一个当事人，连续会见了5天，整整一周的工作日下来，你会发现，第一次闪现在你脑海中的几个问号根本就不是重点，聊着聊着你就会发现很多问题，所谓的事实清楚，其实并不清楚，所谓的证据确实充分，其实是有疑点的，是有矛盾而无法排除合理怀疑的。这样的会见，其实就为我们后面的辩护打下了很好的基础。

我曾会见一个一审已经被判死刑的被告人，他是故意伤害致人死亡，而且是两起，事情的确是他干的，他也没有异议。很多人觉得这个案子还有什么可辩护的呢？事实清楚，证据确实充分嘛。如果你看案卷，被告人都是承认的，他承认去了犯罪现场，承认参与了打人，也承认这个人最后死了，鉴定材料显示被害人是颅脑损伤导致的死亡，还有证人也说看到他打了。很多律师基于这些所谓的案卷材料，就觉得这个事实是清楚的，毕竟被告人承认是他打的，有证人证明是他打的，有医学鉴定证明他打人的行为和被害人死亡是有因果联系的,然后根据《刑法》的两个基本要件,即有犯罪事实发生,有需要被追究刑事责任的人,觉得这个似乎没有辩护的空间。

我们在会见他的时候就跟他聊,聊着聊着就发现,打人的不是他一个人,是五个人,但是那四个人去哪儿了呢?起诉书里其实有,括号里边叫另案处理,很多律师不注意另案处理,另案处理其实非常重要。五个人去打一个人,这个人最终死亡,为什么另外四个人是另案处理?另案处理是怎么处理的?根据最高人民法院的规定,另案处理,可能是因为审理期限的问题,也可能是因为未到案的问题,总之得有一个法定的理由来另案处理。而且对死刑案件的共犯,在共同实施犯罪的其他人没有到案的情况下,这个事实怎么说得清楚呢?没有其他人的供述,怎么能够说对一个事实的认定是准确无误的呢?而即便这些事实是清楚的,那责任呢?这五个人的责任都是一样的吗?一个人因故意伤害被打死,一定要把打人的五个人都判处死刑吗?一般情况下不是这样的,一定要找一个责任最重的。

我们研究大量的死刑案件,比如故意伤害致死或者故意杀人这样的案件,基本上有一个共同的规律,就是一个人被打死,一般情况下,法院最终往往只会判一个被告人死刑,很少有判两个、三个、四个、五个都死刑的。这里边就涉及谁责任最大,是你的当事人吗?不一定。假如都在同一个案件中当被告人,也不一定,何况还有人未到案,还有人是另案处理,另案处理有可能没处理,也有可能是已经处理,这都需要我们去研究。

我们再回到刚才举的这个例子,五个人打一个人,这个人死亡了,这样一个事实我们发现另案处理其实是已经处理了,一审律师并没有注意到已经处理的那四个人是怎样处理的,也没有细究那四个人到底是怎么判的，以及那四个人跟他的当事人之间有什么样的关联性。二审时我们就去调取了大量的证据，把另外四个人另案处理的判决书调了出来，经过分析比较，发现在另外四个人的判决书中，最高的判了15年，最低的判了8年，中间有一个14年，还有一个10年，而我们的当事人却是死刑，在这种情况下你没有疑问吗？为什么要在15年以上，越过无期和死缓直接判死刑立即执行？我们能不能给他辩护到最低的8年以下呢？因为故意伤害致人死亡的法定刑最低是10年以上有期徒刑，但共犯里的从犯是可以减轻处罚的。

这里边的辩护空间就非常大了，应该怎样去解决？如果在辩护的时候仅仅跟法院说，另处理的四个人最高才被判了15年，而我的当事人被判了死刑，我们认为量刑过重。这样说不是不可以，但缺乏力度，因为法官心里会想，人是被打死的，这个事情他是参与了的，我们认为他就应该被判死刑，也没有违反法律的规定，至于15年是另外一个法院判的，每个法院有自己不同的量刑标准。

因此，仅仅做到这样肯定是不够的。我们采取的方式往往是，把那四个判决书调出来，把案卷和判决书结合起来比较，从中提炼出来一些有用的信息。什么信息呢？那个打人现场到底有哪些证据？分别能证明什么样的事实？我们的当事人在这些证据中被锁定的情节是什么？对此，我们会做一个大数据的比较列表，比如，第一个是动因，是谁让谁去打这次架的？是张三李四叫我的当事人王五去的，王五是被叫去的，这个事情的起因不在他。第二个，谁先到场？张三先到，李四后到，我的当事人最后到。第三个，打人了没有？然后比较相关的证人证言，发现八份证人证言都证明，这五个人都打了这个被害人。这还不够，还要再分析每个人都是怎么打的，还需要研究证人证言里边的细节。

证人甲说他看见张三拿一个枪托打被害人的头，把那个人打趴下了；证人乙说他也看见张三拿了一支枪往那人头上砸；证人丙也说，打得最凶的就是那个张三，一直往头上打。最终我发现八个证人都证实五个被告人全部打了被害人，但是八个证人证言都证实张三李四打了头，王五打了胸部，没有一个人说我的当事人打了头部，同时我的当事人本人也不承认打了头。最后结合法医鉴定，这个人死亡的原因是颅脑损伤导致死亡。这样一比较，我们在法庭上跟法官就讲得非常清楚，打被害人头的行为导致被害人颅脑损伤，但最终导致被害人死亡的、实施击打被害人头部行为的人最高只被判了15年，而没有证据证明实施过击打被害人头部行为的我的当事人却要被判死刑，这个道理肯定是说不过去的。而且后边还有很多情节，我的当事人是被叫去吃狗肉的，既不是去打架的，也不是最先到的，并且，我的当事人中途接了一个电话就提前走了。另外，与其他的四个案子相比较，虽然不是同一个法院判的，但是是同一个省的法院判的案件，尽管不同法院可以在同等条件下一个轻判一点，一个重判一点，但不能够在轻的条件下判重，重的条件下判轻。因此，那几个人都没被判死刑，为什么给我的当事人判死刑？这么说可能就比较有力。作为辩护律师，没有大量的准备工作，没有精细到这种程度，法官是很难理会你的。

实践中，法官最担心的是真正的冤假错案，尤其是那种真凶出现，亡者归来的案子。如果一个案子，法官认定这个案件的犯罪行为就是这个人实施的，而且《刑法》规定这个行为是可以判死刑的，特别是还有一些社会影响的，那法官就敢判死刑。在重刑主义下，只要他在法定量刑幅度内，你便很难去说服他改判。

但是上面所列举的这个案子，我们就是在会见的时候聊着聊着，发现击打被害人头部的那四个人最重才被判了15年，而没击打过被害人头部的我的当事人却被判了死刑，从而有了辩护的思路，这都是在跟他聊天的时候才发现的。

在二审期间，我们就申请法院去调取相关的证据，法院调取证据之后也发现案件有问题，然后就延期再延期，延期的时候我们还是去会见，很多律师这个时候也不会见了，觉得会见一次浪费人力物力，耽误再接一个案子的时间。所以我有一个理念就是，你要么接了案子就认真去办，要么没时间就不接，不要接了之后放到手里，积攒一箩筐的案件，天天安排助理今天见张三，明天见李四，到最后开庭的时候连当事人是谁、当事人被指控的罪名都搞乱了。

真有这样的律师，比如在一个涉黑案件的辩护中，我旁边的一个律师给他的当事人辩护，对审判长说："我认为我的当事人不构成贩卖毒品罪。"审判长说："你等等，你说什么？"他说："我认为我的当事人不构成贩卖毒品罪，我接下来发表以下几个辩护观点。"审判长说："辩护人我提醒一下啊，根据法律规定，辩护人是为当事人做无罪或罪轻的辩护，起诉书里边没有指控你的当事人贩卖毒品罪，你怎么老说他贩卖毒品罪？"我在旁边其实就注意到了，因为起诉书第一页往往都有被告人涉嫌什么犯罪，于某年某月某日被刑事拘留，他的当事人被刑事拘留时是因涉嫌贩卖毒品罪，但是到后边起诉的时候就已经没有这个罪名了。这说明什么？说明这个辩护人可能仅在开庭之前匆匆翻开起诉书第一页，看到当事人涉嫌贩卖毒品罪，因此上来就说什么事实不清，证据不足之类的假大空。当时辩护人就很尴尬，毕竟当事人的家属还坐在下面看！如果辩护人之前经过多次的会见，跟被告人反复交流，根本不会发生这样的事情。

还有一个到了二审的死刑案件，在跟当事人会见的时候，聊着聊着，他说："其实还有一个证人，他如果能出庭作证，就可以证明我当时其实不在案发现场。我有一个朋友就在案发那一天从外地坐火车来看我，我早上去火车站接他，并且领着他一家四口去安排酒店，安排吃饭，陪着他们在市里边转了一圈。"他还说这个人很多年没有联系了，也不知道他愿不愿意出庭作证，还有他的身份也比较特殊，是一个警察。当事人从来没有讲过这样一个事实，案卷中也完全没有这样的记录，这是聊天的时候，聊到他平常的朋友圈子，他说："其实我这个人还是很讲义气的，很多年以前，我在那个地方服刑的时候，有一个管教干部对我不错，所以刑满释放之后，我做企业做大了，就要报答这些对我不错的人，这个管教干部说要到我们这里的旅游区来玩，我就一定要把他们接待好，把他们家里人的吃住安排好。"

他这么一说，我们觉得这里边可能就有一个重大问题。这个人如果真的像他所说的那样，不就是可以有不在场的证明吗？这不就是一个非常重要的证据吗？为什么他之前没说过，律师也没问过，法庭也没审过，一审就判死刑了？然后，我们再去跟他仔细聊，问这个人现在在哪里，他说不知道，反正十几年没联系了；问他有联系方式吗，他说没有。我们接着追问："那你知道什么？"他只告诉我们这样一个线索，一九九几年，他在某某某监狱里边当管教干部，叫什么名字。我觉得很多律师都认为，哎呀，这个人也找不到，联系方式也没有，而且人家本身是个警察，来给你做一个故意杀人案的不在场证明，万一将来出现什么问题呢？这些人会自己给自己设置很多证人可能不愿意这样或那样的障碍。

可万一他愿意出庭作证，或者万一他真的还有什么证据可以证明那一天当事人真的不在案发现场呢？这就需要律师去做工作，不能放弃！因为这涉及一个死刑案件，也许就这一个人的证言，就能把当事人的命保下来。于是我们通过各种检索的方法，穿越风沙，越过茫茫几千里去到大漠荒原里的监狱，发现这个人已经调了好几个单位，都已经退休了。几经辗转，我们找到了这个证人，他还记得那个当事人，也还记得那一年去过那个地方并得到当事人的接待，但不记得具体是哪一天了。我们就问他当时为什么要去那里呢？他说是单位旅游，还可以报销，而且的确报销了。那报销就一定有发票啊，有的单位会计档案保存25年，那就一定可以找得到。我们又去那个单位，找到财务，但十几年以前的财务账上没有记录，又找他对应的报销发票，后来发现里边果然有一张火车票，而火车票的时间，到达的时间就是案发那一天！这不就是如获至宝吗？把这些证据复印固定下来，交给法院，其实也就基本上没问题了，毕竟有一个跟本案没有利害关系的偶然来玩的人可以证明这一天当事人不可能在现场，而且他一家四口都可以印证，如果说记忆可能不准，那还有火车票的印证。这一切足以说明那一天他在案发现场指挥这个事情是不存在的。那如果不会见，不跟他聊天，不跟他聊他的朋友圈子，你就不会发现有可以证明他当时不在场的证人，可以说，很多有价值的线索都是在会见时被你聊出来的，因此要广泛地聊，不要设定边界地聊。

还需要注意一点，律师要给当事人一定的情感投资。很多辩护律师，包括一些比较有名气的辩护律师，在给年轻刑事辩护律师做培训的时候，惯常用的话就是刑事辩护有风险，刑事辩护律师要超脱，刑事辩护律师一定不能对案件和当事人投入感情。我对这三句话是持完全相反观点的,我认为刑事辩护律师不能够超脱,必须对你的案件和你的当事人投入巨大的情感,因为这是一场生命的博弈。如果律师只是走一个过场,去会见一下,做个会见笔录,然后开庭时就说这个案件事实不清,证据不足,或者说当事人是初犯、偶犯,需要从轻、减轻处罚等,这样的辩护其实等于零,还不如让当事人在法庭上哭一场,哭诉自己对不起党、对不起人民,然后说他愿意赔偿,更有效果,现在的职务犯罪就是这样。

律师会见的时候,为什么说对案件和当事人要投入情感呢?因为不投入情感,你就没有那么大的精力。刑事辩护是一个良心活,没有可以考量的标准,也不可以做量化的处理,顶多只有一个最低的工作标准,没有一个最高的工作标准。而我觉得死刑案件的辩护,律师一定要拿出最高的辩护标准,尽可能多地去会见当事人,请相信每一次会见都会有不同的收获。有些人说,每次会见的内容都是一样的,没有什么新的内容,那是因为他没有一双善于发现问题的眼睛和挖掘内幕的质疑精神。

如果有了这种热情,每一起案件拿到手的时候,不管他们说的事实是否清楚,证据是否确实充分,你自己必须相信这案子一定是有问题的,一定是能找到一个关键节点的,可能临门一脚,就能起死回生。许多案件往往就是这样一种情况,会见的时候,律师通过跟当事人不停地去谈论各种与案件相关,甚至不相关的事情,还能够发现一些起死回生的密码。

比如有一起简单的故意杀人案,被告人一审被判处死刑、二审维持原判,我们在死刑复核阶段介入,发现事实清楚,证据确实充分,没有问题。案卷里面所有的材料都证明被告人应该死,但是我们就是认为他不该死,想救他一命。在这种情况下,就得找理由，法定理由找不到，就找道德理由，道德理由找不到，就找情感理由。

我们在会见的时候了解到，这个人是外地的一个农民，在北京摆地摊卖菜，他离婚了，唯一的女儿在老家中学上学，成绩是全校第一名。他在北京每年卖菜赚三四万块钱，自己舍不得吃，舍不得穿，基本上全部拿来供养这个女儿上学，希望自己的女儿能有一个好的前景。但是这个人在北京卖菜的时候认识了一个女孩，这个女孩跟他产生了一点感情，这个人由于离婚了，又一个人生活在北京，耐不住孤独，就跟这女孩发生了关系。他对这个女孩非常好，原来的钱全部寄回去给女儿，现在就绝大部分留下来给这个女孩。后来这个女孩就说"你把你所有的钱都给我，我就跟你结婚"，然后他就真的把这十几万块钱全部给了这个女孩，给完之后第二天女孩就失踪了！这可是要命的事情啊，他女儿现在在上学，以后还要继续上大学，而且他自己舍不得住，舍不得吃，舍不得穿，现在钱一下子被一个人全部骗跑了，他心里很不舒服，就要去找这个女孩。

他根据以前所了解到的信息，找到了这个女孩的老家。非常巧的是，那一天，这个女孩正好在老家举行婚礼，这个人就怒不可遏，冲上去就吵啊、闹啊。人家男女双方很多人，一看这个外地人跑到这里来闹，就把他打一顿，他打也打不赢只好跑。打跑还不作罢，人家一帮人又追来，追来之后，混乱之中，不知道谁拿出了一把刀，反正最终这把刀是到了他的手里，他就捅死了一个人，还重伤一个人，轻伤两个人，法院因此认定他构成故意杀人罪，一审判处死刑，二审维持原判。

也许有人说，这个案子事实不清，因为刀不是他带来的，可能是他被打时抢过来的，但这个既没有监控录像，其余几十个人又全部是对方的人，都说他是带刀来的，又怎么能够说得清楚呢？那我们就考虑除此以外还有其他途径吗？法律上其实没有空间了，但情感当中有空间。情感当中我们反复分析要打什么牌，打道德牌？说他好不容易一年卖菜赚一点钱，被一个女孩给骗了，他去要钱，别人还打他……这个力度不够大，因为法官会觉得，谁让你去惹这个女人呢，你要招惹人家，被骗了是活该，你为什么要杀死一个人，重伤一个人，还轻伤两个人？这个后果是相当严重的。

那我们再分析，是否能打情感牌呢？也就是，他有一个上中学的女儿，父女情深，而且女儿的成绩是全校第一名。我们就让他女儿给法官写信，救救她爸爸，在信中写，爸爸很可怜，跟她妈妈离婚以后，就一直在北京卖菜，寒风露宿，舍不得吃，舍不得穿，把所有的钱都寄给她，她自己也拼命努力学习，期望有一天能够报答她的父亲。此外，我们还找学校把她各学期的成绩单打印出来，找老师写证明。这还不够，全班45名同学每人都给她写了一封求情信，说这个女孩学习多么好，多么刻苦，多么爱她的爸爸，她的爸爸多么吃苦耐劳，现在被骗了，结果还被判了死刑，他被判死刑之后，这个未成年的女孩怎么办？毕竟她父母已经离婚，她已经被判给了她爸爸。我们觉得这就是一个突破口。

有人也许不赞同这种辩护的方法，说这个都不是法律上的问题，也不是律师应该做的工作。那我们要回想一下，律师应该做什么？对于死刑案件，律师应该做的首先是保命，只要你是合法合理地去做，都是没问题的。那你说我让班主任给最高人民法院的法官写一封信，这是违法的吗？不违法啊；你说这是领导干预案件吗？那也不是啊。那就写嘛，一封不行写两封、三封、十封，天天写，到最后最高人民法院的法官就真的不核准了。那你说是律师的刑法功底深厚吗？我觉得在这个案子中体现不出来。那是说律师有什么勾当吗？也没有任何可能，双方都是农民，案件就是打架，没有任何的社会影响力，悄无声息的一个案件，死了就死了。我记得有一位很有名的律师跟我讲了一句话，他说在最高人民法院死刑复核的时候，不要以为那些法官觉得多杀一个人好像有很大的内心纠结，其实他们已经麻木了，只要他们觉得没有搞错，就不会有内心的压力，因为每天一上班就是那一堆死刑的案子，他们无非就是看看有没有明显的错误。

我们也是在会见当中，跟他聊说："今天不谈案件，就谈谈假如你被执行死刑了，你还有什么遗憾的事情吗？"他说："我就放不下我这个女儿。"我们这才发现案卷中，在第一份讯问笔录中，问家庭人口，他只讲到了他女儿的名字、年龄，就这一句话，没有涉及他女儿学习成绩全校第一名，没有涉及他们夫妻离婚，女儿被判给了他，没有讲到他在北京寒风露宿，供养他女儿读书，也没有讲到他女儿在学校里边的人品和人缘如何之好。这都是在跟他聊天中发现的突破口，这些也是案卷中所发现不了的。

这里边我们又回到一个通俗的说法，即律师一定要认真去阅卷，在案卷中发现问题，根据这些问题就能解决案件。当然，对普通的案件适用这样一个规范式的操作模式，这没有问题，但对死刑案件来讲，越是规范的操作模式，越解决不了问题。我们回想一下，夏俊峰案，事实很清楚，社会上支持他不死的呼声也非常高，最高人民法院很重视，拖了两年才复核，律师也是知名的大律师，可最终的结果夏俊峰还是被核准了死刑。有人说有些案件就是律师闹的，但这个案件的律师没有闹，律师非常低调，甚至在很多场合表达出对最高人民法院对此案慎重的一种赞美，这是一个比较吧。

有些案件你不要以为不发声，或者不进行更多的方法上的探讨，就可以解救你的当事人，不是这样的。有些案件你要穷尽一切手段，开动自己所有的思维机器，打开无数的通道，天天想，日日想，夜夜想。所以在很多时候，我一个案子没结就不想接下一个案子，总想把这个案子穷尽一切方法，因为我认为一个重大刑事案件，特别是死刑案件在你的手里，如果你还有一点力量没有使出，最终没能挽救当事人的生命，都将是最大的遗憾。所以在很多的案件里，你在没有任何退路的情况下，是不是尽到了全部的努力？所有的法律的方法，一切合理的方法，或者像刚才我们所讲到的道德的方法、情感的方法，如果你都尽到了，最终还是无力回天，那你还要想办法，看能不能再拖一拖，拖一拖也许又会有很多方法。

你在会见的时候可以让当事人讲一讲，问他："假如你自己给你自己判这个案子，你觉得你有不死的理由吗？"他也许会说："我觉得我不应该被判死刑啊，那谁谁谁，他的案子比我这个后果严重多了，他才被判了一个死缓嘛，还有那谁谁谁，他杀了两个人，不才被判了一个无期嘛。"你一听，就要引起重视，因为他说的是他老家那边，旁边一个村子里发生过的一起案件和他临县那边发生的另一起案件，的确是他说的这种情况，虽然那两个案子跟本案毫无关系，可你就会想到，这同是一个地区发生的案件，为什么那两个跟他性质情节一样的案子才被判了死缓或无期呢？你不觉得应该去研究一下那两个案件吗？我们觉得这还是可以做一些努力的。于是，我们想办法把那两个案子的案卷和判决书调出来，发现真的跟他说的一样，同样的性质，同样的罪名，一个死缓，一个无期，再把判这几个案子的法官找出来，我们惊奇地发现，竟然都是一个法官判的，而且几乎是同时判的。这里边问题就来了，在同一个时期，同一个地区，同一个法官，为什么对性质相同的案件判决差距那么大？这时候我们本能地要进行进一步的拓展研究。怎么研究呢？我们去做社会调查，就是对一起重大案件，到案发地现场去做调查，调查这个人的历史背景、社会评价和他的为人。这个有用吗？就像我刚才说的，有时候是有用的。

我们去调查就发现，当地很多人都说这个法官平时量刑还是相对比较轻的，就是因为他跟这一家有矛盾，所以判得这么重。有什么矛盾呢？原来是因为在农村老家，法官的一个亲戚跟这个当事人的一个亲戚是邻居，因为农村的宅基地纠纷打过架。此案案发以后，到了这个法官的手里，他也不属于法律上的回避范围，而且这事儿也没有人知道，只是当我们不停地问，才发现了这个事情。我们本能地想到，这里边也许有戏。我们再把这个法官同时期判的十几起可能判处死刑的案件拿出来做了一个对比，发现同样性质的，最高的判了死缓，最低的判了15年有期徒刑，而我们这个案子的情节还没有那些恶劣，反而被判了死刑立即执行。我们唯一怀疑的就是他们两家亲戚间的这种纠纷，因为农村有时候那种情感因素是说不清楚的。但你说这样的事实是证据吗？它不是证据，是线索吗？也不是，它就是一个社会调查对法官的评价。可我们就要说出来。于是我们就把它做成一个报告，汇报给了死刑复核的法官，又找证人证明打架的事实真的发生过。最高人民法院的法官跟下面的法官也不是亲兄弟啊，一看这个法官真是做得有点过分，他第一反应就是量刑有问题，最后不予核准。这就属于事实清楚，证据充分，但量刑有问题的情况。

我们通过以上的几个例子可以发现，其实有大量重要的因素，或者说让案件起死回生的密码，往往并不在案卷中，而是出现在律师与当事人的会见之中，在会见时的聊天之中。古代就有所谓的"五听"，有时候你也可以在聊天中察言观色，比如你问他："这个案子到底是你干的吗？"你看看他怎么表现。如果我们跟他说："这个案子我们努力一下看看能不能保住命。"此时，有的人反应非常激烈，把桌子一拍，什么？保命？这个案子冤枉啊！这就是我要说的第二种情况，即事实不清，证据不足的死刑案件。

三、事实不清、证据不足的死刑案件及其应对

事实不清，证据不足的死刑案件，对我们来讲，辩护的空间就会更大一些。我们的工作就是要去放大它的事实不清，放大它的证据不足。怎样放大？我觉得有几点是可以做到的。

首先，任何一个事实都是需要用证据来证明的，但即使是相同的证据，通过构建不同的证明体系，得到的结论往往也是不一样的。这就如同我们用同样的七巧板，可以排列出完全不同的图形，都是七块板，在你的手里，你可能会拼出一只马，但到另外一个人手里就可能会拼出一个官府的模样。证据是一样的，只是你用不同的排列组合方式，或者用不同的层次和不同的视角，得到的结果就不一样。这里边就涉及公检法的有罪思维和辩护人的无罪思维的区分。任何一个案子到了公安局，它就会想到怎么样给他扣上罪名；到了检察院，这罪名不行就定另一个罪名；到了法院，公安机关、检察院都做完了，就看看这个罪名准确不准确，他们都是想办法把一个犯罪嫌疑人变成被告人，把一个被告人变成犯罪分子，就是这么一个思维。也正是在这样一种思维的指导下，很多不构成犯罪的案件被定罪，很多民事纠纷被判成刑事犯罪。

大家可能注意到了，2016年媒体报道的无罪辩护的案例明显多于2015年，而且判无罪的案例很多是合同纠纷被当成合同诈骗，后来又改成无罪的。这说明什么？说明有罪思维现在又回潮了，把合同纠纷当成诈骗，或者以刑事追诉的手段去介入合同纠纷，这是20世纪80年代很多地方公安机关的一种习惯性做法，后来随着我们法治的进步，这种做法没有了，但是这两年又有点回潮。这同时也说明公检法一直就有一种有罪的定式思维，总看着一个人像有罪似的。对应的，我们就要培养自己的无罪思维，任何一个案件拿到你的手里，你一定要想，这可能是一个无罪的，或者罪轻的案子，然后按照这个思维再去检视他们的有罪推定，这样才能找到我们需要的东西。

比如，我们曾办理了一个律师涉嫌诈骗的案件，但是抓这个律师的时候，是以涉嫌掩饰、隐瞒犯罪所得罪抓的。作为一个专业的法律人士去看这个案件，你会觉得荒唐至极。这个律师接受了一起毒品案件当事人妹妹的委托，在侦查阶段介入，公安机关不让会见，然后一次不让会见，两次不让会见，三次、四次……十一次，总共十一次不让会见，更为搞笑的是这十一次并不都是律师主动要求去会见的，其实很多次都是警察让他去的，但是去了以后，警察就说今天不行了，明天再来吧，明天再去，警察就说下周五吧，下周五再去，就说下周一吧，这样连续弄了十一次，这个律师就失去耐心了，说这案子他不办了！那个专案组长问："你说什么？"律师就说："我不办这个案子了！"好，就因为这一句话，第二天早上他就被抓了。

以什么罪名抓呢？警察发现律师每次来都开着一辆英菲尼迪车，一查是当事人妹妹的车，警察就觉得，是他妹妹的车，而他哥是贩毒的犯罪嫌疑人，他妹妹的车就有可能是她哥出钱买的，

她哥出钱买的，律师去开，就是掩饰、隐瞒犯罪所得。这个逻辑也挺奇葩的，但反正就是找了这么一个理由把律师抓了。抓了之后，警察还觉得掩饰、隐瞒犯罪所得罪只有3年以下有期徒刑，还不够重，于是又弄成诈骗罪，因为诈骗20万以上就可以判10年以上，就说他律师费收了20万，然后掩盖事实，虚构事实，隐瞒真相，说他本来是甲律师事务所的律师，但冒充是乙律师事务所的律师，这就是掩盖事实，隐瞒真相！这是怎么回事呢？因为这个律师正在办从甲律师事务所转到乙律师事务所的手续，而且是他把乙律师事务所自己花钱买了下来，这个时候就已经以乙律师事务所的名义开始对外承接案件了。公安机关说他的转接手续还没办完，他是甲律师事务所的，但以乙律师事务所的名义承接案件，那就是虚构事实，隐瞒真相，就是诈骗，准备判他13年有期徒刑，这个律师后来被羁押了半个月，我们给他辩护，无罪释放了。

这说明什么问题呢？就是公检法机关的人看谁都像有罪的人，那我们律师就要反其道而行之，我们看我们的当事人哪一点都像是被冤枉的，看他哪一点都觉得有辩护的空间。具体到死刑案件来讲，很多死刑案件可能你在会见的时候就能够确定你的当事人是有辩护空间还是没有空间。比如一个人被打死的案件，最常见的就是故意伤害致人死亡和故意杀人，但我们在死刑案件的辩护中，尤其要注意一些特殊场合发生的案件，公检法机关的人，包括我们一些律师，其实都不太注重有些特定场合下发生的案件。

有一个案子，因为两家的儿女谈恋爱发生纠纷，大年初二的时候，女方带着几十个人拿着铁棍、铁锹冲进了男方家里，男方家里当时正有客人在吃饭。他们进去了之后，一阵狂扫，门也打破了,窗户也打破了,把里边的人也砍倒了几个。在这个时候,男方那个主人躲过了砍过来的铁锹,从地上捡起了一把挂猪肉的铁钩子,拿着这把铁钩子,把冲进屋里来的几十个人全部打跑了,但有一个人被打伤了,跑到门口就死了。这样一个案件,检察院定的就是故意杀人既遂,是要被判死刑的。一审的律师只注意到这是一个正当防卫,但大家都知道现在正当防卫的案件认定是非常困难的,实践中也非常少。他没有注意到另一个细节,没有把这个防卫上升到另一个法律概念上。另外一个概念是什么?非法侵入住宅,就是我大年初二在家里宴请宾客,你带几十个人冲进我的屋里来打架,且不要说打架,你带几十个人冲进我的屋里,那么我们在法律上给它上纲上线,叫什么?叫非法侵入住宅犯罪。非法侵入住宅犯罪是什么标准?未经允许,擅自进入,或者经要求退出而不退出的,就构成犯罪。只是在中国这样一种传统习俗当中,很少有把这两条标准都符合的情况定为犯罪的,特别是农村,端着碗就到邻居家里去了,然后寒暄一下,你吃什么呀?看你锅里今天吃肉了没有。那理论上讲,这是非法侵入住宅啊。由于我们中国是这样一个传统,所以很多人忽略了这些特点。

  我们就发现这个事情其实是可以做文章的,因为你说你正当防卫,他打你,你打他,反正他把你打伤了,你把他打死了,是说不清楚的。但是有一点是没有争议,而且是可以说清楚的,他是打到你家里来的,这是不争的事实吧?你家的门被打破了,窗户也被打破了,你们家的亲戚也被打倒了几个,这也是事实吧?他是被你在你家的院子里打倒的,也没错吧?这不是要讨论正当防卫的问题了,也不是要讨论防卫过当不过当的问题,就是要讨论他为什么要打到你家里来。他打到你家里来是什么性质?是犯罪。是犯罪就简单了。对于正在实施犯罪行为的这种抵抗，你防卫有问题吗？至少也是防卫过当的问题吧。你老说他打，不上升到非法侵入住宅的犯罪，就很难说服法官。但是当你上升到对方带几十个人打到我们院子来的那一刻，他们的犯罪已经正在实施，就是非法侵入住宅的犯罪了，我为了制止这种犯罪，把他打出去，那就是防卫，打死了可能就是防卫过当，防卫过当总不能判死刑吧。我在家里，他打来，打伤了我们的亲戚，打坏了我们的财物，那我还不能够反抗吗？我就是反抗了，我就是把他给打了，而且他也死了，我承认，我也认罪，但是我不能被判死刑啊。法院最后认定这是不可以判死刑的，二审就给他改过来了。因此，你不努力想更多的一些办法，总是在一个惯性思维里边跟着检察官的思维认为就算别人打你，你也不能把人家打死，这样是不行的，你必须要从法律上找到一个突破口，而法律上的突破口就是需要另辟蹊径。

事实上，很多刑事案件，我们永远都会觉得证据是不充足的，事实是不清楚的。为什么这么说呢？就是看你证明的标准是什么。可能在刑事诉讼法讲课的时候，很多老师会举这样一个例子，你看刚才进来两个人打架，又出去了，你们每个同学都讲述一遍，谁先动的手，谁穿的什么衣服，可能十个人说的十个样。这里暗含的意思是什么？所谓的事实，其实是一个基本事实，所谓的证据，都是按照你的需要去收集的，而所谓的结论，是每个人心中对案件事实的判断和他心目当中的一个案件结果。因此，律师所要做的工作，就是让法官站到你这一边，让他按照你的分析和证据，得到相应的结果，我觉得这是一个非常艰难的工作。

为什么我们说要去放大证据不足和事实不清部分？因为事实不清的话，你越放大，它就越不清。大家有没有一个经验，就是当我们把一张图片在手机上放大的时候，它会清楚一点，当你放到无限大的时候，它其实都变成马赛克了，或者说当放到一定大的时候，它其实什么都不是了。案件也是这样，你把一个案件事实无限放大，无限放大是什么意思呢？就是说，你认为这个案件事实有三个证据就够了，我们认为三个证据是不够的，需要有十五个证据，因为三个证据之间要形成证据链条的话，需要几个关联的勾结点，但这几个关联的勾结点仅是一般的关联，而不是没有任何破绽的关联。如果经过不断的细分，你会发现，你在中间可以插入很多的细节，当你插入到某些细节的时候，你就会发现，有一个细节是没有办法用证据来证明的，或者这个证据是非法的，那你就等于是把两个主要证据之间的连接给切断了，对于很多案件，我们就是要做这样的工作。

比如，张三看见李四那天在现场拿刀砍了一个人，一般的人认为，张三说了，被告人也承认了，这就够了，但其中也是有工作可以做的。如果你问张三那天他是几点到现场的，他可能说不清楚，基本上没人能记得清楚，除非你是专门去干那个事情的。当然这里涉及询问的技巧。假如你心中已经确定是8点10分发生的案件，你如果问证人"你是8点10分到的吗？"他肯定会说"是的，差不多就是8点10分左右"，你要这么问，就容易导致证人的证言对你是不利的。你可以换个方式来问，比如，你可以问："请问你那天是早上还是下午到达的现场？"如果距离的时间很长，他可能就记不清了。你可以说："记不清了没关系，我再问你，10月8日你在哪里？10月9日你在哪里？10月10日你又在哪里？"这样他就更记不清了。那他既然都记不清楚了，他还能确定10月9日上午8点10分那里发生了一起凶杀案，而且就是某某人实施的吗？他实际上记不清楚了，他是真的记不清楚了。

如果没有摄像头等证据，被告人本人又不承认，这就是事实不清。

所以当你把证据之间的关联性切成无数的细节，然后抓住其中一个细节，将它放大，法官就会觉得这个事实是模糊的，他就会慢慢动摇。法官看案件，其实并不是在看案件，而是看案卷，他不像侦查机关那样心里有数，其实侦查人员心里是有数的，他们有时是为了完成任务，先把案子报上去再说；检察院也是能批就批了；案子到了法院，法官就想，既然他们都做了，我们就先判了吧，判得不对，二审上诉再说。因此，他们都是抱着这样一种心态在处理案件，所以，很多案件虽然事实不清也给认定了，疑罪从无也变成疑罪从有了。而我们需要做的就是动摇法官心中对案件事实的一种确信。如何动摇？就是我刚才说的，把他认为清楚的事实放大，让他看不清楚。法官认为证据确实充分的，我们就争取获得更充分的证据来证明它其实不确实、不充分。

什么样的证据能证明一个犯罪事实的发生呢？其实，公安机关心中有一套标准，检察机关心中有一套标准，法官心中也有一套标准，我觉得我们辩护人心中也必须得有一套自己的标准，遗憾的是，很多辩护人在接触案件的时候并没有在心中形成一套证明标准。如果我的当事人要被认定为起诉书所指控的罪名，我至少必须有以下几个方面的证据来说服自己，此时我就去找证据，但往往找着找着就发现案卷中其实并没有相关的证据，这就是我们可以辩护的空间了。

我们律师界很多人总是在案卷中扒来扒去，找到两个人说的个别矛盾点，或者有一个错别字，或者有点逻辑不太吻合的地方就欣喜若狂。一般来讲，在案卷本身当中去发现严重的、一招制敌的、可以推翻案件基本事实的证据基本上是不可能的，因为公检法也都不是吃素的，只是有的弄得很粗糙而已，但对基本事实的判断，他们真正去作假的并不是主流。这个时候，如果你按照案卷的思维去挑错误，你也许能挑出一堆毛病，法庭上也可以说得振振有词，但是你说了等于没说，因为我们的法官习惯性地认为，只要被告人自己供述有罪，人家也提供了证明被告人有罪的证言，二者相吻合就行了。既然中国的法官有这样一种思维，我们中国的律师办案子也要讲中国特色，如果仍然在这样一种思维定式下，去挑几个错别字或者表面的、形式上的瑕疵，是不能够解决根本问题的，最多只能增加一些我们在法庭抗争的力度。

我认为，律师拿到案卷之后，要先看起诉书，后看案卷。看完起诉书之后，你应该在大脑中形成一个思路，如果你的当事人要被认定为起诉书指控的这个罪，你认为至少需要以下几个方面的证据。然后，你再去看案卷中有没有这样的东西，如果有，那当然没问题，如果真的没有，那就是你可以发挥的余地了。你可以跟法官讲，为什么证明这样一个事实成立，必须要有 ABC 三方面的证据，是因为 A 可以证明它的基础，B 可以证明它的支撑结构，C 可以证明它的内容填充物，如果没有这三个方面实实在在的证据支撑，你只是证明了外围有很多的绿化，但不能证明这里面有一栋高楼。不能说，你记得那里有一栋楼，你好像见到过那里有一栋楼，这样的证据只能证明可能存在某个事实，但不能够证明确实存在这样一个事实。而要证明确实存在这样一个事实，就必须证明它的基础在，它的框架结构也在，等等。

如果这样的一个事实案卷中没有，你就可以自己去构建一个证据体系，来展示给法官看。如果指控我的当事人在 10 月 1 日这一天在办公室收了别人 100 万现金，我们先不谈他的供述是非法证据还是合法证据，也先不去证明证人证言是否真实可信，我们至少需要有这样几个事实：第一，10月1日是不是放假？是法定节假日，这个单位放假了。放假后，这个单位的办公楼要不要锁门？要锁门的话，我的当事人有自己房间的钥匙，但他有整栋大楼的钥匙吗？没有，只有保安那里有。那如果这个领导要去自己的办公室，他是不是要找人开门？他找了吗？没有。所以，你就慢慢引申到这个层次上来。

第二，当事人说自己在10月1日放假期间带着老婆孩子去日本旅游了，我们查了他单位的记录，并没有他去日本旅游的记录。这是为什么？因为这个当事人让下属的一个企业给报销了，没有在自己单位报销，怕别人知道，影响不好。后来我们还真的找到了这样的证据，因此，所谓的我的当事人10月1日在办公室收别人100万现金的指控也就不攻自破了。

第三，再说这100万现金是怎么来的。行贿人家里有摇钱树吗？没有。那100万现金是别人行贿给他的吗？也不是。那钱是从哪里来的？他说是他们家天天做小生意赚的。但是他家里还买了个银行的打捆机吗？没有。那这10万块钱一捆一捆的，是怎么捆出来的呢？关于这些，他就必须得说清楚。他最后承认是从银行取的。是从哪个银行取的呢？记不清楚了。记不清楚是不可以的，5元、10元记不得了，100万会记不得吗？这些问题他都回答不清楚，每回答一个问题就会留下一个新的瑕疵，毕竟谎言是不能够去掩盖的，谎言只有死不承认，否则越掩盖就越留下更多的漏洞。

当你发现一个事实可能有疑问的时候，你就要构建自己的证据体系，这就是我们所说的第二种类型的案件，也就是事实不清，证据不足的案件，属于疑罪从无的问题。当然，也有第三种类型的案件，那就是真正的冤假错案，它并非事实不清，证据不足,也不是量刑的问题,而是被告人完全被冤枉的问题,这就是我们接下来要讲的第三种类型。

四、真正的冤假错案及其应对

事实上,这几年大家看到的所谓的重大冤假错案都是死刑案件,从2005年的佘祥林开始,到滕兴善、呼格吉勒图、聂树斌、张氏叔侄,再到陈满、吴昌龙、念斌等等,几乎每一起重大的冤假错案都涉及命案。这里边的问题就很严重了,因为在这些案件中,当事人都对律师说自己是被冤枉的,供述都是假的,这就需要我们律师十万分的谨慎。如果我们今天讲的第一类案件落到你的手里,你没能够保住被告人的性命,也许还情有可原,毕竟事实清楚、证据确实充分嘛,而且他自己也认罪,法定刑的适用也没有问题,律师是可以解脱的,良心上也可能没有更大的压力。如果是第二类案件,事实不太清楚,证据也不算确实充分,这时你可能会在心中有一种纠结,觉得这个案子被告人可能是被冤枉的,但过去了也就过去了。但对于第三类案件,当你内心已经确信这个案件是冤假错案的时候,如果你的努力还不够,那我觉得你真的是要受到良心的煎熬的,当然这指的是一个有良心的律师,有的律师,他的良心有一半已经被狗吃了,这样的话,他可能就没有那么难受。

什么样的案件是真正的冤假错案呢?比如我刚接手的那个20年以前从刑场上拉回来的案子,我第一眼判断,那就是一个典型的冤案,为什么呢?案发时,被告人在河南老家,所有村里人都能证明他那天在家里,因为那一天是农历二月二龙抬头,当地农村的习惯是龙抬头以后,理个发才出门打工。而且他那天还在家里修房子,很多人都去帮他家修房子。另外,那天村里还在唱大戏,我跟他一聊,他还知道唱的是《卷席筒》。但这样一个明显不在现场的基本事实没有引起律师的足够重视,律师没有去反复研究,没有去无限放大,就说"你等着死吧,死了之后,让家里人去给你申诉",我觉得这就是一种极端的不负责任。

说到这里,我觉得还应该做一个提示,就是什么样的案子是真正的冤假错案,如果当事人自己说是冤假错案,我们应该怎样去判断。虽然说任何案件都没有绝对的真相,但是却有绝对的冤假错案。绝对的错案往往会发生在运动式执法过程中,比如历史上的"八三严打""九六严打",包括现在的反腐风波,都极易产生冤案和错案,甚至会发生一些极端的冤假错案,就是所谓的"亡者归来"的案件。我在很多场合都会强调一点,即真凶出现的案件,在全世界每个国家都有可能发生,包括法治比较发达的英美国家,但是"亡者归来"这样的案件,据我们研究,却只发生在中国,而且还不止一例,佘祥林、赵作海,包括后面还有好几起案子都是这样。

为什么会发生"亡者归来"的案子呢?因为它非常奇怪,它并不是像普通的刑事案件那样,由于证据不足或侦查手段不力导致的错案,而是所谓的被害人根本就没有死,就被认为被人杀了。那尸体是从哪里来的呢?尸体是不是那个人呢?最简单的一个鉴定不就完了嘛,比如佘祥林案,从水库里捞出来一具尸体就说是他老婆,至少应该让他去看看是不是他老婆,或者让其他家人以及邻居去认认,这样至少他会说那不是他老婆,但是当时连这样的程序都没有。赵作海案就更有意思了,赵作海是跟他邻居打架,有媒体报道说这个邻居还是他的情敌,然后他的情敌还砍了赵作海一刀,至今还有一个疤痕。他那个情敌以为把赵作海给砍死了,所以吓跑了。过了一段时间公安机关发现附近有一个无头尸，就猜测这可能是跑掉的那个人，他可能被赵作海打死了，然后把头给砍了。那公安机关至少要去鉴定一下那个人，比如至少让他老婆去认认无头尸上穿的衣服到底是不是他们家的衣服吧？但就是这么简单的程序也没有。

这里还有一个问题，我们本能地去想，如果你问赵作海杀人了没有，他第一反应肯定是说没有杀人，但最终却变成了九次有罪供述。包括佘祥林案，呼格吉勒图案和聂树斌案，案卷中有一个共同特点，那就是根本没有无罪的辩解。还有一系列的案件，像张氏叔侄案，一审的时候他们就在法庭上顽强抗争，说是被冤枉的，为什么连续拖了10年呢？还有像我说的那个山西死囚案，他自始至终，直到今天都从未认过罪啊，居然就被判了死刑立即执行，而且二审不仅没有开庭，还没有辩护人，而当时的1997《刑事诉讼法》已经生效，死刑的二审案件必须开庭审理，且必须有辩护律师。但当时既没有开庭，也没有为他指定辩护人，从上诉期满到二审维持原判仅花了16天时间就把他拉到刑场去了。

所以这样一些案件，律师在介入的时候，当事人可能会没讲过他是被冤枉的吗？他一定讲过，他会说他是被冤枉的，他没有杀人。但是律师有没有去细究？有没有认真去听当事人诉说？像我之前说的那个来待了半支烟工夫就走的律师和那个喝酒后来就睡着了的律师，他们怎么可能了解案件的真实情况呢？所以说，当你发现一个重大案件的当事人跟你讲这个案件绝对是冤枉的，他绝对没有做过这个事情的时候，你必须要高度重视，认真研究看看到底是不是真正的冤假错案。当然这里边也可能会有两种情形，一种是真的冤假错案，一种是为了自我狡辩。但不管是出于什么样的目的，只要他说他绝对是被冤枉的，你就必须要足够地慎重。

我曾经办理过一起案件，当事人说他杀人了，杀了三个人，一夜之间把一家人全给杀了，并且杀了这家人之后，还跑回来跟别人打牌，而且还赢了钱。我听完就觉得这里边可能有问题，但到底是真是假，还真的不清楚。我觉得这个时候必须做一个重大的风险提示，我就告诉他，我是他们家谁费了很大劲请来的辩护律师，而且我是当前中国最优秀的刑事辩护律师，他有什么话都可以跟我讲，如果他是被冤枉的，我一定会尽自己最大的努力给他辩护。这个时候，作为律师，你就不要客气了，因为面临生死的问题，他如果对你建立不起来信任，就不太好配合。最后，我说我今天就想听他讲一讲到底是怎么回事。我刚说完这句话，他马上就号啕大哭，边哭边说自己是怎么被冤枉的，怎么被打的，被吊起来打，用电警棍电，威胁要抓他的老婆孩子等一系列刑讯逼供的方式都被使出来了。我觉得，这个时候你不要打断他，不要自作聪明，实际上很多当事人都比我们聪明，你就让他尽情发挥，敞开了讲，你就慢慢听就好了，他总有结束的时候，一天讲不完，就讲两天、三天。

当他讲得差不多的时候，你告诉他说，如果这个案子真的不是他做的，你一定会不惜一切代价去为他赢得公正。但是这里有一个风险，那就是我们内心确信他是被冤枉的，所以我们会按照他被冤枉的种种可能去做更多细致的调查和研究，但是如果真的是他做的，也许警察的侦查并不够仔细，反而是因为我们的调查，发现了更多警察还没发现的证据和线索，这样的话，那他可能就更危险了。这时候，有的当事人就会说"我对天发誓，我真是被冤枉的"等这类话，总之他会以各种各样不同的方法来说他是被冤枉的，说"你不管想什么办法，你去调查这个、调查那个，哪里都可以去调查，我一定是被冤枉的"，这个时候，你基本上就可以确信他说的是真的,他可能真的是被冤枉的,你就应该尽己所能去做更多的调查,去调查他没有实施犯罪行为的证据。这时候,可能有些律师又会说,我们只是给他辩护,没有义务去证明他不构成犯罪。但是各位别忘了,在中国,我们做的无罪案件绝大部分都是我们律师用我们调查取证获得的证据来证实我们的当事人是无罪的,是被冤枉的,而不是简单地提出合理怀疑,让法官按照疑罪从无这种精神就判他无罪。所以,我们现在应该做的其实就是这样一种调查,你认为不应该做的,那是书上说的,而我们要的是结果,当你的当事人被冤枉的时候,你必须要挽救他的生命,找回他的自由。

怎样去做?那就是事无巨细地去调查。很多人又说调查有风险,办案需谨慎。是的,调查有风险,但是如果你真的按照法律规定去调查,你是为了查明案件真相去调查,其实并没有那么大的风险。我们在网上经常会看到很多人写文章分享刑事辩护的经验、技巧、艺术等,但看完之后,好像觉得言之无物。因为刑事辩护本就没有固定的招式,不同的刑事案件,不同的当事人,不同的律师,都应该有完全不同的方法,而不同的方法得到的结果往往也是不一样的。

就拿调查举例,很多律师包括大律师都建议青年律师不要轻易去做调查,有的律师说,你没有那个金刚钻就不要去揽那个瓷器活,否则人没救出来,先把自己弄进去了。这里边就有一个问题,你没有那个金刚钻就不要揽那个瓷器活,这句话是对的,你没有专业的精神和经验,你就不要去做,当你自己没有把握的时候,你绝不能拿别人的生命去练刀。当你作为一名专业的刑事辩护律师,面临一个连你自己都认为绝对是被冤枉的当事人的时候,你还是为了所谓的安全不去调查、取证,而仅仅满足于在案卷证据当中找矛盾，在法庭上提出质疑，只是这样做，就认为完成了自己的辩护，我觉得这是极端不负责任的一种律师。事实上，很多所谓的大律师也是这么做的，而他们这么做其实是没有效果的。

你经常会听到很多律师很有名气，说某个律师办了很多大案、要案，但是你再往下追问一个问题，你就会发现，我们仅仅知道很多律师很有名，但是我们不知道他曾经办的那些很有名的案件的结果是什么，我们只知道某一个很有名的案子是他办的，但并不知道他是怎么办的，也不知道他办的结果是什么，当然就更不知道他办成功的是什么，这就是一个误区。老百姓经常会被这样的误区所误导，但作为专业律师，你不要盲从，你看一个律师，知道他曾经办过某某某的案子，那你就去研究一下，他这个案件是怎么办的，怎么介入的，用了什么样的辩护方法，做了哪些调查取证的工作，最终他的辩护观点被法院采信了多少，最重要的是，结果是什么。当你发现他的案件结果不是死缓就是无期，只有这两种结果的时候，那在死刑判决越来越少的情况下，这个辩护其实是没有太大意义的。

所以，当我们遇到一些重大的冤案的时候，我们也会反思，因为这些冤案曾经也都是有律师的，为什么我们一直到10年、20年甚至25年以后才发现它们是冤案，而在这之前的25年当中，我们没有发现这个冤案被披露出来？这就涉及另外一个问题，刑事辩护律师的边界在哪里。刑事辩护律师的边界，还是那么一个原则，就是在一切法律和道德允许的范围之内，所做的都是应该做的，没有什么禁区。一些大律师在给年轻律师做培训的时候，会这么说，律师的战场在法庭，出了法庭就不要乱说。但是出了法庭就不要乱说，往往会导致你的当事人悄无声息地被冤死了，还没有人知道。你的当事人被冤枉了，至少也要声张一下嘛，你的当事人死了，至少也要死个明白吧，要让他的家里人，让别人知道你的当事人是被冤死的。所以律师的战场，我觉得是在每一个可以合理合法发表声音的地方，可以为你的当事人呼吁的地方。因为，死刑案件，你是真正为了生命去辩护，这不仅仅是多一天自由和少一分钱财产而已。

在这种情况下，我们能做的就是事无巨细地调查取证，比如当事人不在现场的证据，比如当事人没有作案动机的证据，再比如当事人跟这个案件毫无关联的证据，但案件可能与另外的某人有关联，这又涉及另一个职业伦理的问题，即你为你的当事人辩护时，是否可以推断出另外一个人可能构成犯罪嫌疑人。我觉得为一个死刑案件做辩护人，应当在法律框架范围内不择手段，只要能够达到目的，只要不违法，你都可以把你的推测和质疑以及相关证据指向某一个张三或李四，很多案件中我们也是这么做的。当然你不一定要去控告他，但是你可以给法官提供这样一种分析和说明，让他去研究决定最终怎么处理，这也是至关重要的。因为当法官根据现有证据，他内心确信证明甲构成犯罪的程度是75%，而确信乙构成犯罪的程度则达到98%，那他还会选择判甲死刑吗？他也许认为自己没有义务去追究乙，但他在很大可能上也就不再追究甲了，这就实现我们的目的了。当然还是有些律师会觉得，这不是我们律师应该去做的工作，这是侦查机关应该去做的工作。那的确是侦查机关应该做的工作，但是如果侦查机关该做而不做呢？为拯救我们的当事人，需要我们做，我们就要做。

另外，对于一些特别大的冤案，即使我们在一审、二审法庭上或死刑复核阶段所做的种种努力之后，我们的一切合理合法的努力仍旧被刻意忽视而无济于事之时，我们还要想，我们是不是还可以再做一些努力。这里边又涉及另外一个问题，因为很多律师都觉得这种做法是不对的，有什么话就应该在法庭上说。但是，当法庭上的法官打断你的发言，当最高人民法院的法官不愿听你的陈述，或者他们只是形式上听听，但内心根本没有听进去，而你又确信你面前的是一个绝对的冤案的时候，你为什么不可以通过其他的一些方法把这个真相客观地展现出来，以赢得社会各界的关注呢？你说这是炒作吗？我觉得这跟炒作不一样。什么叫炒作呢？这个案件真的与你无关，比如张三办了一个李四的案子，我在旁边看热闹，然后我就说张三没水平，李四这个案子是被冤枉的，他应该这么辩护，假如请我辩护，我会怎么辩护，然后说，我一定能保住他的命，我觉得这个才叫炒作，叫强行关注。如果这个案子本身就是我代理的，而我又确信他是被冤枉的，并且我已经通过一切合理合法的方法，穷尽了所有的程序内手段，仍然感到无力回天的时候，我完全可以把这个经过写出来，把它公之于众。当然，一定要在法律框架之内，因为如果涉及的是不公开审理案件的信息，是不能够随便公开的。不公开审理的案件，你就不公开嘛。况且不公开审理的案件并不是全部的信息都不能公开，那你就把不公开审理案件中不应当公开的那一部分不公开嘛。其实有些案件你只说一个大概，别人也能知道是什么案子。

所以在上述情况下，我们的案件就需要赢得更多的支持，这个支持来自于社会各界的力量，它其实在法律上是有依据的。依据在哪里？那就是我们的《宪法》《刑事诉讼法》都规定，人民法院审理案件，要接受监督，接受来自人大的监督、政协的监督、社会团体的监督，还有舆论的监督，新闻媒体、社会广大人民群众的监督。那这个监督怎么体现呢？就是通过对案件中个案公正与否的一个判断，发出声音就是一种监督的方式。这样一种监督的方式，为什么需要律师的工作呢？因为律师接触案件最密切，了解案件的信息最多，只有律师可以把这个案件的信息提炼出来。同时，当你确信或者已经证明它就是一个冤假错案的时候，如果有必要公开，有能力公开，而你还拒不公开，无法获得更多人关注的时候，我觉得你这个律师的职业道德才真正是有问题的。所以不要考虑那么多，救人一命比什么都重要。而且我所指的是对第三类这种重大的冤假错案，这个时候为了救无辜者一命，实际上是什么手段都可以采取的，当然我们强调必须在合理合法的框架范围之内。

以上就是我们所说的死刑案件大致分为的三种情况，事实清楚、证据确实充分的，事实不清、证据不足的，以及绝对的冤假错案。对这三种不同的案件，我们在辩护的时候要结合具体的案件，采用不同的辩护方法。总之，这是一项系统工程，它不单纯是一个刑法研究得很透彻就能做得很好的事情，也不是一个诉讼法掌握得很熟练就能游刃有余地履行自己辩护职责的事情，它完全依靠的是一个律师的综合实力，是你的经验，你的智慧，你的法学功底和你对整个舆论的把控和引导能力的综合体现。说到底，死刑案件的辩护是至关重要的，如果你真的经验不足，那你就去学习；如果你觉得你的经验很足，但没有精力，也不要去参与；你很聪明，很能干，但是你不愿意付出那么大的努力，也不要去做，所以我一直不太主张一个人同时去接很多的案件。

我之前提到那位两年办了 31 起死刑法律援助案件的律师，对于我，我觉得我一年办两起死刑案件都压得喘不过气来，因为我天天做梦都在想，我这个当事人万一被错杀了怎么办，那我可能一辈子心里都不得安宁，我不知道他 31 起死刑案件的辩护，每一起都以一句事实清楚，证据确实充分，建议法院维持原判的说辞来辩护，是怎么做到的。那有律师跟没有律师还有什么区别？不，是有区别的，还不如没有律师，至少没有律师的当事人在法庭上悔罪，说对不起党，对不起人民，对不起社会，说希望依法被严惩，要让家里人把所有的财产都卖掉以弥补被害人的损失，这样自己死了，心里才可能获得一丝的安宁。我觉得这样效果可能会更好一些，也许法官会觉得这个人还有一点儿善心，说不定就死刑变死缓了呢。所以刑事辩护中的死刑案件辩护，真的是至关重要的。在我们所有的律师业务中，刑事辩护关系重大，而这其中涉及死刑，特别是到最后的死刑复核阶段，真的不可以掉以轻心。我们必须要付出全部的精力和努力，穷尽所有的手段和方法，在法律框架内作出所有的努力，我觉得这是我们每一位刑事辩护律师都必须要做到的事情。

我今天能够给大家分享的就是这么一点个人体会，也许还有一些不足和不当之处，但希望能够跟大家有这样一个交流，因为我们的交流可以是相互学习，很多律师也有很多的经验，而且我能够从他们的经验中提取出很多对我们将来的案件有用的东西。**谢谢各位！**

刘广三 最高人民法院刑事审判第三庭副庭长，北京师范大学刑事法律科学研究院证据法研究所所长，刑事法律科学研究院暨法学院教授、博士生导师。兼任中国犯罪学研究会常务理事，中国刑事诉讼法学研究会理事，中共中央纪律检查委员会、监察部培训中心客座教授，国际刑法学协会会员暨中国分会会员。

06 刘广三
死刑案件的证据审查

大家好，我今天讲的题目是"死刑案件的证据审查"，中间可能有一些个人的观点，大家有什么问题可以随时交流。我一共讲三个问题。

一、证据是给谁看的

（一）刑事证据是给法官看的

这个问题的答案很明确，刑事证据是给法官看的。所有收集、参与、发现、提取、固定、保全、移送刑事证据的主体的根本目的，就是在一个单项的诉讼流程中说服法官。我说的一个单项诉讼流程，是在追究犯罪这样一个单项的诉讼流程中，要去说服法官，刑事证据是给刑事法官看的。这个问题看起来很明确，实际上却有很多不同的认识。

首先要明确的是，所有的发现、提取、收集证据的主体不是把证据用来自娱自乐的，也不是仅仅用来自我说服的。我们当然知道在一个单项的追究刑事责任的诉讼过程中证据的自我说服非常重要，它是推动诉讼进程最主要的力量，如果不能自我说服，诉讼可能面临终结，犯罪嫌疑人将被释放。所以，发现、收集证据的主体，首先要做到的是自我说服，这是推动诉讼往下一阶段进行的推动力。但自我说服不是最终目的，最终目的是要把证据交给法官，说服法官两个最根本的问题：第一，让法官相信的确有犯罪事实发生；第二，让法官能判断犯罪事实是这样发生的，核心问题是犯罪事实是谁干的、是怎么发生的、过程是怎么样的。当所有收集证据的主体能够明确"收集证据将来是为了给法官看的"这一意识时，我们的证据法才有适用的空间，也只有这样理解，才能确立以审判为中心这样一个主旨。

(二) 如何解决法官看待证据的差异化问题

当然我们面临着一个问题，就是证据是给法官看的，法官不是抽象的群体，法官是具体的，是单一的，是个性化的，不同的法官看待证据问题，可能会有不同的认识。在死刑案件中，我们要给不同级别的法官看证据。最早的是中级人民法院的法官们，他们把所有的案件证据在庭审上过了一遍，通过双方质证以后固定下来。中级人民法院的法官对全案的证据形成一个判断，对单个的证据逐一地判断，然后形成第一份刑事判决，最早的一份刑事判决，一审的刑事判决。那么围绕着一审法官的眼光，一审诉讼前的侦查机关、检察机关都在不停地审查证据，他们要不停地自我说服，相信案件事实就是这样发生的，相信案件事实是被告人干的，最后法官作出一审的裁判。

一审裁判以后，无论被告人是否上诉，二审的法官必然要重新看待本案证据问题。这就必然涉及不同的法官可能对证据有不同的判断。那么如何来解决法官们之间的差别化的认识问题呢？现在主要是通过不同的途径来统一法官的认识，否则即使把证据给法官看，如果不同的法官总是产生不同的认识，侦查机关和公诉机关都会无所适从。在法官内部有一个上下级法官之间看待证据的不同，上级法院的法官如何看待证据，一定会影响下级法院的法官。在死刑案件中更是如此。我们都知道现在死刑核准权已经收归最高人民法院，所以客观上最高人民法院的法官们在死刑案件中如何看待证据问题，就会影响到高级人民法院和中级人民法院对证据的判断。即使是最高人民法院的法官之间也可能会由于个体化的差异，对证据问题形成不同的认识。解决这个问题的途径是把证据法上的问题分成证据资格和证明力两个问题。

第一，证据资格问题。

也就是说在最早的判断上，我们一般要求法官在证据资格问题的判断上不要有太多的裁量权，这都是由法律预先规定好的，统一适用于全国的法官。对于一份证据材料有没有证据资格的问题，全国的法官应该形成大体相同的认识，这是刑事证据法希望做到的。一份材料，特别是在死刑案件中一份材料有没有证据资格，希望全国的法官在这个问题的认识上是一致的。

赋予法官以比较小的裁量权。比如言词类的证据，只要被告人供述了被刑讯逼供，我们需要判断的不是说要不要排除这份证据，而是到底是不是刑讯逼供。只要判断是刑讯逼供，接下来法官就不需要裁量了，就必然要排除，赋予法官一个很小的裁量权，只需要裁量是不是刑讯逼供就可以了。

现在除了刑讯逼供以外，我们又增加了冻、饿、晒、烤和疲劳审讯。如果是通过冻、饿、晒、烤、疲劳审讯等这样一些刑讯逼供的方法获得的言词证据，尤其是被告人供述，那么法官需要判断的是前边，是不是属于冻、饿、晒、烤和疲劳审讯，是不是属于刑讯逼供。一旦判断以后，法官在这份证据材料有没有证据资格问题上是不需要再判断的，直接就排除了。所以言词证据有没有证据资格问题，我们赋予法官的裁量权极小，不需要他裁量有没有证据资格。

但是实物证据，我们仍然赋予法官一定的裁量权，其实这个裁量权也不大。关于实物证据，《刑事诉讼法》法条用的是"可能严重影响司法公正的"，如果收集实物证据的过程、手段或者方法非法，可能影响司法公正，那么该实物证据也要被排除。法官在实物证据的证据资格方面是有裁量权的，裁量的标准是是否严重影响司法公正。

那么这个裁量权在实际中究竟运用得怎么样呢？客观地说，中国的法官们在排除实物证据方面是非常谨慎的，特别是跟定罪量刑有直接关联的重要的实物证据，哪怕获取的手段有可能是非法的，在排除上也是非常谨慎的，简单地说，就是基本不排除。所以我们来讨论中国的非法证据排除规则，我觉得不得不加一个词，叫非法言词证据排除规则，因为非法实物证据基本不被排除。

大家都知道著名的辛普森案件，辛普森之所以获得无罪判决的一个主要因素是非法的实物证据被排除了。而我们国家在实物证据排除上，法官说是有裁量权，但实际上基本不排除也就等于没有裁量权。所以在一份材料到底有没有证据资格的问题上，我们赋予法官以很小的裁量权，大多都由法律预先规定好，我们需要做的就是遵照法律规定执行。

我说到这里的时候，大家心里都在想真的是这样吗？实践中是这样吗？其实我们都知道，在实践中发现的大量证据材料到底有没有证据资格，控辩双方争议是很大的。但是由于我们现行的法律规定，排除非法证据的规定和死刑案件审查判断证据的规定中有两个非常重要的词，一个叫合理解释，一个叫补充说明。很多证据材料本来即将缺乏证据资格了，但是由于他的合理解释，由于他的补充，通过补正和合理解释这两个途径，把证据资格问题解决了，所以我说中国的法官在证据资格问题的判断上其实裁量权是很小的。

另外在证据资格问题上，我们还发现了一个不得不面对的问题，就是在卷宗中有很多我们不能认定到底是不是证据的材料，比如情况说明。其实在死刑案件中我们也发现了大量的情况说明，这些情况说明有的是关于有没有刑讯逼供的情况说明，有的是关于办案过程中的某些线索无法查证的情况说明，等等。有的一个案卷里面大概有二三十份情况说明。那它是什么证据材料呢？我们不清楚。还有在其他的一些案件中，我们也能看到法律没有规定的证据形式的材料，比如，交警部门关于责任事故认定的认定书、物价部门关于价格认定的认定书等认定书是什么证据形式呢？我们都知道在交通肇事类的案件中，交警关于责任事故认定的认定书是重要的依据，来判断行为人是不是有刑事责任。那么它们有没有证据资格呢？我们现在无法判断，但是这些材料在案卷里面大量存在。因为这些证据材料按照我们目前的八种证据形式划分的话，都没有办法被涵括，甚至我们还面临着庭审笔录是不是证据这样的问题。

再往上，比如像现在审查案件的时候，能在案卷里看见一审合议庭的合议庭评议笔录,一审审委会的笔录,二审合议庭的笔录,二审审委会的笔录,这些笔录能不能被视为笔录类证据,我们现在也不知道。这也就是说法官在判断一份材料到底有没有证据资格问题上,主要依据现行法律明确的预先的规定。甚至法律没有规定的情况下,如果附在案卷里面,我们也把它看作是证据材料,这是一个我们不得不面对的问题。我们需要做的是,未来的证据法在证据资格方面还有很大的空间,就是根据现行的法律规定,证据资格这个问题不需要法官自由判断,这个应该是统一的。很少有法官坚持说,比如交警关于这个责任事故的认定书,某一个法官公开在法庭上说,本案关于交通事故当中的责任认定不依据责任认定书,而依据法官自己作出的责任认定。我们很少有这样的法官,全中国我还没发现一例法官这样干过。交警说犯罪嫌疑人、被告人承担主要责任,并且致一人死亡,所以构成交通肇事罪,交警怎么划的,我们就怎么服从,我们的判决书依据交警部门的责任认定。实际上按照我们的法律规定,如果把交警关于责任认定的认定书看作是一个普通的证据材料,无非是一份证据,法官可以采信,也可以不采信。法官根据侦查机关的现场勘查情况,来确认犯罪嫌疑人、被告人在交通事故中是否应当负主要责任,如果他不负主要责任,致一人死亡,那他不构成交通肇事罪。我们可以独立地进行判断吗?可以。但是我们的法官会独立判断吗?不会。他会依据交警部门的责任事故认定来判断,不会独立判断。所以我们就说这些材料看起来未必具有证据资格,但是它们是被当作证据材料来看待的。

那这就又引发了一个新的问题,《刑事诉讼法》规定的八种证据种类到底有没有约束力?这是另外一个我们需要讨论的问题。我们到底是不是开放式的证据体系?这是另外一个问题,就是第48条规定的八种证据种类，是不是对我们案卷里面所有证据都有约束力？实践上来看是没有约束力的，所以大家可以看到在证据资格问题上，其实法官的判断是非常小的。

第二，证明力的判断。

现在很难统一的，就是法官对全案证据的证明力的判断，因为我们国家赋予了法官自由裁量权。现在新《刑事诉讼法》规定的证明标准有三句话，其中最后一句话不是排除合理怀疑嘛，这三句话要试图统一全国的法官使其在全案证据的证明力判断上达到这样的标准。那么证明标准中这三句话能够起到统一全国法官在证据的判断上达到上述要求的标准的作用吗？我觉得不能。即使有这三句话，法官在全案证据的证明力究竟有没有达到证明标准这个问题上，仍然有着不同的认识，而且由于个案的千差万别，这种不同的认识会更加明显。

那么这个问题怎么解决呢？不仅中国的最高人民法院，包括世界上各法治国家的最高法院大约都承担着这样的功能：引导全国的法官们在大体相同的证据体系中，作出比较接近的判断。彻底都一样，那很难做到，只能引导大家大体得出接近的判断。我们也要做一些工作，一方面我们不停地发布指导性案例，其中有一部分案例叫作不核准死刑的案例，里面大部分是由于证据问题不核准的。那么这些不核准的证据问题，都会明确地在裁定书中被指出来。最高人民法院核准的往往大家都能看见，而不核准死刑的裁定大家接触的少，但是我最近统计过，大约78%都是由于证据问题不核准的。因为证据问题不核准，并不是在证据资格问题上不核准，而主要是基于对全案证据的证明力判断上不核准。此外，通过对《刑事诉讼法》进行解释，包括对《刑事诉讼法》本身的规定，关于证明力这三条的判断，我们要通过司法解释进一步地细化，这也是引导。另外一个，我们通过对从事死刑案件审理的法官进行培训，咱们今天是律师的培训，但是其实对法官的培训现在也非常重视，特别是从事刑事案件、死刑案件审理的法官，对他们的培训是全方位的，不仅仅是关于证据证明力判断上的培训，还会有一些心理辅导，因为现在从事死刑审理的这些法官们心理上的问题其实也不小。我们每年都请心理学老师来辅导，我有的时候就说，我们接触到的人性中最丑陋的一面，就在那些极端暴力的案件中，人性中阴暗的那些东西，我们在卷宗里面能看到，包括被告人的供述，供述他阴暗的那些东西，包括他的动机，可以说我们都能接触到。残暴的现场，血腥的场面，我们必须去看。经过我手的所有的命案案件，只要有法医解剖录像的，我从头看到尾，因为我要对现场勘查笔录中法医解剖时候指出来的伤口及原因进行确认。所以制定一个相对统一的关于证明力的标准来引导大家形成大体相同的看法和认识非常重要，否则大家就无所适从，不同的法官会作出不同的判断，那大家怎么来整理呢？怎么来辩护呢？没有目标了。所以我们要做的工作是引导，让法官形成大体相同的认识。

当然我们一直在说，证明力的判断是交给法官个人来自由裁量的，所以中国关于证明力的证据规则极少，只有两个，一个是死刑案件审查判断证据规定中确立的，叫最佳证据规则，其他的证据规则都是关于证据资格的，证明力规则很少。最佳证据规则在死刑案件证据规定中有，但是《刑事诉讼法》中并没有。最佳证据规则是指物证、书证的原件的证明力大于复印件、照片，这是一个最佳证据。在一个死刑案件中，如果能够取得原件的尽量把原件附在案卷中，不要用照片、复印件，这个就叫最佳证据规则。另外一个证明力规则叫口供补强证据规则，这个大家都知道，只有被告人供述，没有其他证据的，不能认定被告人有罪和处以刑罚。只有供述的不能定案，证据必须要有补强。证明力规则只有这两个，在法官的证明力判断上就没有别的东西了。

那么我们现在怎么引导法官们来看待证明力呢？共有两点：

首先要让所有的法官明白一个道理，就是经验。所有的案件事实原则上都是符合经验常识的，明显违背经验和常识的，通常都被认为证明力不够，这个叫证明力问题上的经验法则，就是一个常识的判断。所以在西方，研究经验法则的时候，要求审理刑案的法官的年龄在40岁以上，因为他有一定的日常生活经验，过于年轻的法官在事实的判断上可能作出违背生活常识的判断。你看我们最高人民法院的法官年纪真的都比较大，我们抽调下面来上面当审判长的，一般都是下面高级人民法院刑一庭、刑二庭的副庭长以上的法官，他们都有十几年以上判刑案的经验，未必都是判死刑的经验，但至少是判刑案的经验。经验很重要，否则无法作出经验性的判断。

其次是逻辑，我们要引导全国的法官用逻辑来思考问题，得符合逻辑。这个逻辑本身也需要学习，需要培训。比如，有一次一个检察官来跟我讨论一个案子，一个家里面只有老公和老婆两个人住，没有孩子，现在老公失踪了，老婆还在。从录像里看，老公乘坐电梯最后一次上楼，从此以后再也没有下过楼，而老婆在一段时期内来回上下电梯20多趟，都能找到录像，有一天她拉着一个拉杆箱出去了。现在她老公失踪了，在几公里以外发现无头尸块，DNA鉴定死者的确是她老公。然后这个检察官就跟我说，在这样一个密闭空间内，家中只有两个人住，现在他老婆涉嫌杀死老公，但把他老婆抓起来后，她死活不承认，说不知道她老公怎么死的。检察官就用这个密闭空间学说推断，其他人不可能去他家嘛，电梯里面看见他上楼了，从第二天开始就再也没有看见他下楼。然后我说这个密闭空间学说有可能符合经验，但未必符合逻辑，这个推断并不周严。你怎么知道是密闭空间呢？随时可能有第三个人进到家中，随时可能有坐电梯的人进去，甚至有可能不坐电梯进他家，你无法排除这种可能性。所以逻辑上的周严也很重要，在死刑案件中能不能够排除其他可能性、有没有其他人参与作案的可能性，都是我们始终要思考的一个问题。因为在实践中，死刑案件千奇百怪，有的时候人性在死刑面前真的是经不起考验的。

比如有一个案子，已经有一部分证据证明是父子二人共同干的，但是父亲从头到尾都说是他一个人干的，所有的事情都往自己身上揽，可是他又不能自圆其说，因为那个现场他一个人无法完成，但是他就始终坚持说他自己能完成。所以到底能不能把父亲核准？按道理的话，这个案子两个人都核准的可能性不大，被害人是一条命，我们大概不会核准父子两个人，但是你现在敢核吗？你把父亲核了，也许儿子是主要的。所以我们考虑有没有儿子参与的其他可能性，于是反复地查，这个事情查了4年，一直广泛地调查，调各种录像，看儿子能不能到现场，在现场待了多久，计算他的时间。到最后我们讨论这个案子的时候，还是无法排除儿子参与的可能性，所以就不能核准这个案子。听起来，父亲把所有的事情都大包大揽，但是里面有很多小矛盾，与现场勘查的情况不符，所以这个案子就不要核准了，没查清楚。

有的时候大家讨论正义的实现方式，我也在思考这个问题，一个警察的行为有可能导致我们某种意义上的正义无法实现。辛普森案也是这样，大家都知道辛普森本来有可能被执行死刑，按照中国的法律估计早就被执行了。把他杀掉，正义就实现了。但是由于警察那些不当作为，导致正义没办法实现。我们有的时候也面临这个问题，但没有办法，你把他核准了，心里不踏实啊。所以由于警察在侦查中不当的作为，导致我们无法下一个死刑判决。我不是立即废除死刑论者，但是我同时又是一个不愿意过多适用死刑的人。说实在的，所有的案子在我手里，能不核准的我会尽量想不核准的理由，我比律师想得更多、更全面。看到一份死刑案件的辩护词只有280字的时候，我心凉了半截，而且是第二审的辩护词。这个律师根本没有做任何的工作，但是我需要做，我需要找到理由来说服我自己，同时也要说服其他人。因为报到我这儿的案件，要么就要核准，要么就是走一个形式，合议庭经讨论得出发回意见，我绝不会说这个案子我要杀他。我简单扫几眼，让他说一下证据哪些方面有问题，就签了。

但是这的确是一个我们始终在思考的问题，就是我们如何用逻辑或经验这两个东西来统一法官的认识。比如我刚才举的那个例子，父亲替儿子揽，但是公安机关侦查的时候就一直没有查清楚儿子，由于父亲往身上揽罪，儿子直接逍遥法外，根本就没有讯问他。后来我让审判长打电话叫公安局去查儿子当时那一天的活动情况，一定查清楚他几点几分在哪里。但是现在即使找着儿子也说不清楚、没有证据了，时过境迁，证据很难再去收集。可是在我心里一直无法排除儿子参与的可能性，那我就下不了决心去核准父亲。那在被害人一方而言，这又不行了，为什么他们两个人把我们家人弄死了，结果一个都没死！这种事情是没有办法的，我们有很多这种案子，大家也能看见。

李怀亮案大家都知道吧，李怀亮最后被无罪释放了，那个小女孩被谁杀死的？被奸杀的？由于侦查时没有取得确定性的实物证据，现在他们实践部门有一个说法，叫客观性证据。我经常反对客观性证据这个词，哪有什么客观性证据啊！但是实践部门都用这个词，把实物证据叫客观性证据。这个案子没有客观性证据，哪个法官心里都发毛。所以现在DNA这些东西都是非常重要的，而且我们担负着引导侦查人员在重要的案件中如何取证的使命，当然普通刑事案件可能没有要求这么严，但是命案现场我们一定要确立命案的证据规则。我们通过法院的法官如何判断审查案件去引导、指导侦查机关如何取证。你不好好搞，这个案子可能就白瞎了，白忙活。所以我说"证据是给法官看的"这句话，应当深入侦查人员和检察官的内心。

现在最大的问题是，侦查人员服从检察官，但检察官对法官的认识经常不服。我经常告诉检察官，在一个案件的证据判断上，法官就是说了算，判决书是法官写的，不是检察官写的，不要不服。你可以抗诉，说这个法官水平太差，但是你不能不服。法官就这么判，就认为证据不足，判了无罪，检察官就拿回去嘛。检察官不服了，说凭什么法官就厉害？我们都是司法工作人员，而且检察官还有法律监督这样一个高高在上的特权，为什么这个法官这样判？我经常说检察官如何看待证据不重要，他只是去引导侦查，重要的是法官怎么看待证据。我讲了差不多快一个小时就想把这个道理说清楚：法官很重要，大家要多看判决书，多看指导性案例，看看《最高人民法院依法不核准死刑典型案例》那本书。我们试图统一全国法官的认识，当然这个东西也不能绝对统一，没有任何差异化的认识了，那不成法庭证据制度了，那不跟封建社会一样了！我们不是走那个路，但是我们要力图统一法官的认识，在大体相同的案件中，让法官作出大体相同的判断。

二、刑事证据的多重视角——刑事证据的分类

大家以前都学过刑事证据的分类，大多都是直接证据、间接证据、实物证据、言词证据、原始证据、传来证据、控诉证据、辩护证据等，甚至现在研究细化了，又分为主证据、辅证据、本证、反证。这些都很重要，大家需要学习，但是我今天要从以下几个角度来讲我觉得重要的证据分类：

（一）有罪证据和无罪证据

有罪证据和无罪证据这个分类，叫证据的证明方向。

证据是有证明方向的，就是证据往哪个方向走。证明有罪的证据和证明无罪的证据，在我看来是最为重要的证据划分。所以你看2012年《刑事诉讼法》这次有一个巨大的进步，就是关于无罪证据的入法。辩护人手里如果有以下三类无罪证据的话，第一，不够刑事责任年龄；第二，没有刑事责任能力；第三，不在场，有义务告知侦查人员，以便及早结束诉讼。这就是典型的无罪证据，它和有罪证据的证明方向是不一样的。有罪证据的证明方向是往有罪上证明，无罪证据的证明方向是往无罪上证明。最典型的，最近被宣告无罪的陈满案，陈满当时有不在场证明，由于不被重视导致出现了错判。

这个分类只是第一步，我说的第二个判断叫无罪证据不受证据规则的制约。有一个非常极端的例子，有的时候控方会跟辩护律师说："你怎么自问自记啊？你一个人找证人了解证人证言，自己问，自己记，让证人签个名，然后就做一份证言笔录，提交给法庭，这不可以啊，不符合证据的要求形式，制作证人证言应当二人以上。"控方是没有道理的，作为辩护人提交的证据，没有必要二人以上制作，自问自记就可以。

相反，我们更关注的是无罪证据的内容，而不是证据的形式，或者说无罪证据遵循自由证明原则。

实践中最极端的例子，一个案件中控方说二人共同殴打被害人致被害人死亡，所以二人都是主犯。有一个证人看见第二被告人没有参与殴打，只是站在边上，但他就是不去作证。辩护律师就找到证人说："你能不能出一份证言，说你看见了第二被告人没有参与殴打，而且你在你的朋友圈中到处都说，讲过好多次这个故事，能不能做个证？"证人说："我可不干，两个被告人我都认识，我不能那么说。"人高马大、身体强壮的辩护律师把这个证人一顿暴打，证人没办法就说了当时看到的情况，并被逼迫出庭。后来证人到庭把当时的现场情况讲了，证明第二被告人站在边上的确没动手。这样一来，第二被告人责任就轻了很多，顶多是在共同犯罪中起到了帮助作用。后来检察院调查了这个证人，证人陈述了律师打他的事实，于是检察官认为这份证人证言没有证明力，后来让法官来判断这个事。这个法官判断得很好，法官认为辩护人提交的证言，从证据的表现形式上看是可以被排除的，但是证言的内容跟被告人供述相印证，跟本案某些其他的证据也相印证，证言内容本身是真实的。基于此，法官把辩方所提供的证人证言视为一个合理的怀疑，不能排除该份证据。该法官艺术地处理了这个问题，并没说该证人证言有没有证据形式，也没说这份证言要不要排除，只是说辩方提出的这一套材料在他的内心形成了合理怀疑所以无法排除。只要让全国的法官都形成"把无罪证据全部看作合理怀疑"这样的认识就可以了。无罪证据嘛，你也许可以不把它看成证据，把它看作一个合理怀疑就好了。我们都知道只有排除合理的怀疑才能定案，所以无罪证据不受证据规则制约。我觉得这个法官很有思想，判决书写得非常有水平。因此，本案没有达到确实充分的证明程度，只能对第二被告人作出证据不足，指控的犯罪不能成立的无罪判决。当然这个最后结论到底是对还是不对，我不敢说。按照张明楷教授的观点，站在边上没打也是构成犯罪的。这属于实体法的争议，对此研究十分深入。当然，律师打人是不对的，应该把他的执照吊销半年，并追究其责任。我并没有宣扬支持律师出去打人，这是不可以的。我只是说我们认可那个结果，把它作为一个合理怀疑存在。

总之，这是一个很重要的划分，而且划分的意义不在于这是一个证据分类，而在于无罪证据不受证据规则的制约，并遵循自由证明原则，就是说这个证据形成了合理怀疑。我们都知道合理的怀疑其实是什么呢？其实是一种可能性。合理的怀疑不是说有足够的证据让我形成了怀疑，如果一个法官内心形成了合理的怀疑，他大多在合理怀疑这个形成过程中遵循的是自由证明原则。大家可以看大陆法系的书，因为这个真的是比较深，大家看大陆法系关于证明责任分配和证明标准的研究中关于严格证明和自由证明这两章，尤其是德国，写得非常仔细，比我讲得要深入多了。我们现在觉得要引进这个东西，就是在无罪证据的证明上，引进这个东西。在死刑案件中我们面临刑事责任年龄的问题，有一个案子10年没核准，因为不能确定被告人够不够18岁，现在到我手里了。户口本、身份证清清楚楚记载着被告人杀人的时候年满18岁6个月，但是有两份证据，一份是他亲生母亲的证言，证明她儿子只有17岁，在冬天出生，而且他母亲做这份证言说她儿子17岁的时候，她儿子还没有成为嫌疑人，这就说明这份证言还是比较真实的。还有一份就是接生婆的证言，接生婆反复回忆后说这孩子是冬天接生的。除此之外的证据都显示被告人作案时已满18周岁。但由于这两份证据形成了怀疑,所以一直不敢核准,包括做骨龄测试等都没有用。还有一个,户口本、身份证是怎么形成的?因为农村没有出生记录,都是家长报。审判长带着合议庭成员实地走访后发现,当地家长为了孩子能早上学而把孩子年龄报大是一个习惯,而且在当地基本上是公开的。村干部也记不清楚孩子到底是什么时候出生的了。

我们合议庭2∶1倾向于核准,到我这儿我不建议核准,这个案子在我心里有严重的疑问。第一,在没有确定嫌疑人的时候,母亲就清楚明确地说他儿子是17岁;第二,在刑事责任年龄问题上如果产生争议,我更倾向于作有利于被告人的判断。说实在的,就算是18岁半,不核准也没什么,有的国家死刑年龄还21岁呢。我用这个想法首先说服自己,然后再说服合议庭,最大的障碍是要说服被害人。这个案子的被害人不停上访,合议庭的确是通过大量的工作,最后发回改判为无期的。

有的人还提建议说死刑复核是不是也得有一个区间限制?我就说非要限制我得在6个月之内把人搞死吗?没有必要嘛。可以不要给我们设区间,慢慢查清楚这个案子。有些积案一直放着,大家其实都有压力。

回到证据问题上来,在死刑案件中出现包括刑事责任年龄、不在场这样的证据,每一个法官都要非常认真地核实,看是否能当作一个合理怀疑。如果不能排除,那这个合理怀疑将始终存在于你的内心。

(二) 定罪证据和量刑证据

很多人觉得这个证据分类没有意义,认为绝大多数证据既可以当作定罪证据,也可以当作量刑证据,因为没办法区分定罪和量刑问题。虽然这个说法是对的,但是不能因此就否认了定罪证据和量刑证据区分的意义。

有些证据只可以作为量刑证据使用而不能作为定罪证据使用，最典型的就是前科事实。前科事实需要提供证据证明，现在一般是附前罪的判决书。前科事实当然不可以用作定罪证据，它只会在量刑阶段影响量刑。所以它只是一个量刑证据，没有任何定罪的功能和作用。我们不能抹杀定罪证据和量刑证据划分的意义，而且重要的是后面两点。

第一，量刑证据不受严格证明证据规则的制约。这跟无罪证据是一个道理，十分重要。也就是说证据规则不基于量刑证据，把量刑证据当成一个材料就好。比如未成年人犯罪的社会调查报告的证据属性就有争议，社会调查报告属于量刑证据，量刑证据是自由证明的，也就是说可以不受八大类证据种类形式制约，它只影响量刑。

第二，在定罪阶段严禁出示量刑证据。这一句话更重要。英美证据规则中，在定罪阶段出示量刑证据是大忌。如果检察官在定罪阶段出示量刑证据，有可能解散陪审团。为什么呢？陪审团的成员被污染了，因为量刑证据里有很多是被告人的品德证据，如果先出示就会影响陪审团成员的定罪，所以需要解散重组。我国定罪阶段跟量刑阶段没有明显的区分，现在的改革方案写道：推行定罪阶段与量刑阶段的适度分离。我始终主张，死刑案件应该分为定罪和量刑两个阶段，先把适用死刑的罪名定住，再就他是否量刑开个庭。我国就一直没有这么做，我在新一轮的以审判为中心的诉讼制度改革方案中又提了这一点。死刑案件中应当把定罪程序和量刑程序相对分离，中间要有过渡。因为对于一个辩护人而言，在一个定罪程序与量刑程序不分的情况下做无罪辩护非常痛苦，刚才还在辩护无罪，现在又说不应当判死刑。

我也曾给死刑犯做过辩护，因为我拿的是一个无罪辩护意见，他根本不构成犯罪，现在却让我来辩论他要不要被判死刑，我说这个问题根本不用考虑，他不构成犯罪怎么会被判死刑呢？这是不科学的。定罪与量刑应该相对独立，先定罪名，如果死刑罪名定不下来，接下来就没有必要再讨论量刑的问题。如果死刑案件中把定罪程序和量刑程序适度分离，那么将来就一定会出现量刑证据在定罪阶段不能运用的问题。不仅是控方，辩方也同样如此。在英美法庭审中有一个规则叫作永远不能攻击被告人的品格，控方只有在一种情况下可以，就是在辩方说被告人品格如何好的时候以此取得反驳的权利。所以辩方也不能通过以被告人一向表现良好、做过很多好事等来博取陪审团的同情，以获得无罪判决。但是在量刑阶段中这些都被允许出示。

因此，量刑证据在诉讼法中具有独立的证据价值，值得进一步加大力度来研究，不能否认定罪证据和量刑证据划分的意义。

（三）静态证据和动态证据

北大的汪建成教授《论刑事证据的多重视角》一文中曾经谈到了动态证据跟静态证据的划分。其中单一证据的动态性和静态性又可以分为实物证据和言词证据，叫单一实物证据和单一言词证据。

单一言词证据的动态性是不言而喻的，它的静态性是法官审查判断后的结果。比如一个案子中一共有12份被告人供述，第一次、第二次否认犯罪，第三次到第九次承认犯罪，第十次、第十一次、第十二次否认犯罪，前两次否认，后三次否认，中间第三至九次承认了犯罪。我们先分成两个方向：证明有罪和证明无罪。供述有罪的是第三次到第九次供述，一、二和十、十一、十二是另外一个否认犯罪的方向。在同一方向上，三四五六七八九这七份有罪供述之间不一样，那么法官如何对这七份有罪供述进行认定呢？法官是不是说其中有一份供述最好，就用这一份供述呢？不会。法官在运用供述的时候不是说这份供述非常好，能成为一个很好的证据，就把这份供述拿出来，放在定罪证据中，这涉及单一言词证据的动态性审查的问题。

被告人供述作为单一言词证据，法官在判断的时候，不是抽出其中的一份，这跟哪一次供述没有关系，跟什么有关系呢？跟供述的内容有关系。被告人第三至九次供述全部都承认有罪，在这同一方向中，我们确立两个原则，第一个叫最小公约数原则，最小公约数是什么意思呢？第三至九次每次一样的内容可以确立下来，作为一句话，法官写下来。每次说的都一样，时间、地点、人物这些东西，每次都是这几个人，时间说的都是那天下午四点半到五点期间，地点都是发生在这个歌舞厅门口，说的这些每次都一样，好，先把这些确定下来，最小公约数。说的一样的可以固定下来。所以跟哪一次供述没有关系，跟他们单一方向中每次供述的内容有关系，这是第一个，叫最小公约数原则。

第二个叫印证原则。当找不到他们的最小公约数，剩下的这些内容无法确认时，怎么办呢？我们就挑某一份供述中跟其他证据中相印证的内容。最近龙宗智写过印证规则，在中国法学上发表了一篇论文，他们叫印证模式。印证这个词在死刑案件审查判断证据的规定中频繁地出现，不完全统计出现了20次以上"与其他证据相印证的"。所以在一个动态的证据审查过程中，大家也没有机会见到法官写的内部的审查报告。我们天天看法官的审查报告，每个法官都会把所有的证据列出来，这些事实有以下证据证实，把这些证据的内容说完了以后，说证据相互之间是如何印证的，他会列一个表，这一段话跟哪几个证据相印证，不停地讲"相印证"以增强对案件事实确认的信心，印证是用来增强信心的。

但是我刚才说的最小公约数原则达不到我们的目的，为什么呢？因为每次都一样的供述，其实被告人很难做到。人由于记忆上的差异，也会导致每次供述之间的差异，这是正常的，每次说的都一样反而不正常。每次说的都一样只有一个办法：粘贴，就是做笔录的时候粘贴过来，再问一遍，这个内容你再看看，跟上次的都一样。而且就言词证据而言，这个大家可能没有研究过，我研究言词证据有时候非常有意思，言词证据的提供者往往关心的不是自己看到了什么，听到了什么，而是自己说过什么。大家体会一下我这个话。

有一次一个证人出庭，法官问他："那天你在哪儿？你在现场看到了什么？"证人说："我上一次是怎么说的？"证人关心的是他以前说过什么，他忘了自己当时在现场干了什么了，他更关注的是自己说过什么，他要保持自己言行的一致。在言词证据形成过程中，这是一个规律，提供者很关注自己说过什么。的确，我们很难保证每次供述都是一样的，所以我们需要这两个原则，来解决动态的证据的容量问题。因为动态证据如果一直使用最小公约数原则，它的容量是不够的，所以我们要扩容。扩容通过什么办法呢？通过印证。

我们在被告人前后的自我供述中，挖掘不到相互印证的内容。本来我们是想让他的供述证明供述，这样是最好的，第一次这么说，第二次这么说，第三次这么说，一句话你说了三遍了，我们就相信你是真的了，但事实上不是。被告人供述说的遍数跟他的真实性没有关系。一个被告人可以把他的供述稳定到每次都可以这样说，他可以很稳定，但是每次说的都可能是假话，这个他是可以做到的。我们在个别的死刑案件中,发现被告人从第一次到最后一次说的内容一模一样,包括措辞、叹词都是一样的。被告人会每天想如何为自己辩解,每天在脑子里推演自己的每一个词以及自己的标点符号。你知道如果一个死刑犯要辩解的话,为了救自己一条命,他会把整个事情在逻辑上自认为考虑得非常周严,他自认为这个事情天衣无缝了,这样一讲的话就没有问题了,这个事就不是他干的了,他一直有这样的幻想。被告人永远不知道我们手里有什么,即使开了庭了,即使都质证过了。被告人记不得那么多,他有时候会忘了我们手里有什么证据,虽然他不知道我们手里的证据,但是他编的那个话往往非常稳定。包括我们去复核提讯的时候,他编的话跟他在二审中辩解的话一模一样,我甚至都可以拿他的笔录去听他说,叹词用在什么地方,他都想过。因为他每天只有一件事,就是想自己怎么辩解,然后反复推演自己的辩解过程。

实物证据有动态性吗?它是动态变化的吗?当然,实物证据的动态变化也很多。一把刀也会生锈,我们对物证的保管绝没有那么好。一个案子有的时候经历过程久了,拿到法庭上开庭的时候,被告人都不认识这把刀了,说这不是他的刀。为什么呢?锈迹斑斑,被告人说他每天都要擦他的刀,现在拿的这个刀怎么能是他用的刀呢?他没有用这把刀。结果在刀上有被害人的血迹,还有被告人的指纹,他也不承认这是他的刀。其实那个物证已经面目全非了,跟当时现场提到的、上面挂有血迹的、锃亮的那个刀的确不是一把刀了,它是有变化的。物证的保管绝没我们想象得那么好,我们不会把这个物证上上油,那个刀再搁一把刀鞘让它永远不要生锈,我们的公安局没有那么仔细。所以物证保管柜里拿出来的物证都不像个东西了,血衣搞得也不像个血衣了,乱七八糟的，泛白了，血迹都没了，甚至丢了的都有。我们现在有好几个案子，问血衣能再拿来裁两片重新做鉴定吗？没了，血衣都找不着了，整个公安局都找不着，一件命案血衣找不着了。我们有的时候也没有办法，这个案子眼睁睁的一个证据没了，理由是刑警队搬家来着，物证柜子被搞乱了，找不着了。这可能听起来都是笑话，但我们经常碰到，不是一起两起了，什么血衣找不着了，犯罪现场提取的鞋也找不着了，等等。

所以实物证据还有一个重要的问题：由于它毕竟是哑巴证据，一般都要附有鉴定意见，而鉴定意见的动态性的确是常见的，包括DNA鉴定出错的也有。

现在我审查的案件中就有一例DNA鉴定搞错了。我们的承办人员发现他的鉴定结论中的位点跟我们附的表中那个位点不一样，来找我讨论这个事，我说这个鉴定意见肯定不行，必须重新鉴定。当然重新鉴定以后还是这个人，如果重新鉴定不是他了，我们那个承办人就立大功了。但是当时那个鉴定意见的确是差的，位点都写错了。反正现在DNA鉴定有很多办法，跟人体有关系的检材太多了，很多都可以做DNA鉴定。现在DNA鉴定基本上在命案中是必备的，首先被害人身份确定必须有DNA鉴定，否则一律发回。兜里发现身份证，你敢认定就是这个人吗？身上揣两个身份证，一点儿用没有。整个尸体根本没办法被辨认了，找俩亲属来指一下，他家人说穿的那个袜子像他家的，指定就是他了，这个万一搞错了呢？命案中如果没有确认被害人身份的DNA，我们原则上说被害人下落不明，不敢说他一定死了。

但是由于我们要求这么严，导致很多案子的确没法办。例如，无尸案。三个被告人都供述把被绑架人抛到大海里面去了，就是找不到尸体。这种案子敢不敢定？能不能下决心？说实在的，我有的时候真是不敢下决心。这几个人供述说三个人一块儿合谋搞一个绑架案，只有供述，没有其他证据，那还真是不敢说他们一定撕票了。无尸案中我们敢不敢下决心核准也是个麻烦事，但是恐怕也不能说一律都不敢，不能说所有无尸案我们一律不敢定，还是要看案件证据情况。

附着在实物证据上的鉴定意见，表明了实物证据动态的过程。实物证据也是动态的，所以实物证据的动态性往往要通过什么来解决呢？就是鉴定意见的确定性。鉴定意见越确定，实物证据的动态变化就越小。实物证据我们主要是通过拍照、鉴定、录像三个办法来固定，例如，那把刀你不是保管不善嘛，拍成录像附到卷里面，以后这把刀变得锈迹斑斑的，没事，原来作案的那把刀还在呢，有录像，有照片。我们通过这些来固定实物证据，但是它的动态性问题也要看到，特别是附着在实物证据上的鉴定的变化是很大的。

除了单一证据的静态性与动态性外，全案证据也存在静态性与动态性问题。

一个案子的全案证据是不停变化的，侦查的时候可能证据范围非常大，有很多证据，一到检察官审查起诉，卷宗里就少一部分，到庭审再一质证，法官桌子上的证据就又少了。全案证据是变化的，所以不同的主体在判断的时候不一样。法官在判断证据的时候，主要是把经过控辩双方质证的全案证据放在一起，而且法官确认过它的真实性。所以大家在不同的阶段作出的判断可能不一样，这是可以理解的。

的确有一个问题，全案证据的实际范围并不是一成不变的。一审的时候是这样，到了二审可能又是另外一个证据范围，我们经常要在不停变化的全案证据范围中作出各种不同的判断。在死刑复核的时候经常发生证据范围的变化，比如一份证据作为非法证据被排除掉了。我们现在面临的最大问题是庭外的问题，我也碰到过，没有办法。比如技术侦查，毒品案件中比较多用到的技术侦查，那些证据不在法庭上出示，有的时候把检察官、法官叫过去，未必通知律师来听，包括监听，包括手机并轨，还有一些翻译，因为毒贩之间说的都是黑话，把它翻译成定罪的这些语言，就是翻译文本。我会经常看到翻译文本，录音我听不懂，一个是方言我听不懂，另外一个就是黑话，那黑话说什么的都有，管毒品叫什么的都有。黑话我也听不懂，但是把翻译文本给我一看，原来两个人交流的是这个意思。所以这些东西怎么办？客观上说，它影响了全案证据的范围，因为我本来判断一个证据范围只有这么大，他一扩展，我全案证据范围就大了，但是又没有经过质证，很多都是这种情况。但是我觉得在程序上，最好通知辩护人也到场听听，可是现在很多公安都不这么干。将来辩护人地位提高了，我觉得在死刑案件中应该明确规定，不能单方听证质证，应该控辩双方都在场，最好是控辩审三方都在场。如果的确需要庭外调查核实证据的话，倒是《刑事诉讼法》允许的，但是关键是控辩双方甚至是控辩审三方都在场，这样才比较合适。所以全案证据范围的变化动态性，使我们在全案证据的证明标准问题的把握上出现了障碍。这个障碍，特别是在证据的真实性的把握上，可能有不同的认识。一个证据到底是不是真实的，按道理一审法院应该首先要查明这个问题，二审法院更要确认这个问题。但实际上有些案件即使到了最高人民法院，我们还是要对证据的真实性问题重新作出判断，我们不知道这里哪些证据是真的还是假的，这个是很麻烦的。静态证据跟动态证据的划分，教科书上都还没有，以上是我个人学习的一些体会，这个问题其实可以说得很多。

我还有一个问题提出来供大家共同思考，就是全案证据的动态性与刑事错案的关系。这个问题大家真的可以思考，我今天没办法展开说。因为如果出现了新证据，你不能说那是错案，我当时判案的时候还没有这个证据呢，现在你有这个证据了也不能说我错了，我根据当时掌握的证据，只能作出这样的判断。所以大家要区分错案，看看它这个价值怎么来判断，实际上就是全案证据的动态性变化与刑事错案的关系，就是你要找到点。我一直在说错案要有点，我甚至有一个极端的说法，当然这个说法现在我也不太想调整，就是所有的死刑立即执行案件中，只要人头没有落地，都不能宣布是错案。只要没有杀他，哪怕在临执行前喊冤，留了他一条命，事后证明不应该判他死刑立即执行，改判了，你也不能说这是错案。最关键的就是你看那个错案宣布的节点在哪里。

这个问题可能你们都没考虑过，我天天在考虑这个问题。因为涉及司法责任制，现在很麻烦，怎么来查人家责任呢？比如一审判了死刑立即执行，二审判了死刑立即执行，最高人民法院没有核准，那一审、二审判错了吗？你敢说这是错案吗？没有错案，这里面没有错案。有错案吗？一审判了死刑立即执行，二审判了死刑立即执行，我没有核准，这个人没被杀，那你能宣布它是一个错案吗？当然不行，一审觉得有必要死刑立即执行，二审也觉得有必要，我们没有核准，我们没有核准是又有别的理由，或者是由于新政策的考量，不一定就是一个案件事实证据问题，还有关于量刑情节的综合把握，可能不一样，所以我们就可能不核准死刑立即执行，这个都有可能。不能因为最高人民法院没有核准，就说一审判了一个错案，二审判了一个错案，不能这样来评价。所以这里面很麻烦，在证据法上所引发的这些错案的评估上，我们需要制定新的标准，这个大家回去思考，不多讲，时间关系。

三、刑事证据的特征

刑事证据具有三个特征：客观性、关联性和合法性。我要说的是即使是在死刑案件中，证据也未必具有这三个特征，甚至我觉得这三个特征的描述都存在问题。

（一）证据的客观性

证据材料不可能永久不变。我刚才一直在讲动态性，所有东西都是变化的。

言词证据的客观性是一个叫人基本上说不清楚的东西。你说一份证人证言怎么能说它是客观真实的呢？我觉得基本不可能，因为言词证据的形成过程必须有三个动作：一要感知，二要记忆，三要表达。感知、记忆和表达都是主观行为，不能说它是客观的。例如，公交车上发生了杀人案，我在现场就一定要有感知吗？不一定。感知是主观的，我想看就能看见，我不想看就可以看不见，不能因为我在现场，我就一定是目击证人，因为感知能力因人而异。犯罪事实往往只有那么几十秒钟的时间，有的年轻人在公交车上一直戴着耳机，闭着眼睛，听着小曲儿，那边打了半天乱成一团了，他还没反应过来呢，等他反应过来，已经结束了。他一直在犯罪现场，但是他有感知吗？首先得感知，并刺激自己形成记忆。也有可能过了一段时间就忘了，人的记忆能力是有差距的。

我现在让大家回忆一下 2007 年 4 月 9 日下午 4 点 50 分你在做什么，请大家用 15 分钟来想。这还不算久的，有的犯罪嫌疑人需要回忆自己在15年前干了什么。人的记忆都是淡忘的，当然某一特定事件的发生有可能形成深刻记忆。有人说你自己干的事情你记不住？说实在的，我自己干过很多事，我都记不住了。不要以为亲自经历过就一定记得住，不一定。记不住，怎么形成言词证据啊！

最后，你还需要表达，有的人光看见了但不会说。这个表达可难了，我给大家随便举个例子。我给硕士生上课时每天都拎着一个包，一共15个硕士生。有一天我说每人拿一张纸出来，凭记忆写一下刘老师每天拎的这个包是什么样的，静物描述。这15个人全是硕士以上学历，可写的描述却五花八门，15个人写出来基本没有一样的。这就是表达。我想说表达非常难，有的人有可能都不知道怎么来表达一个东西。你要同时具备这三个能力，才能制作一份良好的言词证据。证人证言、被告人供述、被害人陈述都要具备这三个能力，否则就不是好的证言，它的真实性就没有办法保证。所以你怎么能说言词证据具有客观性呢？我觉得这是一种理想的状态。

"证人更关注的是自己说过什么，而不是他在现场看到了什么，听到了什么。"我一直在说这句话。你第一次找证人之后，下一次再找他，他关心的是上一次他说了什么，而不是关心他在现场真的看到了什么。请记住言词证据的主观性是非常大的。但是我们要在它的主观描述中，找到一个相对确定的客观内容，这是我们法官审查后确定的内容。一个完整的证人证言不是说从头到尾都是真实的，而是里面有一部分是真实的，经我们审查后可以确定。

但实物证据就一定具有客观性吗？真的也难说。实物证据的发现过程、提取过程都掺杂着太多的人为因素。同样是犯罪现场的血指纹，为什么就提了这三枚呢？它是一个人为的认识过程，特别是附着在实物证据上面的鉴定意见体现了太多的主观色彩，与鉴定人的工作态度、工作能力、工作经验，甚至他自身的技术知识水平都有关系。现在已经有好多 DNA 搞错的例子，鉴定人出具鉴定报告说肯定就是被告人，最后证明不是他。最严重的是精斑的鉴定搞错了，强奸杀人案中精斑搞错了，被害人身上发现的精斑被鉴定为就是这个嫌疑人的，那基本上跑不掉了吧，强奸杀人这个事能定死吧，结果再重新鉴定又不是他的。鉴定条件非常好都能搞错，何况有些像碰见水了，风化瓦解了，其鉴定条件就丧失了，不要强行鉴定。例如，毛发一定要有根部，否则是鉴定不出来 DNA 的。

　　法医鉴定报告什么问题都能出现，而且有的问题实际上是科学解决不了的。比如一个案子，我一直问死亡时间，法医鉴定说："死亡时间已经给你判断了，饭后 4 小时以上。"我说："你这判断，我也会啊，胃没东西了，吃饭后 4 个小时就排光了，所以是饭后 4 小时以上。这个案件发生时间是早晨，这个女生是早晨六点钟出去晨练的时候被人杀掉的。你现在鉴定为饭后 4 小时，她早晨还没吃饭呢，她晨练呢，那是前一天晚上吃的饭，这对我没有任何价值啊！我要问死亡时间，你告诉我几点啊？"他说："我没法告诉你她几点死的，解剖后只能告诉你饭后 4 小时以上。"我说："那不有尸斑、尸僵这些东西来判断吗？你检验时间和她的死亡时间大概隔多长时间？"他说："24 小时以上，就是我检验，拿刀解剖她尸体的时候，距尸体死亡 24 小时以上。"这个尸体被发现三四天了，你 24 小时以上有什么用？对我没有任何判断价值。一个饭后 4 小时，另一个距检验时间 24 小时以上，都没有用。我说："你能不能告诉我 24 小时左右？"他说："不行，只能说以上。"我说："最大呢？"他说："36小时以内。"我说这个就行了。我后来反复地问法医，又咨询最高人民法院的专家，最后才确定死者的死亡时间判断到底有没有依据。真难呢，你不要以为法医判断一个死亡时间很容易，像白骨状尸体、巨人观状尸体等这些东西，基本上都没办法判断死亡时间，只能估摸着猜一下。

所以法医经常告诉我，不要让法医来判断死亡时间，要让侦查人员结合法医的报告，共同来确定死亡时间。侦查人员说几点发现嫌疑人失踪的，什么时候出门的，先把这个弄清楚，然后法医再结合这个时间，确定一个死亡时间。

本来我们说法医主要负责判断两个事：死亡原因、死亡时间。可有的时候法医说死亡原因不要问他，他也不知道怎么死的。法医老说是窒息死亡，我说窒息有好几种，是掐死的那个窒息还是掉水里淹死的那个窒息呢？把尸体抛入水里，抛入井里这种案子，就会面临这个问题。我到县里去开座谈会，我把法医叫到现场问他："这个人入水的时候是活蹦乱跳的呢还是濒临死亡呢还是就是尸体？是把尸体抛到水里的，还是快死了，打晕过去了，比如没有反抗能力了，然后扔到水里了？还是一边反抗着一边扔水里去的？你告诉我这个。"他说不知道，反正是窒息死亡。我说被告人掐了他的脖子，因为在被害人脖子里面发现有深层次出血，这个肯定是掐过的，我知道，这个是能判断的。然后在肺里面、胃里面检出硅藻，那是溺死的一个，溺死也是窒息死啊，死亡病理差不多，他也是不能呼吸死的。我就老问他到底是怎么死的，让他告诉我死亡原因。他说："我不告诉你嘛，窒息死，就没有呼吸了，然后就死了。整个病理解剖，全都是窒息而亡的。"我说："掐这个会不会导致他死亡？"他说："那个倒不会，因为有眼底出血问题。"

后来我去查被害人眼底有没有出血，看那个尸体解剖图的眼底出血面，如果是掐的致死的话，眼底大面积出血，出血点非常多。但是我们那个尸体的照片，眼底也有出血点。最后我只能判断被害人是在濒临死亡状态，就是失去反抗能力时，被抛入井里的，这样整个侦查阶段所有的犯罪过程，我才能自圆其说。我后来把侦查人员叫过来，我问他们当时为什么不能作出判断，这个人入水之前其实处于不能反抗的无意识状态，最重要的致死原因还是溺水窒息死的，作出一个溺死的结论。所以你看这个鉴定有的时候非常复杂，不是很容易的。这些证据都带有主观性，你问得多，他就多讲一点，你问得不多，他就少讲点，这都说明了他的主观性。你如果说客观性是证据的唯一特征，我不服。我只能这样说：证据是主观性跟客观性相交织的产物，是主观见之于客观的东西。

（二）证据的关联性

我首先要讲一个明确的界定，叫作证明犯罪嫌疑人、被告人有罪的证据跟案件事实的联系是直接的、必然的、内在的、肯定式的，证明犯罪嫌疑人、被告人无罪的证据与案件事实的联系是外在的、偶然的、否定式的，两者相反。如果不区分证明有罪的证据和证明无罪的证据的话，那我们在证据的关联性上要犯大错误。

证据的关联，随着证明方向的不同，关联形式也不一样。比如证明无罪的证据跟案件的关联不是直接的、必然的、内在的，昨天晚上8点到10点期间发生一起杀人案，假如我涉嫌犯罪，现在警察来问我，我说我昨天晚上8点到10点跟张三李四王五在一块儿打牌，说得很清楚。然后警察就找张三李四王五三个人一一调查核实，我的确在 8 点到 10 点之间在打牌。好，我否认了我犯罪，对吧，我证明了我不在场，我有不在场的证据。这个不在场的证据跟昨天晚上 8 点到 10 点之间发生那个杀人案之间的关联性是什么呢？关联性是外在的、偶然的、否定式的联系，一定要知道这个，不能在必然性的案件事实中找到否定的犯罪证据，这个是不可以的，逻辑思维是错误的。换句话说，昨天晚上杀人案件和我昨天跟这三个朋友打牌之间是偶然的联系，不是一有杀人，我们四个就打牌。我们打牌和他杀人之间没有必然的关联，是很偶然的，他在那儿杀人，我偶然在打牌，但是因为我跟被害人认识，是嫌疑人，涉嫌了犯罪，比如我给他打过电话等这样一些问题，可是我的确不在现场，我们四个人在这儿打牌。我打牌的这个证据跟嫌疑人杀人行为之间是一种外在的、偶然的联系，不是必然的。不是说他一去杀人，我就必须打牌，他换一个地方杀人，我又必须在打牌。所以一定要搞清楚这个事情。

我们现在在关联性判断上经常出现偏差，这个是很麻烦的。没有关联性看作有关联性，这是第一个问题；第二个问题，无罪证据的关联性也看作直接证据的关联性。无罪证据跟案件的关联性是外在的、偶然的，它不是一种直接联系，因此我们要区分。现在关联性这个问题出得非常多，比如在犯罪现场发现一枚血指纹，警察马上就带回来了，门框上发现了血指纹，警察高兴得不得了，终于发现嫌疑人的血指纹了，并带回来了，可查了半天这血指纹跟所有嫌疑人的都对不上。最后反复地找人问，人家说那是他们家小孩有一次流鼻血，抹在门框上的，你把它当作犯罪的血指纹给提走了。你说那能找着犯罪方向吗？能找着侦查方向吗？关联性出了大问题，没有关联的一枚血指纹你带走干吗？所以警察在犯罪现场发现关联性证据，是需要经验和能力的，关联性不是一个简简单单的判断。还有排除关联性的三种情形我就不讲了。

（三）证据的合法性

证据基本上没有合法性，我们都是通过补正或者合理解释，使所有不合法的证据后来基本都合法了，反正大家都在用。我们死刑案件中定案证据里有不少不合法的证据，但是不能说全案都是不合法的证据，合法的证据还是多。我们很难做到证据一点瑕疵都没有，即使是死刑案件，也不能做到这一点。所以证据合法性本来是要求收集证据的主体合法、证据的表现形式合法、收集证据的方法合法、证据的内容合法这四个方面，但是我们实际上都有一点欠缺、瑕疵，这个具体有哪些问题，将来我们可以再设一个问题，专门来讲。时间关系，我就简要讲到这里，有什么不对的地方，大家也可以批评指正。

赵天红 中国政法大学刑事司法学院刑法学研究所所长，法学博士，副教授，硕士研究生导师。兼任北京市律师协会职务犯罪预防与辩护专业委员会副主任，北京市法学会涉台法律事务研究会常务理事，北京市帅和律师事务所兼职律师。

07 赵天红
死刑的辩护事由

大家好，我们的系列讲座已经进行了几期，每期都由律师或者专家从不同的角度来聊关于死刑辩护的问题，今天我想把讲座的内容界定在关于死刑辩护的辩护事由方面。

实际上当我们谈到死刑辩护的时候，主要是解决两个方面的问题：第一，公诉机关指控的罪名是否成立，行为人的行为是否构成指控的罪名，或者是否由于相应的证据不足而导致不构成犯罪。第二，在死刑辩护的过程中，如果构成犯罪的基本事实没有问题，那么辩护律师如何提出合法、合理的抗辩事由，来证明被告人的行为不需要被判处死刑或者死刑立即执行。

一、《刑法》中与死刑有关的规定

为了解决这个问题，我们先大致回顾一下与死刑有关的《刑法》的相关规定。

（一）《刑法》中涉及死刑的罪名分布情况

目前我国《刑法》中一共有 46 个死刑罪名，除了渎职罪这一章，也就是刑法分则的第九章没有死刑罪名之外，其他的所有章节中都包含死刑的罪名。这些死刑罪名主要针对严重侵犯公民人身权利的暴力犯罪和严重侵犯国家利益和公共安全方面的犯罪行为。

（二）已决案件中涉及死刑的罪名分布情况

回顾多年来已经判决的死刑案件，大概主要集中在四个部分：第一个部分是手段特别残忍的故意杀人罪，第二个部分是致人死亡的绑架犯罪，第三个部分是致人死亡的抢劫犯罪，第四个部分是数额巨大的毒品犯罪。这四个部分构成判处死刑案件的主要内容，其他的涉及各个章节中与死刑有关的判决相对的总体数量比较少，所以我们在探讨死刑有效辩护的辩护事由时，我想更多地集中在这几个方面，主要还是想集中在关于故意杀人罪和毒品犯罪的死刑辩护事由上。另外如果今天时间够的话，我想特别地谈一下关于《刑法修正案（九）》对于贪污受贿罪死刑规定一些新的修改内容和相关的司法解释。

（三）死刑案件涉及的法律法规与司法解释

在具体讨论死刑的抗辩事由的时候，我们要先看一下现行的我国法律和相关的法规或者司法解释中，在办理死刑案件过程中大概都涉及哪些常用的法律法规和司法解释。

第一，《刑法》的规定。从刑法典的规定出发，《刑法》第 48 条规定了死刑的适用范围"死刑只适用于罪行极其严重的犯罪分子"，还有关于死刑的具体执行方式。

第二，相关司法解释。除刑法典之外，还有一些相关的司法解释，如最高人民法院《关于统一行使死刑案件核准权有关问题的规定》、最高人民检察院《关于在检察工作中贯彻宽严相济刑事司法政策的若干意见》、最高人民法院、最高人民检察院、公安部、司法部《关于进一步严格依法办案确保办理死刑案件质量的意见》、最高人民法院《关于贯彻宽严相济刑事政策的若干意见》《全国法院审理金融犯罪案件工作座谈会纪要》《全国法院维护农村稳定刑事审判工作座谈会纪要》《全国部分法院审理毒品犯罪案件工作座谈会纪要》、最高人民法院、最高人民检察院、公安部等《关于办理死刑案件审查判断证据若干问题的规定》和《关于办理刑事案件排除非法证据若干问题的规定》、最高人民法院《关于办理死刑复核案件听取辩护律师意见的办法》，还有最高人民法院《关于处理自首和立功若干具体问题的意见》。

二、死刑抗辩事由的切入点

上面所说的这些司法解释都是律师在办理死刑案件中经常需要用到的司法解释，其中，最高人民法院、最高人民检察院、公安部等《关于办理刑事案件排除非法证据若干问题的规定》以及《关于办理死刑案件审查判断证据若干问题的规定》，对我们办理刑事案件的意义是非常重大的。因为这两个规定特别强调了在死刑案件中，审查证据时主要应从哪些方面考察。如果一个案件中确实有一些不符合相应规定的证据审查判断标准，首先可以据此认定这个案件证据不足或者不能达到确实充分的程度，不应该被判处死刑，或者对整个案件不应该按照公诉机关起诉的罪名追究刑事责任。所以我想我们在讨论死刑案件的辩护要点的时候，应该以这个为基础。

最高人民法院等《关于办理死刑案件审查判断证据若干问题

的规定》第5条,应该作为死刑辩护要点的一个切入口。第5条中特别强调了,办理死刑案件,对被告人犯罪事实的认定必须达到确实充分。这个确实充分具体包括几点内容:第一,所有定罪量刑的事实都有证据来证明;第二,每一个定案的证据均已经法定程序查证属实;第三,证据与证据之间、证据与案件事实之间不存在矛盾,或者是矛盾得以合理排除,保证证据中是不存在矛盾的;第四,在共同犯罪的案件中,被告人的地位、作用均已经查清,如果被告人是共同犯罪,每个共同犯罪人在共同犯罪中的作用是不一样的,应当承担的刑事责任也应该有所区别;第五,根据证据认定案件事实的过程符合逻辑和经验规则,由证据得出的结论为唯一的结论。我们一直在讲死刑案件要求的标准必须经过合理的逻辑推演过程,根据合理的刑事诉讼规则所得出的结论应该是唯一的,而不能有其他的不能排除合理怀疑的情况。

为了达到证据确实充分,以下几个方面必须要考虑:第一,被指控的犯罪事实确实已经发生;第二,被告人实施了犯罪行为,被告人实施犯罪行为的时间、地点、手段、后果以及其他的情节;第三,要查明的情况是影响被告人定罪的身份情况,有一些特殊犯罪主体的案件,要求被告人必须具有特定的身份,所以身份情况必须要查清楚;第四,影响被告人刑事责任能力的内容也必须要查清楚;第五,被告人的主观罪过;第六,是否共同犯罪以及被告人在共同犯罪中的地位和作用;第七,对被告人进行从重处罚的相关事实。

从最高人民法院等《关于办理死刑案件审查判断证据若干问题的规定》可以看出,对于死刑案件的审查判断标准是非常高的,要达到绝对的排除合理怀疑的程度,并且每个证据都要达到确实充分,所涉及的犯罪事实、犯罪情节、被告人的身份以及主观罪过等方面的内容,都要求必须达到确实充分的程度。这是我们讨论死刑的抗辩事由的一个基本的切入点。

三、死刑抗辩事由的两个角度

(一)对《刑法》第48条规定"罪行极其严重"的理解

在理解什么叫"罪行极其严重"的时候,相对来说它并不是一个非常具体的说法,有很大的考量幅度。

在考量什么是"罪行极其严重"的时候,可以从几个方面加以论证:第一,在公诉机关所指控的犯罪事实中,法定刑中是否有死刑这个刑种,这是最基础的;第二,行为人的主观恶性是否特别严重,判断"罪行极其严重"与否,行为人的主观恶性和人身危险性是应该考虑的因素,并不是说行为人的行为所触犯罪名的法定刑中含有死刑,就一定要判处死刑,一定要考虑行为人的主观恶性和人身危险性对社会的危害程度;第三,犯罪情节是否特别恶劣,要考虑案件的个案状况和犯罪情节;第四,考虑被告人所实施的犯罪行为所造成的后果是不是特别严重。

所以从犯罪人的主观恶性、犯罪情节和犯罪后果这几个方面共同去考虑是不是属于《刑法》第48条所规定的"罪行极其严重"的这种状况,是我们从《刑法》第48条本身所确定的一个出发点。

一般来讲,我想做过律师的都会清楚,在死刑案件的辩护过程中,我们往往通过阅卷、通过会见,甚至通过调查取证等一系列的律师辩护工作,主要考察几个方面,比如被告人是不是有法定的或者酌定的从宽处罚的情节,被告人经过法定程序确认之后的相关证据是不是可以形成一个完整的证据链条,并且达到排除合理怀疑的程度。再去考虑被告人所实施的行为是什么,被告人的主观恶性，悔罪表现或者犯罪的起因，被害人有没有过错。另外还可以考虑被告人实施犯罪行为之后的一些情节，比如是不是有自首、立功或者积极赔偿，最后取得被害人谅解等这些方面的原因，这是一个总的粗的线条，从这些方面去考量是不是应该适用死刑。

（二）是否属于"必须立即执行"

在《刑法》第48条符合"罪行极其严重"的基础上，我们还要从第二个方面、第二个角度去切入。也就是说，即便行为人的行为属于第48条所规定的"罪行极其严重"这种情况，我们还要考察是不是属于"必须立即执行"，所以这也是律师在参与死刑复核案件过程中必须要注意的一点。

四、具体案件的主要辩护要点

在死刑复核律师的思路中，大概有两个重点：第一个是认为被告人的行为不构成犯罪；第二个是在不构成犯罪基础上，也不应该被判处死刑，不可能被执行死刑。

在处理死刑复核案件时，我想辩护律师首先要做到的是不让被告人被判处死刑立即执行，这是我们工作的第一步。当然，如果是在一审、二审的时候，我们首先应该把工作的重点放在论证被告人的行为是否构成犯罪上，但是假如一审、二审已经作出了判决，在被告人的行为确实已经构成犯罪的基础上，我们在死刑复核阶段首先要做的是保住被告人的命，所以应该把重点放到被告人是不是应该被判处死刑立即执行上。如果律师确实认为案件中有一些不构成犯罪的情节，也可以在复核阶段提出来，但是应该注意主次关系，首先要保住被告人的一条命，然后再通过其他的诉讼程序解决是不是构成犯罪的问题，这是基本的，如果被告人一旦被执行了，可能就没有办法挽回了，所以要确定不同的重点。

为了了解在死刑案件中我们的辩护要点有哪些，我特意归纳了几个方面的内容，这几个方面的内容不可能包括所有的死刑案件所能涵盖的辩护事由，我只是找到一些共性的东西，跟今天在座的各位分享。这些具体的抗辩事由大概包括几个方面，我先大致说一下我的想法：第一，犯罪主体，因为在我们《刑法》中非常明确地规定了有几类是不能够被判处死刑的主体；第二，主观恶性；第三，法定的和酌定的从轻或者减轻处罚的情节，比如自首、立功等等；第四，犯罪起因；第五，鉴定意见，我特意将鉴定意见放到这里，与大家进行探讨；第六，与证据的审查运用相关的问题，证据在死刑案件中的作用是非常大的，所以对证据如何进行审查运用，如何利用我们刚才提到的死刑案件的证据规则审查判断案件，也是比较重要的一个内容。

（一）主体问题

主体问题的第一个内容，我想谈一下关于未成年人实施犯罪行为的问题，这个问题《刑法》规定得非常清楚，犯罪的时候不满18周岁的人是不能够被判处死刑的，"犯罪时不满18周岁"，其中一个最主要的问题是被告人的实际年龄和在户籍登记机关的年龄不一致的时候怎么办？

"郭永明等绑架案"中有一个关键点是被告人郭永明在实施犯罪行为的时候是否达到了18周岁。据他本人讲，他在户籍登记机关上登记的日子是农历的日子，但是大家都知道，在登记户口的时候，我们都是用公历的日子，没有用农历的，农历和公历的时间是不一样的。现在就出现了一个问题，如果他所说属实，按照公历日期计算，实施犯罪的时候没有达到18周岁，但如果按照农历的日期就达到了 18 周岁，按照法律规定，是可以被判处死刑的。

对于这个问题，公诉机关、辩护人都做了大量的工作去调查他的真实出生日期。类似于年龄出现偏差问题的这种案件，大多数都发生在农村，可能有几个原因：第一，户籍登记并不是非常严谨，有些时候是手写的，手写的过程中，可能会出现一些偏差；第二，农村存在一些报大年龄的现象，比如有的人为了早结婚，有的人为了早上学，或者还有一些为了早参加工作，因为没有人进行实际的审查，自己填表的时候，直接就把年龄报得很大，跟实际年龄不符。

那么被告人的实际年龄到底应该从哪些角度去考量？最常见的可能就是依据身份证或者公安机关的户籍登记。出现不一致的情况时，应该如何处理？我想在出现不一致的时候，需要综合考虑各个方面的证据，是否能够形成唯一的结论。

本案中被告人提出他的户口登记的是农历日期，实际上公历出生日期和农历出生日期不一样，导致刑事责任年龄不一样，应该怎么处理呢？

首先，比如在进行调查的时候，发现在农村确实有登错户口的这种情况，而在案件中有一个很重要的事实，被告人在公安机关对他采取强制措施的时候，无意中提到了一个很重要的细节，说他的公历出生时期是 8 月 20 日，农历日期可能是 7 月多少，他跟警察说："再过两天我准备和我女朋友订婚了（他所说的再过两天就是 8 月 20 日），因为 8 月 20 日正好是我的生日，所以我准备跟我女朋友在那个时间订婚。"侦查人员在侦查时跟他的亲朋好友也了解到这个情况的确属实，别人也这么说，听说他要在他过生日的那天跟女朋友订婚，而那个日子确确实实是他公历的出生时期，这是一种情况。

其次，在第二个调查范围中，他的邻居说他们家的一个孩子跟那个犯罪嫌疑人郭永明生日只差一天，因为两个母亲在生孩子的时候差一天，印象比较深刻。当问及邻居那个孩子多大、哪年出生、哪天出生，证人所说的时间正好跟被告人所说的公历时间差一天，日期是吻合的。

除了这些之外，还有很多其他的证据可以证明农村确实有这种把年龄报大的现象，而他所说的这些证据证明他的公历出生日期是正确的可能性会比较大。出现这种情况，一般来讲，辩护律师就可以提出这样的辩护意见，在公安机关登记的出生日期不能够准确地反映被告人真实的出生日期的情况下，可以采取对被告人有利的原则，认定被告人没有达到18周岁。

主体问题的第二个内容，我想谈一下精神病人。行为人在实施行为时完全丧失辨认和控制能力而符合精神病的状态的，是不会被追究刑事责任的，所以被告人是否具有精神病，也是辩护律师在实践中经常采用的一种辩护策略。但真正因为被告人自己患有精神病而不被追究刑事责任的案件，在司法实践中却是微乎其微。为什么会出现这种情况？我想大概有几个方面的原因：

第一，是否具有精神病的可能性的判断相对比较困难。比如辩护律师提出被告人可能不太正常，怎么不正常？是否具备做精神病鉴定的基础性条件？并不是每个人都可以做精神病鉴定，需要有精神病的可能性才可以进行鉴定。所以辩护律师在这个过程中要提供相应足够的证据来证明被告人可能有精神病，比如他在实施犯罪行为之前的举动，平时的生活习性，周围的人对他的判断，有没有家族精神病史等，这些方面要有足够多的证据，法院才会接受精神病鉴定的申请。

第二，为什么说以精神病作为理由而不追究刑事责任的判决非常少呢？实践中可能确实有一些比较有轰动性的、社会危害性比较大的案件，这些案件如果法院最终判决被告人因为精神病而不承担刑事责任的话，可能社会舆论上承受不了。因为对于普通老百姓来说，可能会认为这样一个罪行极其严重的人，说放就放了，不太合适。

第三，精神病如果经法定程序被鉴定确认的话，要到相应的机构进行强制医疗。实践中这部分工作做得并不是非常好，导致我们在进行强制医疗的时候，存在一些问题，比如由谁出钱，关在什么地方。此外在衔接上也可能会有一些问题，最后就导致实践中可能会以这个理由被判决不承担刑事责任的案件非常少。

实际上在司法实践中还有一种情况，就是鉴定意见真的做了，但是做完了之后可能会反复。比如据有的精神病鉴定专家说，对行为人进行一次精神病鉴定之后，一方不服，重新申请鉴定，第二次鉴定的结论可能就跟第一次不一样，第三次还不一样，第四次还不一样，因为人的精神状态可能是不确定的，所以每次的鉴定结论不太一样。这样也可能导致法院在判决的时候，选用哪一份鉴定意见作为判决的依据相对比较困难，所以实践中对精神病的认定确实比较少。

比如大家都知道邱兴华故意杀人案，从案情上来说，本案应该是比较确定的。邱兴华连续杀了好多个人，从构成实施杀人行为来说没有什么争议，最大的争议点在于应不应该给他做精神病鉴定。当时律师提出，邱兴华在实施杀人行为之前，已经显现出一些基本的征兆，比如他老婆说，邱兴华指着那两块石头说"这是两个螃蟹，你给我煮了吃了吧"，这显然不符合常人的状态；公安局的人来抓他的时候，他自己跟他老婆说"把菜刀给我"；

明确地知道自己已经被围住时，他仍说"我要回家"，这些都很不正常，跟常人的状态不一样。另外调查他的家族历史后，发现他的家族中有很多人都患有精神病。

但是很遗憾的是，即便经过了多轮的辩论，法院也没有对邱兴华做精神病鉴定，最后这个案子还是被执行了。

所以，在精神病鉴定的问题上，我认为在有些情况下非常必要，在具备初步的现象，可以看出被告人可能是精神病的，应该做精神病鉴定。此外，如果精神病鉴定的程序和后续处理能够很好地衔接，精神病人的权利可能也会得到保障。

主体问题的第三个内容，我想谈一下醉酒的人。按照《刑法》的规定，醉酒的人实施犯罪行为一定要追究刑事责任。这个没有问题，但是否必须要判处死刑立即执行？这个是律师在实践中可以辩护的一个点。

醉酒包括两种，一种是生理性醉酒，一种是病理性醉酒。病理性醉酒往往是完全丧失了辨认和控制能力，也可以认为是精神病的一种，所以如果符合病理性醉酒条件，不是我们要讨论的，结论已经非常清楚了。

我想说的是生理性醉酒，可能我们在座的很多男同志都有生理性醉酒这样的经历。生理性醉酒所导致的一个直接后果，就是人的控制和辨认能力可能有所降低，至少跟平时不太一样，如果达到醉酒的程度，像有的人经常说的，喝完酒之后断片儿了，不知道自己昨天干什么了，这可能也是常有的事，所以辨认能力和控制能力是有所降低的。那么能不能够因为有这种辨认和控制能力的降低，而导致在判决的时候一定要把这个因素考虑进去？我想这是一个综合判断的问题，也就是说生理性醉酒到底是什么原因导致的，是我们必须要考虑的问题。比如一个人平时胆子非常小,他本来与某人有仇,一直想报复而不敢,但是他知道"酒壮怂人胆",喝完酒之后就敢做了,如果出于这样的心理,喝酒后实施了伤害他人身体的行为,我想这时醉酒并不能作为有利的抗辩事由。

实践中最高人民法院曾经公布了一个不符合死刑立即执行的案子——房国忠故意杀人案。房国忠帮朋友在农村干活,此时他帮的这个朋友的一个邻居过来找他朋友喝酒,朋友拒绝了邻居,然后跟房国忠说:"要不你跟他喝吧。"房国忠就说:"那好吧。"最终邻居和房国忠两个人去喝酒了,实际上二人事先都不认识。俩人喝了两瓶白酒之后,邻居说:"咱们回家再接着喝吧。"于是邻居又把房国忠拉到他自己的家里继续喝了很多白酒,喝完之后,两个人聊天的过程中情绪激动吵起来了,被告人房国忠到被害人家的厨房,拿出了一把菜刀,把被害人给砍死了,然后就走了,当时他满身都是血,特别自然地走在大街上,没有任何躲一躲、避一避的行为。在这种情况下,应不应该判处被告人死刑立即执行?我想根据案件的具体情况,就醉酒状态而言,不能够判处死刑立即执行。因为这两个人原本不相识、没有积怨,喝酒由被害人引起,被害人两次拉被告人喝酒,导致出现醉酒的状态。对于被告人来说,他的精神状态最后已经达到了不能完全控制和辨认的程度。正常而言,杀人之后行为人多多少少会避一下人,而本案中被告人穿着满身是血的衣服就跑出去了,这也可以体现他的精神状态。

在这种情况下,最高人民法院最后作出了不核准死刑立即执行的决定。所以,对于醉酒的人承担刑事责任并非要出于同样的考量,实际上要结合事情的起因或者被害人过错等多个方面共同考虑。

还有类似的案件，与我们所说的原因自由行为没有关系，被告人与被害人之间没有任何积怨，醉酒之后跟被害人发生了口角，导致激情杀人。有一个案件是被告人喝醉把被害人杀了之后，就躺在家里睡着了，完全没有意识到自己杀人了，睡了一段时间慢慢酒醒了，酒醒过来之后，明白自己杀人了，就马上把被害人送到医院进行抢救。虽然最后被害人因抢救无效死亡了，但是就这种状况来说，可以体现被告人的主观心态，他主观上不具有坚决的、一定要剥夺被害人生命的意图，他的人身危险性和社会危害性也不是非常大，所以这可以作为我们的辩护事由，不应该判处死刑立即执行。

主体问题的第四个内容，我想谈一下审判的时候已满75周岁的人。在《刑法修正案（八）》中，对于是否判决死刑的主体适用条件增加了一条，就是审判的时候已满75周岁，除非是以特别残忍的手段致人死亡的，一般不应该以死刑判决来追究被告人的刑事责任。

对于"以特别残忍的手段致人死亡"应该如何理解？最高人民法院曾经有一个未核准死刑的案子。被告人的年龄已满75周岁，有一天他跟村里的村主任发生了矛盾，产生了一种杀死村主任的想法。有一天，这个村主任在前面走，在接待其他来访的人的过程中，他在后面提着菜刀跟着，一边跟着一边说话，引起这个村主任的注意，在说话的过程中，用言语激怒村主任，最后趁村主任不注意，一刀砍了下去，只砍了一刀，最后村主任经过抢救无效死亡了。

现在的问题就是，这个被告人是不是应该被判处死刑立即执行？实际上对于这样的案子，我们唯一应该考虑的是，这是否属于"以特别残忍的手段致人死亡"。实践中，判处死刑立即执行的判断标准是《刑法》第 48 条规定的"罪行极其严重",而在"罪行极其严重"中有一种情况,就是"犯罪情节特别恶劣","犯罪情节特别恶劣"实际上不能够和"以特别残忍的手段致人死亡"混为一谈,"以特别残忍的手段致人死亡"只能是"犯罪情节特别恶劣"中的一种情况,所以在判断 75 周岁以上的人实施的犯罪行为是否应该被判处死刑时,不要把"犯罪情节特别恶劣"和"以特别残忍的手段致人死亡"两个概念画等号,应该将重点放在是否属于"以特别残忍的手段致人死亡"上。

刚才说的这个案子中,村主任在前面走,被告人在后面砍了一刀,一刀夺命,村主任死亡。我想在这种情况下,应该不属于"以特别残忍的手段致人死亡"。那么什么样的情况可以认为属于"以特别残忍的手段致人死亡"呢?迄今并没有一个准确的判断标准,《刑法》和相关的司法解释都没有作出很明确的规定,但实践中还是更多地考虑行为人实施犯罪行为时的手段。比如连续砍多刀,或者被害人在前面跑的过程中,被告人又采取一些极端残忍的手段积极追求被害人死亡,使用的手段非常残忍,甚至在被害人死亡之后,进行碎尸、分尸等行为,我想这样一些行为可以作为"以特别残忍的手段致人死亡"加以考量。如果不符合上述情况,不能够仅仅因为出现了特别恶劣的情节,就对已满 75 周岁的人作出死刑判决。

(二)主观恶性问题

《刑法》中判断行为人的主观恶性程度大小和人身危险性程度大小,是根据行为人的行为进行量刑时非常重要的一个决定因素。刑法总则中规定了基本原则,基本原则中有一个方面叫作罪责刑相适应,行为人的犯罪行为和他应该承担的刑事责任相适应。罪责刑相适应中,一个很重要的方面就是在量刑的时候要考虑行为人的主观恶性大小,同样一个犯罪行为,不同的人实施,如果主观恶性不同,最后的量刑结果可能也会不同。比如累犯和一个初次实施犯罪行为的人,即便实施了相同的犯罪行为,最后判决结果(宣告刑)肯定也是不一样的。所以在死刑辩护中考量行为人的主观恶性是非常重要的。

主观恶性大概有几个方面,在谈及死刑的辩护事由时,有时并不能够非常清楚地对其进行归类,但是这些方面往往是有共性的,在死刑辩护中经常会被用到。

比如关于正当防卫的问题,实践中我们经常会遇到一个难题,被告人的行为造成了被害人的死亡,但如何判断被害人的死亡是否是由一个正当防卫的事由造成的?其实在司法实践中,以正当防卫为理由,而不追究被告人刑事责任的,应该说非常非常少见。正当防卫的构成要件从理论上很好解决,但是实践中,法官判决被告人的行为属于正当防卫就比较困难。这可能有多方面的原因和理由,但是以正当防卫不追究刑事责任的案件非常少,即便是我们《刑法》中规定了特殊防卫权,能够被认定的仍然非常少。

有的时候,被告人的行为造成了被害人的死亡,被告人说他是出于防卫的目的才实施了这个行为,公诉机关可能认为他的行为就是典型的故意杀人的行为,而不是出于防卫的目的。这种情况如果到了死刑复核阶段,我想应该把辩护的重点放到被告人的人身危险性、主观恶性方面,因为这个时候我们的首要目的是保命,所以正当防卫这个点是不能放弃的。即便被告人不能构成正当防卫,而构成故意杀人的话,也要考虑他的主观恶性不是很大,不应该被判处死刑立即执行,这是第一点。第二点,在实践中我们要区分直接故意杀人和间接故意杀人的区别。在实践中,直接故意杀人可能表现得比较明显，比如被告人有预谋地、有准备地实施故意杀人的行为时，他对被害人死亡的结果，实际上是一种追求的态度；而间接故意往往对死亡结果不追求，而是持放任的态度，因为出现了死亡的结果，最后才以故意杀人罪去追究刑事责任。所以在死刑辩护的过程中，我们要抓住这个点，被告人是否在突发事件中不计后果地实施某一个行为，由于被告人不具有追求的目的，而不应该被判处死刑立即执行。

曾经有一个案子，几个中学生（未满18周岁）在毕业的时候一起出去喝酒，在饭馆跟老板因为结账的问题发生了冲突，吵得非常凶，这时候饭馆里面的厨师拿着刀出来了，这几个孩子就傻了，开始往外跑。其中有一个中学生正好有随身带刀的习惯，他拿着刀往外跑的过程中，因为里面吵得特别厉害，过路的行人就过来看热闹，其中有一个行人挡了这个中学生的路，这个中学生就非常生气，不耐烦地说："你看什么看，别看了。"这个行人说："我看看怎么了？"结果中学生一生气，随手一刀下去，把这个看热闹的人给杀死了。这种情况应不应该判死刑立即执行？假如这个中学生已经超过了18周岁，是不是应该被判处死刑立即执行？这实际上是非常典型的、在瞬间冲动中不计后果的一种杀人行为，行为人对被害结果实际上是没有追求的，就是一种放任的态度，反正你挡我路了，我就要用刀比画一下，恰巧就直接夺了这个行人的命。这种情况是在瞬间冲动中的一种放任，这种放任的主观心态下的主观恶性不是非常严重，所以一般情况下还是不应该判处死刑立即执行的，这是一个比较典型的间接故意犯罪，瞬间冲动实施犯罪行为的一种情况。

主观恶性方面的辩护事由，还有我们大家可能会经常碰到的一些，比如义愤杀人，激情杀人，被害人有过错等，都有可能出现。实践中,这些都可以作为在死刑复核中保被告人一命的理由,这些理由有的在相关的司法解释里面有明确的规定,有些没有明确的规定但是是可以适用的。

比如丈夫长期虐待自己的妻子,只要喝完酒回家就一定打老婆,有一天丈夫喝完酒之后回家又打老婆,老婆非常生气,就吵起来了,吵的过程中,丈夫说:"你有本事杀了我啊!"妻子说:"我杀你怎么了?"丈夫说:"来,给你一根绳儿,你把我捆起来。"妻子就把丈夫捆起来了,之后丈夫说:"厨房有菜刀,你去拿吧。"结果妻子就去厨房把菜刀拿来,上来就把丈夫砍了。很显然,这和一般的主观恶性非常大的故意杀人行为是不一样的,这种情况我认为也是不应该判处死刑立即执行的。

还有一种就是激情杀人,我们实践中碰到过这样的情况,有一个丈夫发现妻子和他认为的"第三者"(一个男性)有不正当的两性关系,而"第三者"跟丈夫两个人又相识,以前他们都是共同做水果生意的,大家平时关系也都好,从南方的某个城市到北京来,几个人在一起共同做生意的时候认识了。妻子就跟这个男性保持很密切的关系,丈夫非常生气。有一天这三个人想谈谈这事,就共同到这个人家里来了,说今天一起吃顿饭,喝点酒,一起聊聊这个事。吃饭的过程中,妻子给"第三者"男性倒酒,丈夫看着非常生气,说:"你还给他倒酒,你怎么没给我倒酒啊?"然后就吵起来了,因为是做水果生意的,所以刀平时都放在边上,吵的过程中,丈夫一生气,随手拿起那个刀捅过去,把"第三者"给杀死了。这种情况应该也可以作为不判处死刑立即执行的一个抗辩事由,因为事出有因,并且被告人实施的行为也没有体现出很严重的主观恶性。被告人平时也是一个守法公民,只是在处理三个人关系的过程中,一时激动杀了人,所以不应该按照死刑立即执行来追究他的刑事责任。

(三) 被告人的悔过心态

这个心态一般来讲包括自首、立功,还有犯罪行为实施完毕之后积极送被害人到医院治疗,或者在被害人死亡之后积极进行赔偿,最终获得了被害人家属的谅解,以上都是在这方面可能的辩护事由。

在此我想重点说一下关于自首的问题,按照《刑法》的规定,实际上典型的自首就是自动投案,如实供述自己的犯罪行为。准自首在此不多说了,主要想说一下第一种自首。

第一种自首中,很重要的一个判断标准,就是被告人是否具有自动投案的行为,判断是不是自动投案,应该从主客观两个方面进行判断:第一,主观上,被告人是不是有自动投案的意思,是不是愿意自动投案;第二,客观上,被告人有没有投案的行为。实践中有一些不太典型的自动投案的行为,比如被告人杀人之后,公安机关一直找不到他,就找到他的妻子问知不知道他在哪儿,他的妻子经过教育,找到了被告人可能去的地方,发现被告人确实在。妻子给公安局的人打电话,说她的丈夫就在那个地方,让公安局的人过来领他。这个时候丈夫的举动就非常重要。在本案中,妻子打电话的时候,丈夫就在旁边,知道公安要来也没跑。后来公安到村口时,还没有进到他家里之前,妻子就迎到了村口,跟公安的人说她的丈夫在家里等着,并把公安人员引到了自己的家里。这个行为可不可以算自首?这种情况我想是可以考虑按照自首来对待的。

还有一种情况,有一个男的,他的老婆要跟他离婚,因为他怀疑老婆跟其他人有不正当的两性关系,所以他不想离婚,觉得这事不能就此结束并怀恨在心,有一天他的妻子到了自己的娘家，跟她妈妈在一起，行为人就拿着刀到了他的岳母家，先把他的妻子砍死，接下来又把他的岳母砍死，之后觉得自己生活也没什么意思了，他也知道砍死两人肯定要承担刑事责任，所以就说干脆自己也死了算了，他就去触电，想通过触电的方式自杀，结果触电之后没有死，被别人给救下来并送到了医院，当时送他去医院的人向公安机关报案了，说有一个人触电，他们把他送到医院了。公安机关以有人触电了的理由出警，到了医院之后，前面两个人被杀的案子也已经案发，公安机关经过初步侦查，认定犯罪嫌疑人就是触电的这个人，所以在这个人昏迷治疗期间，两个公安的便衣就坐在了他的屋子里，实际上已经对这个人实施了控制，这人被抢救过来之后，见他边上坐着两个人，他上来就说他杀人了，把谁谁谁给杀了。此时这个人的行为算不算自首？

实际上对于自首的判断，我觉得可以从几个角度去考虑：第一，自动投案一定是主观上自动把自己置于有关机关的实际控制之下。现在警察是便衣警察，这个人触电的时候实际上是昏迷状态，谁把他送到了医院，边上坐的谁，他都不清楚，睁开眼睛看到的也是穿着便衣的警察，所以我觉得他是不能够认为是向警察去投案的，如果警察穿了制服，可能就不一样了。第二，自动投案往往指什么？指在没有受到警察实际控制的时候去投案。这个人实际上已经置于警察的实际控制之下，根本跑不了，警察知道他是犯罪嫌疑人，已经对他采取了控制措施。虽然说这个控制措施不是我们《刑事诉讼法》意义上的强制措施，如逮捕、拘留，但实际上已经对他采取了控制。他一睁眼就说他杀人了，那表面上看，是否可以构成如实供述？但是如果缺了前面的自动投案的这个情节，我想他应该是不可以构成自首的。所以在判断是不是自动投案的时候，我想应该考虑的一个因素就是行为人有没有逃脱的可能性。行为人在投案的时候,有没有逃脱其他人控制的可能性,如果有的话则是自动投案,如果根本就跑不了,那么很难认定为自动投案。比如小偷偷东西,跑到房顶或者高压线附近下不来了,这个时候打了一个电话,跟警察说他偷东西了他投案,实际上是需要警察去救他,如果警察不去救他,他可能就电死在那儿,或者在楼顶上下不来了,这种情况下不能认为是自动投案,因为他不是出于犯罪悔过的心理,而是出于让别人帮他解除困难的目的。

另外一种情况,一个人去偷东西,偷完东西之后,有几个人把他约出来,说:"你把东西还给我。"这人说他不还。当时是三个男的把他约到了麦当劳,他坐在最里面,三个男的坐在外面,说:"如果你不把这个东西交出来,你就别走了。"这个人说他不交,他们说:"那你不交我们报警。"行为人说报就报吧。这时候他也没说想办法逃走,实际上他根本逃不掉,这种情况下也不应该认定为自首。

另外就是关于自动投案的问题,实践中还有一种比较常见的现象,就是父母或者亲属帮助公安机关抓获犯罪嫌疑人,或者提供重要的案件线索,这个能否按自首来处理?比如行为人实施了一个故意杀人行为之后,母亲提供了犯罪的线索。公安机关在侦破案件的过程中,没有找到切实有效的侦破案件的线索,行为人把被害人杀了之后,用绳子把他捆起来,扔到一个大皮箱里,然后又埋到地里,埋的位置离他们家非常近,这个时候警察发现了被害人的尸体,并从他的身上发现了一根绳子,但警察不知道绳子是哪儿来的,这个时候他的母亲说这绳子是他们家的,被害人她认识,他们俩有矛盾,所以很有可能就是她儿子杀的。最后经过侦查和收集证据,确实认定犯罪嫌疑人就是这位老太太的儿子。这种情况我认为可以作为不判处死刑立即执行的一个抗辩事由，因为他的母亲在侦破这个案件过程中起到了非常重要的作用。

另外，在实践中，民事赔偿对于最终被告人刑事责任的确定也是非常重要的。如果说故意杀人行为完成之后，被告人家属积极地帮助筹措赔偿金，又能够得到被害人家属有效谅解的话，我想以这个为理由作为抗辩事由，也可以是被告人不被判处死刑立即执行的一个条件。

（四）犯罪的起因

犯罪起因是被害人和被告人在发生纠纷的过程中，由于被害人有明显的过错，导致被告人实施如故意杀人等行为，这种情况被害人的过错就可以作为一个合法的抗辩事由。另外根据相关的司法解释，如《全国法院维护农村稳定刑事审判工作座谈会纪要》或者其他相关的司法解释，对于确定是否应该判处死刑的时候大概有一个倾向性的意见。比如因为家庭关系、邻里关系或者同事之间存在一些矛盾而引发的故意杀人案件中，如果不属于犯罪情节极其恶劣，应该判处死刑立即执行的情况，一般可以不判处死刑立即执行。

有一个当时比较轰动的案子，一个大学生杀害了他的女朋友，这个大学生跟他的女朋友在上大学期间谈恋爱，谈恋爱的过程中，女孩子拜金主义比较严重，两个人在一起时，男生天天带女生去吃高档的餐馆，出去旅游，而且买非常贵的衣服，长期这样。这个男生为了维持跟女生的交往，跟父母要钱，父母给的钱不够了，再去找同学朋友借钱，甚至有的时候借高利贷，自己有辆车也卖了，就为了支持女朋友的高消费。最后一次俩人发生矛盾，因为这个男生的父亲在北京市中心有一处住房，女生说：

"这个住房应该我们俩去住,你去跟你爸爸把这房子要过来,过户到我们两个名下。"男生最后急了,他觉得向父亲要房子实在不合适,而且回想他们整个交往过程,说:"为了跟你交往,我付出了那么多,你现在还不满意。"两个人就吵起来了。吵的过程中,因为男生年龄也不大,没法很好地控制自己的情绪,所以在自己车里把女朋友掐死了,掐死之后,把车开到某一个地下停车场,把车一关,他就走了。过了一周之后案发了,案发之后,他的父亲第一时间向公安机关说明了他儿子的具体情况,然后积极筹措金钱补偿被害人的家属,经过多次交涉,女生的父母也原谅了被告人,达成了谅解协议。这几个条件具备了,最后被告人没有被判处死刑立即执行。实际上除了以上提及的这些原因之外,应该说两个人的关系在被告人没有被判处死刑立即执行的结果上也起到了非常重要的作用,按照我们相关司法解释的规定,两人虽然不是婚姻关系,但是也是一种恋爱关系,并且两人长期保持了稳定的恋爱关系,这也是不判处死刑立即执行的一个理由。

对于这样的案件,比如家庭的、邻里的、同事的,甚至因为一些债权债务关系而导致的故意杀人案件,怎么来判断?是不是只要是邻居,就不判死刑立即执行?只要是有什么合法的债权债务关系,就不判处?其实我觉得这不是绝对的,应该根据案件的具体情况来确定。比如婚姻关系或者朋友关系、邻里关系,要保持一种长期的稳定性,可以认为双方存在相应的关系,在这个基础上,行为人实施故意杀人的行为,主观恶性才不是非常严重。

还有这样一个案件,两个人一直是好朋友的关系,平时没有任何矛盾,在一次打麻将的过程中,一时言语不和,其中一人一时冲动,把另一人给杀了。这种情况我想也应该属于司法解释中所规定的情况。

（五）鉴定意见

接下来，我想说一下关于鉴定意见的问题，鉴定意见在我们的实践中应该是非常重要的、值得特别注意的证据，尤其是在故意杀人案件中，死因鉴定是必须要有的一个鉴定。这个鉴定实际上很大程度地决定了被告人所可能构成的罪名和将要承担的刑事责任。比如公诉机关指控被告人构成故意杀人罪，首先要确定公诉机关指控的杀人行为和被害人的死亡结果之间具有因果关系，对于因果关系的判断，死因鉴定就是一个很重要的连接条件。

假如我们看到的是被告人手持尖刀插到了被害人的某一个部位，但死因鉴定结果是被害人因为受到钝器打击致死，那么被告人的行为显然就不能构成故意杀人罪，没有直接的因果关系，因为他使用的是锐器，而鉴定意见中被害人死亡结果是由钝器造成的，所以鉴定意见非常重要。

我们判断、审查鉴定意见，尤其是辩护律师在做法庭质证进行辩论的时候，应该如何对鉴定意见进行质证？我想可以从几个方面考量鉴定意见：从真实性、合法性和与案件的关联性判断是否可以作为定案的依据，另外还可以从鉴定意见形式要件的方面考量。

比如我们可以看到几个方面：第一，鉴定人是不是应该回避而没有回避，鉴定人如果具有一些法定的应当回避的情形而没有回避的话，那么这个鉴定意见显然不能够被采信；第二，鉴定机构和鉴定人是不是具有合法的资质；第三，鉴定程序是不是符合法律法规的规定；第四，检材的来源、取得、保管、送检是否符合相关的规定，检材是否可靠、是否充足，这些是在鉴定中很重要的内容；第五，鉴定的程序、方法、分析过程是否符合本专业的检验鉴定规程和技术方法的要求；第六，鉴定意见的形式要件是否合法，比如提起鉴定的事由、鉴定委托人、鉴定机构、鉴定要求、鉴定过程、检验方法，鉴定文书的日期，是不是有签名盖章等；第七，鉴定意见是不是非常明确，有的鉴定意见不明确，只是推论可能是什么原因导致被害人的死亡结果，实际上是一个不明确的鉴定意见，如果按照排除合理怀疑的证据要求，实际上是不够的；第八，鉴定意见与案件的待定事实有没有关联性，鉴定意见首先也是一个证据，是众多证据中的一个，这个证据是否和其他证据能够形成一个完整的证据链条，和其他证据放在一起是否排除了矛盾性，并且得出唯一的合理的结论，还要看这个鉴定意见中如相关的检材、照片、意见是否存在矛盾关系。所以拿到一个鉴定意见后，辩护律师在进行辩护的时候，一定要看一下这些方面的内容。

如果鉴定的检材已经受到污染，或者不充分了，或者鉴定得出的结论不明确、不具体、不能排除合理怀疑，这个鉴定意见和其他证据放在一起，不能得出唯一的结论，那这个鉴定意见实际上就是一个打问号的鉴定意见，不能作为唯一的判断被告人刑事责任的依据，所以一定要注意它跟其他证据的关联性。另外，形式要件，比如资质问题，比如有没有签名，有没有盖章，这些都是我们在做鉴定意见质证的时候必须要考虑的。

最高人民法院死刑复核最终没有核准的一个案例中，公诉机关指控被告人杜某，因为被害人陈某收了他2000元钱，承诺给他介绍对象，然而并没有给他介绍，所以杜某就跟被害人陈某发生了口角，杜某在自己的家中把被害人陈某给掐死了，并且把她藏到了床下，趁晚上夜黑风高的时候，把被害人放到他邻居家农村一个柴垛上，把这个柴垛给点着了，相当于杀完人之后，把人又烧了，这是检察机关指控的事实。柴垛这家人发现他们家柴垛被烧了，之后又发现在柴垛里有一个死尸，就报案了。公安机关对被害人进行死因鉴定，鉴定意见一共做了好几次，因为鉴定意见反反复复，一直不一样，最后经过几次鉴定，根据现有的材料，被害人喉头气管未见烟灰及炭灰沉着，准确认定陈某的死亡原因缺乏依据，不排除陈某机械性窒息死亡。机械性窒息死亡意思就是被人掐死了，如果是这样的话，那么这是关于机械性窒息死亡的一个鉴定意见。在这个案件中，公诉机关指控被告人把被害人掐死了，导致了窒息死亡。但这个案子有一些疑点：第一，鉴定意见中喉头气管未见烟灰及炭灰沉着，这种情况不符合窒息性死亡的特征；第二，实际上作为辩护人也应该有一些基本的常识性的认知，如果是被掐死的话，被害人的舌骨应该骨折，颈部也应该骨折，但在尸检报告中被害人没有骨折的状况；第三，鉴定报告的时间晚于被告人的有罪供述的，一般情况下，鉴定意见先出，有罪供述在后，但是本案中鉴定意见是在有罪供述之后出来的。另外，最后一次鉴定意见还有一个内容，鉴定结论排除被害人因药物导致的死亡结果。为什么我要特别强调这一点？被告人最后提出自己的行为不构成故意杀人罪的时候，他描述的是另外一个事实，实际上他跟被害人是因为要发生性关系，被害人说吃一点性药可能会更好，所以两个人都吃了性药，吃完以后，被害人由于过度兴奋导致死亡，这是被告人陈述的情况。法院在审理的过程中做了一个补充鉴定意见，这个补充鉴定意见的内容就是排除了她因为服用药物而导致的死亡结果。

我觉得鉴定意见出具的时间也可以是我们关注的一个方面，首先这个鉴定意见是在有罪供述之后出来的，其次又特意去补充排除了因为服药导致的死亡结果的鉴定意见。但是后来在侦查过程中又发现了一个事实，被害人死亡之后，她随身携带的东西没有被烧,从被害人随身携带的包里发现了治疗高血压和心脏病的常用药,后来公安机关在向被害人的女儿进行调查的时候,女儿说她的母亲确实有随身携带高血压和心脏病药物的习惯。前面不能够排除她是机械性窒息死亡的结论,但是也并没有明确说明原因,在审判过程中补充鉴定意见又排除了药物致死,而被害人随身携带的药物中确实证明她患有心脏病和高血压,所以不能够排除所有的合理怀疑。本案按照疑罪从无的原则,推断认为被告人的行为不构成犯罪。被告人当时为什么作出了有罪供述呢?因为他觉得这事说出去太丢人了,在农村,两个人因为发生性关系,吃了性药而导致死亡,这件事情在农村的圈子里如果传出去会非常丢人,所以他才做了这样的供述,后来被判死刑之后,他才说出案件的真实情况。这个案子实际上的突破口就是鉴定意见,因为鉴定意见不能得出唯一的结论,不能排除合理怀疑,并且鉴定意见和其他证据之间形成了矛盾关系,这个矛盾关系导致了案件不能排除合理怀疑,不能得出唯一的结论,所以这个案件被告人最终被认定为是无罪的。

(六)与证据的审查运用相关的问题

非法证据排除最主要的一个理由,可能大家都清楚,就是刑讯逼供。但是在一个案子中,怎么才能够确定被告人确实受过刑讯逼供?是不是被告人提出来,法院就要启动非法证据排除的程序?并没有那么简单。如果被告人提出刑讯逼供,一般需要提供相应的证据,而提供相应证据对被告人来说显然是比较难的。

在非法证据排除程序中,对于是否存在刑讯逼供情节,我想可以从几个方面去考量,提供证据。

有的案件中,被告人说警察先把他带到了羁押场所之外的地方进行毒打,采取一些伤害身体的手段,然后再回到羁押场所做笔录。如果出现这种情况，被告人进行了这样的描述的话，我们实际上可以从公安机关的笔录上去找线索。比如笔录中记载，什么时候对这人采取的强制措施，采取强制措施之后这人被关在什么地方，有没有相应的手续，第一次对被告人进行讯问的时间是什么，被告人作出有罪供述的时间是什么，这些时间能不能够形成一个完整的、能够解释得通的规则，能不能解释其合理性。我在谈的这个案子中，被告人提出他反复多次被变更羁押场所，一会儿是区看守所，一会儿是市看守所，一会儿是公安局，另外他的时间是跳跃性的，不符合常理。虽然说最后公安机关也提供了他所有的审讯记录，还有当时审讯过程的录音录像，但是不能够排除前面我说的这些合理怀疑，所以最后是以刑讯逼供为由，把这个证据排除掉了。

把这个证据排除掉之后，就看还有没有其他的证据证明被告人实施了犯罪的事实，排除非法证据只是排除了用刑讯逼供所取得的证据，如果这个证据被排除掉之后，后面还有其他的证据可以证明被告人的行为构成犯罪的话，也是可以的。但是这个案子中，这个证据被排除掉之后，后面其他的证据不能够形成一个完整的证据链条来证明被告人的行为构成了犯罪，所以最后这个案子是以无罪来解决的。出现这种情况，我想如果律师在做死刑辩护的时候，拿到审讯的录音录像，稍微注意看一下，有的时候录音录像的内容和实际上笔录的内容完全是两码事，或者有很多是不一致的，应该一个一个地进行核对，是不是确实出现了这种情况。

我们对聋哑人进行辩护的时候，最大的障碍是律师很少有人会哑语，为此请了一个翻译，假如这个翻译跟被告人有关系，从侦查阶段、审查起诉阶段到审判阶段，一直都用同样一个翻译，有没有可能出现被告人说的和翻译的不一致的情况？有的法院朋友或者检察院的朋友说不会的，都有录音录像，但是请问有哪个人会一个一个去查看录音录像，然后去核对翻译的到底对不对？我想真的是几乎不太可能的。现在实践中存在的状况是，具有这样翻译能力的人非常少，往往就是聋哑学校的几个老师，这几个老师长期做翻译，他翻译的被告人有可能就是他的学生，有没有这种可能情况的出现？我想是不排除的。所以如果各位在代理类似案件的时候也要特别去注意一下，实践中不排除这种可能性，这种情况可能有好的方面，也可能有不好的方面，对于被告人可能是包庇，也可能使他加重处罚。

那对于生效刑事判决应该如何质证呢？曾经有这样一个案子，三个人共同实施了抢劫，两个被告人张三、李四先到案，另外一个人王五逃脱了。法院先对这两个人进行了审理，法庭审理查明的案件事实部分记载，张三、李四在开庭过程中声称是受王五指使，他们是从犯，被动的，或者说只起到了很小的一部分帮助作用。现在的问题是某一天王五归案了，对王五审理的过程中，法院前面的生效刑事判决所确定的经审理查明的案件事实能不能作为证据用到王五案件中？一般情况下，刑事案件中没有相应的规定，但是民事案件是有的。

比如此前有一个生效的民事判决，那我们可以用此前那个生效的民事判决中的内容来确定现在这个案子的案件事实。但是民事案件和刑事案件最大的区别就是证明标准不一样，民事案件的证明标准要远远低于刑事案件，而刑事案件要求达到排除一切合理怀疑的程度。我们之前说的这个案子，法院在审理的过程中，直接把前面通过审理张三、李四案件过程中确定的案件事实作为证据来使用，用以证明所有的坏事都是王五干的。实际上我认为把生效刑事判决作为证据来使用是不合适的，因为作为一个刑事案件，所有案件的证据都必须达到确实充分的程度，而前面的一个刑事判决仅仅是根据张三、李四的供述而得出的，现在在审理王五的案件中，应该只是把它作为一个很小的证据来使用，只能证明其中一个方面，同时要考虑跟案件中其他方面的证据能否形成一个完整的证据链条，从而达到排除合理怀疑的程度，它的作用应该是削弱的。确定王五刑事责任的时候，要看张三和李四的供述、王五自己的供述，还要根据其他证人证言的具体内容来确定，而不应该把前面生效的刑事判决摆在一个很重要的位置。

在证据方面，最后我想介绍的就是如果物证提取不全或者来源不清，能否作为定案的依据。

某一个地方发生了一起故意杀人案件，在犯罪现场发现了一个沾有鲜血的手印，这个血手印是判断本案是否为这个被告人作案的一个最重要的证据。但是这个证据在侦查过程中被污染了，最后在确定是不是这个人的血手印的时候，证据是不足的，受到污染的，而且提取过程是有问题的。而这个证据恰恰又是证明这个被告人构成犯罪的一个非常重要的证据，如果没有这个证据，其他证据不能证明这个被告人实施了这个犯罪行为。所以如果证据有问题，也应该成为被告人的行为不构成犯罪的一个辩护事由。

五、两类特殊的案件

（一）毒品犯罪

毒品犯罪是在判处死刑案件中所占比例非常大的一类犯罪，对于毒品案件的审判，我们作为辩护律师有很多方面需要注意。

第一，在从犯归案，主犯没有归案的情况下，可不可以按照从犯的地位去确定被告人的刑事责任,由于毒品案件的特殊性,即使主犯没有归案,如果相应的证据可以证明从犯的地位,对于被告人的行为也是可以按照从犯来进行处理的。

第二,关于主观上明知的认定。比如在运输毒品的案件中,一个司机有一辆车,有一天别人租他开车,租车过程中,其中有两天,租车人说:"今天你休息,我开着车去办个事。"这两天车与司机是分开的,租车人回来的时候,司机也没有在意。租车出发时,司机与租车人一共四人,最后司机自己回到了居住的城市,另外三个人没有跟他在一起。在经过一个检查站的时候,警察在例行检查的过程中发现他车门的夹层里面放有毒品,他就以运输毒品罪被追究刑事责任。现在这个司机坚定地说他没有运输毒品,这个夹层里的东西他完全不知道。此时如何来认定他是知道还是不知道?主观明知如何判断?这实际是在运输毒品类案件中非常难以解决的问题,要结合案件的具体情况判断。比如这个人是不是就是长期从事租车业务的?在此期间他的车是不是被租出去了?在此期间他这个车是不是有两天离开他了?是不是如他所说还有其他的人?整个过程中,他是不是真的不明知?还要再看他自己平时的状况,比如是不是有吸毒的习惯,或者是不是认识一些吸毒的朋友?经过这些判断,如果都没有的话,那么这个人可能确实没有运输毒品的故意。

另外还有一些受雇运输毒品的案件,受雇的人往往只是简单的受雇,在追究刑事责任的时候,是不是只要看他达到了一定的数额巨大的程度就要判死刑立即执行?比如有一个人在自己的书包里发现了数额特别巨大的毒品,这个毒品是绝对可以判处死刑的数量,是不是就可以对他判处死刑立即执行?我们还要看这个行为人的主观恶性程度的大小,比如他交代实际上还有其他的人,只不过他不清楚;再看他的资金状况,这个人刚满 19 岁,他是不是有很多的钱?资金来源是什么?在随身携带的金钱中发现他身上只有 4 万,但实际上毒品交易的数量是 40 多万,他自己的交代,这 40 多万毒品卖完了之后,直接把钱交给了他的老板,这 4 万块钱是老板给他的交易费和运输费,这个说法能不能够成立?通过查找相应的证据,如果可以成立的话,从他的受雇地位来讲,不宜判处死刑立即执行。

第三,特情引诱。在毒品犯罪案件中还有一种叫特情引诱。特情引诱这样的案件,包括犯意引诱和数量引诱这两种情况。比如警察知道对方肯定是一个毒贩子,但是没有证据,于是采用特情引诱的方式进行交易,甚至有的个别情况下,连毒品交易的上家都是警察给找的。最后追究刑事责任的时候,由于犯意引诱和数量引诱全部都是由警察来完成的,这种情况一般是不应该判处死刑立即执行的。

第四,毒品的纯度。在毒品犯罪案件中,毒品的数量对于被告人的量刑起着非常重要的作用,其中数量特别巨大,达到一定数量标准的话,就可以判处死刑。所以在死刑案件中,一定要注意,如果明显地发现毒品的纯度很差,可以申请做纯度鉴定。如果经过纯度鉴定之后,得出的数量达不到判处死刑立即执行的标准,那么就可以作为一个不应判死刑立即执行的抗辩事由。通常情况下,毒品的数量不以纯度进行折算,但如果涉及死刑案件,毒品的纯度可能影响到判死刑和不判死刑的情况,纯度的鉴定还是有必要的,而且对是否判处死刑起到了一个很重要的决定性作用。

(二)贪污受贿犯罪

最后,我想结合《刑法修正案(九)》,说一下关于贪污受贿犯罪中的死刑适用问题。贪污受贿犯罪案件是这次《刑法修正案（九）》中比较大的一个修改，这次修改中明确了对贪污受贿案件所采用的判决追究刑事责任的标准是"数额+情节"，仅仅有数额是不够的，还要加上情节才可以确定这个人的刑事责任。

贪污受贿是我国46个死刑罪名中保留死刑的两个经济类犯罪罪名。虽然在过去相当长一段时间，对贪污受贿罪判决死刑的非常非常少，但实际上死刑这个罪名在贪污受贿案件中仍然是存在的。今年我们最高人民法院出台的关于贪污受贿犯罪的司法解释，非常明确地说明了什么样的情况在贪污受贿案件中可以判处死刑，它包括几个特别——"数额特别巨大、情节特别严重、社会影响特别恶劣，给国家和人民利益造成特别重大的损失"，如果符合这几个特别的话，是可以判处死刑的。也就是说通过这个司法解释，已经把贪污受贿案件中死刑的标准说得非常清楚了。但是下面又列举了一些具体情节，如果有了这些情节的话，可以不判处死刑立即执行。所以在将来的辩护中，如果涉及贪污受贿案件，应该把重点放在司法解释中规定的不判处死刑立即执行的这些具体情节上。这些情节是什么呢？自首，立功，如实供述自己的罪行，真诚悔罪，积极退赃，或者是避免、减少损害结果发生等情形，符合这样的情况，就可以不判处死刑立即执行。这些是不判处死刑立即执行的情况，所以这几点应该作为贪污受贿案件中的重点内容考量。

与之相关的，在这次《刑法修正案（九）》中又特别增加了一种制度，叫终身监禁制度。如果将来做辩护的话，终身监禁制度虽然不是死刑立即执行，但也是需要特别注意的一个点。

按照《刑法修正案（九）》的规定，如果行为人的行为不被判处死刑立即执行而被判处死刑缓期两年执行，那么法院在判决的同时，可以根据犯罪情节等情况，判处被告人终身监禁，不得减刑假释。这个终身监禁的决定是在判决的同时宣告的，所以律师在这个过程中一定要注意，不仅要辩不应该被判处死刑立即执行，还要辩在被判处死缓的过程中，不应该被判终身监禁。这个实际上也涉及我们对法律的一个理解问题，终身监禁到底是什么性质？首先它不是一个刑罚的种类，在我国的刑罚体系中，刑罚的种类应该放到刑法总则中，但它没有被放到刑法总则中，所以它不是一个刑种。它被规定在刑法分则贪污受贿罪的法定刑中，法律规定行为人如果被判处终身监禁的话，在行为人被判处死刑缓期两年执行被减为无期徒刑之后，不得减刑假释，终身监禁。这里存在一个理解的问题，如果说法官在判处被告人死刑缓期两年执行的同时，判处了终身监禁，我们先回到《刑法》第 50 条的规定，刑法第 50 条对死刑缓期两年执行规定了两个法律后果：一是"如果没有故意犯罪，二年期满之后，减为无期徒刑"，二是"如果确有重大立功表现，二年期满以后减为二十五年有期徒刑"。现在就意味着一个人在缓刑两年考验期之内，可能出现两个不同的法律后果：第一，在缓刑两年的执行期间，没有故意犯罪的话，减为无期徒刑；第二，在死刑缓期两年期间，有重大立功表现，直接减为 25 年有期徒刑。如果减为 25 年有期徒刑，就不可能是终身监禁，而是有期徒刑了。

所以再返回《刑法修正案（九）》对贪污受贿罪的修改规定——被判死刑缓期两年执行，两年考验完毕之后，如果被减为无期徒刑以后终身监禁，从字面的理解上，只有符合了减为无期徒刑的要求，才能终身监禁。但如果他在两年的执行期间有重大立功表现，可不可以减为 25 年有期徒刑？现在贪污受贿罪法条规定的是减为无期徒刑以后终身监禁，不得减刑假释，所以这个在理解上就有一定的问题。我们是从字面解释还是从立法的原意去解释？后来针对这个问题，大家也在讨论，有不同的观点，但是我看到一些立法机关给出了一个解释——这就是针对贪污贿赂罪所设立的终身监禁，它不受刑法总则的制约。如果按照这个解释的话，不管在两年的执行期间有没有重大立功表现，最终的结果，只要是被判终身监禁了，这个人就是终身监禁，永远不能够减刑假释。这样的话，律师的辩护重点也应该包括是否应该判终身监禁，因为贪污受贿罪不是所有人如果被判死刑缓期两年执行都要终身监禁，还要根据案件的具体情况，由法官来自由决定。

以上是我针对死刑案件中所涉及的一些共性问题，跟大家谈了一下具体的辩护事由。死刑案件的辩护事由实际上非常非常多，无法全部罗列出来，只能根据共性和特点跟大家进行探讨。

我今天就讲到这儿，谢谢大家！

樊崇义 中国政法大学诉讼法学研究院名誉院长，教授，博士生导师。兼任中国法学会行为法学会副会长、中国检察学会副会长、中国警察协会学术委员会委员、中国监察学会理事、中国监狱学会顾问、中国法学会刑事诉讼法学研究会顾问，最高人民检察院专家咨询委员会委员，司法部公正律师工作专家咨询委员，《法制日报》顾问，国家检察官学院、国家行政学院、国家法官学院等院校兼职教授，北京市高级人民法院和北京市人民检察院专家咨询和执法监督员，北京市诉讼法学会副会长。

08 樊崇义
死刑复核程序的若干基本理论问题

大家好，我今天讲的题目是"死刑复核程序的若干基本理论问题"。我归纳了一下手头的材料和我所掌握的一些情况，准备简单讲以下六个方面的问题：

第一，简单介绍一下当前我国死刑适用与死刑制度改革的基本情况；第二，针对当前死刑制度改革中出现的一些问题，讲一下如何正确认识死刑复核这个程序的定性和定位问题；第三，如何理解和贯彻"严格控制、慎重适用"的死刑政策，重点讲死刑的程序控制问题；第四，死刑复核程序中如何贯彻人权保障原则；第五，以审判为中心的诉讼制度改革视野下如何来看待死刑复核这个程序；第六，律师的参与和死刑程序的法律援助问题，这也是当前司法改革的焦点和难点。

我列了以上六个题目，内容很多。看时间吧！我尽量每个题目都要讲一点，但时间有限，有些问题可能无法充分展开。

一、当前我国死刑适用与死刑制度改革的基本情况

（一）当前我国死刑适用的基本情况

世界范围内现有103个国家已经完全废除了死刑的适用。还有几十个国家虽然在法律上保留了死刑，但是在司法实践中已极少适用了。我国当前对死刑的基本政策是"严格控制，慎重适用，逐步减少"。

在我国，从2007年到现在，死刑复核权已经收归中央整整10年了。在收回之前，当时中央的九个常委都表态指示，说要经过3年的努力，把执行死刑的数字减少到可以在世界上公开发表的程度，可是现在已经10年了，我们仍然没有达到原定的奋斗目标，执行死刑的数字仍然没有达到可以公布的程度。所以，现在究竟一年有多少人被执行死刑呢？你不知我不知，谁都不知，还是个高度机密的数字。总之，我们还是要努力解决这个问题。

（二）当前我国死刑制度改革的基本情况

现在全国范围内正在进行死刑适用的程序改革。第一项重大改革首推十八届三中、四中全会把司法人权保障制度的建构，把减少死刑的适用列为一个重点。首先从实体上减少死刑适用的罪名，《刑法修正案（八）》已经减少了13个罪名，接着《刑法修正案（九）》又减少了9个罪名，到目前为止我们还保留有46

个死刑罪名。

第二项重大的改革是倡导律师参与到死刑复核程序中来。新《刑事诉讼法》第 240 条明确规定:"最高人民法院复核死刑案件,应当讯问被告人,辩护律师提出要求的,应当听取辩护律师的意见。"这里使用的是"应当"二字,而不是"可以",也就是只要辩护律师提出要求,最高人民法院在复核死刑案件时就必须要听取辩护律师的意见。第 34 条第 3 款又明确规定:"犯罪嫌疑人、被告人可能被判处无期徒刑、死刑,没有委托辩护人的,人民法院、人民检察院和公安机关应当通知法律援助机构指派律师为其提供辩护。"这里也是使用"应当"的字眼,就是应当通知法律援助机构指派律师来参与整个死刑程序,提供法律援助。这两个重要条款是立法层面关于律师参与死刑辩护的改革。

2014 年 12 月 29 日,最高人民法院印发了《关于办理死刑复核案件听取辩护律师意见的办法》,一共规定了 10 条,就查询立案信息,查阅、摘抄、复制案卷材料,当面反映意见,提交书面意见,送达裁判文书等律师执业权利,在程序上做了具体的规定。2015 年 9 月 16 日,最高人民法院、最高人民检察院、公安部、国家安全部、司法部联合印发了《关于依法保障律师执业权利的规定》。2015 年 12 月 29 日,最高人民法院又印发了《关于依法切实保障律师诉讼权利的规定》,明确规定了对律师知情权、阅卷权、出庭权、辩护辩论权等诉讼权利以及人身安全的保障等。

以上这些都是十八届三中、四中全会以后,中央针对死刑制度的改革所采取的一系列举措。

(三)对当前我国死刑制度改革的个人评价

对于上述改革,我个人有一个评价,我认为中央的政策和司法实务部门改革的方向是明确的，措施也是比较得力的。但是改革的力度、深度，尤其是在贯彻落实方面，距国内外发展的形势和人民群众的要求和期盼还有相当的差距。比如死刑案件的法律援助问题，虽然立法规定死刑案件"应当指派"律师进行法律援助，但当前存在的问题还是相当严重的。最近我走访了多个省份，根据调查的情况，我将刑事法律援助中现存的问题归纳为以下七个方面：

第一，在人民法院开庭前，侦查、起诉等各个审前阶段的法律援助尚未执行到位。第二，就全国范围的情况来讲，主动申请法律援助的数量和比例还相当低。第三，法律援助的经费保障不足，办案补贴的标准过低。第四，能够指派的法律援助律师资源与案件数量之间存有较大差距，甚至还有一些县压根就没有律师，还谈何法律援助呢？第五，办案机关指派的法律援助律师不规范，比如可以执行法律援助任务的律师需要具备什么条件，没有一个标准。第六，办案机关对法律援助律师的诉讼权利的保障还不到位，老三难问题解决以后又出现了新三难。第七，进行法律援助的律师及办案律师本身也存在着一些严重的问题，比如不尽职尽责，走过场；比如年轻律师居多，缺乏经验；再比如办案质量也存在严重问题。

（四）对当前我国死刑制度改革中存在问题的初步回应

针对当前死刑制度改革中存在的问题，我初步归纳了一下涉及的问题，首先是个理论认识问题，尤其是诉讼文化的问题。最近习总书记在党成立95周年纪念大会上讲到四个自信：方向自信、理论自信、道路自信、文化自信。我希望同志们能够按照这四个自信的要求，结合死刑的适用和死刑复核程序认真反思，尤其是对照文化自信反思我国的死刑文化，看看我们关于死刑文化的观念和认识是怎么样的。

有一次，我到山东大学去讲课，讲到死刑的控制和适用问题，说到观念问题，当时有一个研究生就站起来和我辩论，说中华民族五千年来的文化结晶就是"杀人要偿命，欠款要还款"。但这种复仇思想值得我们认真思考，这样杀来杀去到底行不行？这是不是我们共产党所要代表的先进文化的前进方向？什么叫民主、文明、法治？要找到一个标准，这值得我们理论工作者认真地研究，反复地宣传。

下面我就要讲几个最基本的理论问题，这些都是当前我们要对死刑复核程序进一步深化改革直接要解决的理论问题，我做一个简单的讲解，提出我个人的看法。

二、对死刑复核程序的定性和定位

控制与限制死刑的一个最基本的理论问题就是对死刑复核程序的定性和定位问题，到底是一种行政审批程序还是一种诉讼司法程序？10年前，在决定把死刑复核核准权收归中央的时候，中央在当年11月18日召开会议，我们当时在场的八个教授在开会时就展开了争论：一种观点认为死刑复核程序是一种行政审批程序，下面都办好了，报到最高人民法院审批一下就行了；另一种观点认为它是写在刑诉法典中的审判程序，是一个带有诉讼性质的司法程序，其所谓的特殊仅仅是对两审终审制的一个突破。

当时也有人提出，要想彻底解决这个行政属性，就直接不要死刑复核程序，干脆修改宪法，搞三审终审制。我们也分析了我们国家当前到底能不能搞三审终审，不要说别的了，犯人如何拉到北京来？谁负责押送？押到北京后关到哪儿？出庭的证人谁来接待？国家的经费保障是否能够到位？所以谈来谈去，大家认为三审终审制在中国还是不可行，还是要保留这个死刑复核程序。

保留了死刑复核程序后，就有很多人认为死刑复核程序就是一个行政审查批准程序，不谈它的诉讼性，不谈它的司法性，只谈它的行政性。我认为死刑复核程序究竟是行政属性还是司法属性，需要我们理论工作者认真研究、作出回答。所以阻碍我们深入改革死刑复核程序的一个重大的阻力，就是对这个程序的定性和定位，是按司法程序诉讼程序定位还是按行政审批程序定位？这是我们必须回答的一个问题。标准高了，按三审终审制，我们实现不了；标准低了，权利就得不到保障，就会造成错杀。所以这个定性定位需要我们的实务工作者下功夫去研究，精准地把握。

我个人认为死刑复核程序仍然是一个司法审判程序，属于正常司法审判程序的延伸，绝不能把它当作一个行政程序。有人认为死刑复核程序之所以叫特别程序，是因为它带有行政属性，但我始终认为之所以叫特别程序，是由于它打破了两审终审制，两审终审还不生效，还要报最高人民法院审查核准，这是它最本质的特殊性。这种特殊不改变它的属性，不改变它的本质，它的本质还是一个司法审判程序，带有诉讼性质。因此，大家不能抓着这个所谓的"特别"来对抗改革。

三、死刑的程序控制问题

（一）要全面理解"严格控制，慎重适用"的死刑政策

接下来，我想谈一下如何来准确把握和理解贯彻"严格控制，慎重适用"的死刑政策，如何从程序上控制死刑的适用。

结合我国的国情，当前还不能废除死刑，中央的政策还是"严格控制，慎重适用"，问题是我们应如何严格控制？如何慎重适用呢？我们立法机关也好，司法机关也好，把主要的精力都放在减少罪名上，在刑事实体法上反复研究，你看《刑法修正案（八）》减少了13个，《刑法修正案（九）》减少了9个，最近又在研究继续减少，但罪名减少来减少去，还是压缩不了数字。

根据我参加的最高人民法院几次会议所看到的统计，常用常犯的那六大罪名不仅没有减少，而且适用的数字还在年年上升，而废除的那些罪名，很多罪名根本就没有适用过，所以减了半天没有什么效果，数字还是压不下来。这又给我们提出一个问题，我们要全面理解"严格控制，慎重适用"的政策，不能仅仅把希望寄托在减少几个罪名上，而更应该首先解决重实体、轻程序的问题，我提出一个对策叫死刑的程序控制，靠《刑事诉讼法》来减少死刑的适用效果最好。

因此，我国死刑制度改革的短期方向是减少死刑罪名，中期方向是减少死刑罪名的适用，终极目标则是废除死刑。

(二) 如何进行死刑的程序控制

如何来程序控制呢？就是要严格证据标准，严格法律适用标准。尤其是《刑法》第48条规定"死刑只适用于罪行极其严重的犯罪分子"，那什么叫极其严重？最近我接待了一个越南代表团，他们在这件事上就搞得很清楚，规定了判断"极其严重"的条件、程序、范围等，包括犯罪性质的极其严重，犯罪手段的极其严重，犯罪对象的极其严重和犯罪后果的极其严重，这些都必须要作出详细的规定。

我认为应当将判断"极其严重"的范围限制在以下几个方面：第一，特别严重危害国家安全的犯罪；第二，特别严重危害公共安全的犯罪；第三，特别严重侵害公民人身权利的暴力犯罪；第四，特别严重的毒品犯罪。同时通过司法改革与立法修改并进的方式，大力倡导非暴力性犯罪和贪污贿赂类犯罪废除死刑。

最近根据我的调研，我觉得郑州市中级人民法院在死刑的程序控制上的一些做法很具体，值得推广。

他们的第一个做法，是在指导思想上严格控制，把不错杀放到首位，严把证据关。首先，凡是命案，判不判处死刑，关键要看是否有客观的物证来锁定，客观物证缺乏的，一律不判处死刑立即执行，这就是一个控制死刑的方法。比如河南那个李怀亮几次被判处死刑，但最后为什么被判决无罪了呢？李怀亮穿的是44码的鞋，现场的脚印却是38码的；李怀亮的血型是A型，死者的血型是AB型，可现场的那个血是O型的。鞋印对不上，血型对不上，你怎么证明是人家李怀亮作案？其次，只靠口供，只靠言词证据，基本上不能定罪量刑。郑州市中级人民法院对被害人身份的确定要做到准确无误，他们给出的一个方法是必须要用DNA遗传基因的方法来确认，确认不了不能判处死刑。我说这个是实践出真知啊，郑州市中级人民法院的这些经验是值得我们推广的，这比减少多少个罪名都重要，效果都好，死刑的数字就压下来了。

他们的第二个做法，是上访闹事或社会舆论的压力，不能动摇人民法院对证据判断的决心。谁闹得凶就根据谁的意愿判处死刑，这肯定不行，面对群体上访，被害人闹访，人民法院也要有一个明确的立场。

他们的第三个做法，是把死刑的适用限制在最小的范围内，可杀可不杀的要反复权衡，尤其注意可不杀的情节思维，要听取律师的意见。这几年他们已经总结出以下几条：因婚姻家庭纠纷、邻里纠纷、土地承包纠纷杀人的，被害人有过错的，因矛盾激化杀人的，还有非暴力犯罪行为致人死亡的，只要不是手段特别残忍的，被告人的社会危害性不大，原则上不杀，这就是基本的经验。什么叫极其严重？什么叫可杀可不杀？就是遇到上面这几种情况，坚决不杀。

他们的第四个做法，是死刑案件要拿到审判长联席会议上讨论。他们还提出以下立法建议：在审判组织上，审判死刑案件的审判长必须要有5年以上的办理死刑案件的经验，审判员要有3年以上办理死刑案件的经验，同时，审理死刑案件的合议庭成员，要增加到5~7人。在律师的参与上，不仅注意到是否构成犯罪的辩论，还要特别注意量刑要在程序上与定罪分离，在量刑程序中要让控辩双方充分辩论。

我到郑州市中级人民法院，他们给我提供的这些经验，我认为是非常典型的，值得推广。一句话，要真正解决死刑适用数量过大的问题，光靠实体法控制，效果不明显，程序控制已经成为当前一个基本的经验和方向。

在这方面我们也可以学习越南的做法：一是要把死刑适用条件细化；二是死刑案件不适用少数服从多数，合议庭有一人反对，就不能适用死刑，必须要取得一致意见；三是在证明标准上要达到一个令人信服、没有其他解释的标准。

当前死刑的控制问题，我们压力很大呀！每两年一次的世界人权会议，我几乎每次都参加了，人家提出的问题，我们解决不了啊！今年在钓鱼台开，上午我们发言，我们讲《刑事诉讼法》如何贯彻人权保障原则，怎么解决死刑问题，我们把劳教制度也取消了，人家都高兴得很嘛。但下午人家提一个问题，说你们那个限制人身自由的"双规"是怎么回事啊？党纪和国法你们是怎么处理的？大家一定要有一种思维，要有一种文化，我们中华民族是最讲文明的,希望同志们在死刑问题上要提高认识,既要实体控制,又要程序控制,并且程序控制是重点,不是可有可无,这就是我的结论。

四、死刑复核程序中如何贯彻人权保障原则

(一) 提高对人权保障的认识

我认为要从尊重和保障人权的高度,把死刑复核程序作为建构人权司法保障制度的重中之重。

我们的《宪法》也好,《刑事诉讼法》也好,都把尊重和保障人权写进了法典,十八届三中全会中央列出九项措施提出要建构人权司法保障制度,四中全会又列出十项措施。两次全会关于人权司法保障制度的构建都有死刑问题,都有法律援助问题,都有诉权保障问题。所以对"人权保障入法""人权司法保障制度的构建"这两大概念,希望同志们要高度重视,要研究如何把尊重和保障人权贯彻到死刑复核程序中,这是一个重大的课题。

要提高对尊重和保障人权的认识,特别是在我们这个国家,封建专制时期,讲特权,不讲人权;以阶级斗争为纲的极左时期不让讲人权,不敢讲人权。但是在一个法治国家,一个民主国家,是必须要讲人权的,这是一个标尺,是一个标准,从《世界人权宣言》开始到美国的《人权法案》,几百年来,社会的进步都是必须要讲人权的。

(二) 保障刑事被追诉人的人格

这里边还有一个特殊问题,对犯罪嫌疑人要不要讲人权?特别是对被判处死刑立即执行的人要不要讲人权?前年公安部组织我们10个教授去视察几个省的看守所和监狱,就看看守所、监狱是怎么尊重和保障人权的。我到一个省里去,看守所的门一打开,我就看见一根塑料绳上拴了22个犯罪嫌疑人,前面一个警察拿着枪牵着,后面一个警察拿着枪盯着往前走。因为我们是公安部派来视察的,我就把他拦住了,我说:"你这是干什么呢?"他们说:"教授啊,待会儿八点半,有22个律师要会见这些人,我们警力有限,每天只能靠这根绳子牵来牵去。"我叫来他们的所长、副所长,说:"同志们,刑事责任要追究,但人格不可辱!这个道理你们知道不知道?你们知道不知道东莞一个卖淫的小女孩被绳子牵着,敲锣打鼓,游街示众,引起了全国人民的反感呢!你们该怎么处理怎么处理嘛,这样侮辱人格,还能行啊?"我这么一讲,那个所长赶紧命令一个警察去拿剪刀,把这个绳子当场给剪开了,我说:"绳子是剪断了,你们的人权观念是不是树立起来了?"

后来又到一个看守所,一个50岁上下的犯罪嫌疑人一看见我们去了,跪倒在我们面前哭啊。我说:"你哭什么呢?"他说:"检查人员每天八点半来检查我们宿舍的卫生,都是穿着带黄土泥的皮鞋在我们的炕上踩来踩去,但今天你们来了,他们每个检查人员脚上都套了个塑料鞋套。在以前,检查人员走后,我们得一点点把我们这个床给擦干净,一边擦一边上至邓小平下至普通民警,把整个共产党都骂一个遍。"而今天的一个塑料鞋套就把他们感动到这样。因此,我们管理犯罪嫌疑人也好,管理监狱也好,究竟有没有一种尊重人权、尊重人格的理念?说尊重和保障人权进法典,那不是一个一般的口号啊!同志们,我们要落实在每一个细节上。我们的政法工作直到今天这个问题也顽固得很呢,还没解决。

我经常举这个例子,我们《刑事诉讼法》2012年修改以后,我受邀到墨尔本大学去讲解《中华人民共和国刑诉法》是怎么贯彻人权保障的,讲得大家都激动得不得了,说中国进步很快啊!最后有个教授给我提一个问题,他说:"樊教授啊,按照经济发展,你们中国已经是老二了,你们的政法工作是个什么状况呢?"他就一会儿一个躲猫猫,一会儿一个喝开水死,一会儿一个洗脸死,一会儿一个看球死……一共给我背了35个,诉讼还没结束就把人打死的案例他一共掌握了35个!到今天为止,我说到这个问题,心里是非常不平静的,生活是好了,社会是进步了,国家是强大了,我们的政法工作怎么样呢?我们在人权保障这个问题上还存在什么问题呢?同志们,一定要有一种担当,要有一种责任感,已经发展到不解决不行的时候了,我们讲控制死刑,死刑是生命权嘛,这是人权保障的重中之重。没有一个尊重和保障人权的思想,人权司法保障制度就建构不起来,我们民主与法治的进程就会受到影响!

(三) 为什么要尊重保障人权

为什么要尊重保障人权呢?我列了几个观点,希望同志们思考。

第一个观点,尊重和保障人权是不是我们具有中国特色社会主义制度的核心价值观?或者说,保障人权有没有它的普世价值?在座的搞法学的同志要研究。

第二个观点,世界范围内掀起人权斗争的潮流,中华民族怎么应对?我们应该不应该走在前头?这是不是一个强国的标尺?

第三个观点,尊重和保障人权这条宪法原则,这条治国之本,在诉讼的过程中,在死刑复核程序过程中,如何贯彻落实?

这些基本问题我们必须要认真思考解决,特别是我们在纠正这一大批冤假错案过程中更要思考如何对待生命权问题。我们的教训是深刻的,我们一定要认真地反思。所以我这个基本理论就是要把尊重和保障人权，建构人权司法保障制度和死刑复核程序紧密地结合起来，把死刑复核程序作为建构人权司法保障制度的一个重中之重。因此，需要我们认真思考个人的生命权问题：我们面对的是一个人，这涉及人的尊严问题。包括当前我们的反腐，最近庆祝中国共产党成立95周年讲话反复在强调，既要保持高压态势，又要严格法治反腐，要依法来反，不要把好事办成坏事。我们全党都需要来统一这个认识，才能把事情办好。

五、以审判为中心的诉讼制度改革视野下如何看待死刑复核

（一）中央对以审判为中心的诉讼制度改革的顶层设计

从以审判为中心的诉讼制度改革来看死刑复核程序的改革，我总结了四个字叫任重道远。十八届四中全会提出了以审判为中心的诉讼制度改革这个命题，现在全国正在紧张地进行。刚刚中央又开过会，又强调要把以审判为中心的诉讼程序改革提到议事日程上来。关于这个改革，中央在顶层设计层面有以下几个基本观点：

第一，立足国情和司法实际，发挥审判特别是庭审在查明事实、认定证据、保护诉权、公正裁判中的重要作用。第二，树立经得起法律检验的理念，就是你经办的这个案件要经得起法律的检验。第三，通过办案过程的程序公正实现裁判的实体公正。第四，防范冤假错案的发生。第五，证据裁判原则要贯彻到各个诉讼环节中去，包括健全非法证据排除制度、严格落实证人、鉴定人出庭作证制度。第六，完善法律援助制度。第七，进行案件繁简诉讼分流。每句话都代表着我们以审判为中心的诉讼制度改革的一个举措。

这几点同志们看，是不是和我们的死刑复核程序有着紧密的联系？我这么来总结，第一句话，要从死刑复核程序看侦查程序。第二句话，要从死刑复核程序看公诉和公诉的审查。第三句话，要从死刑复核程序看一审和二审程序。第四句话，要从死刑复核程序看辩护的质量。

（二）死刑复核程序在以审判为中心的诉讼制度改革中的地位

我认为死刑复核程序在以审判为中心的诉讼制度改革中处于决定性地位，具体来讲，我总结有以下三个观点：第一，死刑复核程序是落实案件是否经得起法律检验的关键程序；第二，死刑复核程序是死刑案件在刑事诉讼程序中的最后一道关卡；第三，死刑复核程序是检验以审判为中心的诉讼制度改革的一个标准。绝不能把死刑复核程序排除在以审判为中心的诉讼制度改革之外，通过它，你可以看侦查的质量，看一审的质量，看二审的质量，看辩护的质量，看这个案件能不能经得起法律的检验，这是一个标尺。所以以审判为中心的诉讼制度改革不能把死刑复核程序放在外边不管不顾，一定要把死刑复核程序和以审判为中心的诉讼制度改革联系起来认识和看待。

（三）以审判为中心的诉讼制度改革的误区澄清

另外，我还想借这个机会，把当前在理论上的几个分歧跟大家讲一下，关于死刑复核程序也好，以审判为中心的诉讼制度改革也好，我认为有些认识需要澄清。

最近我看有人发表文章，说以审判为中心的诉讼制度改革走入两个误区：第一个，庭审实质化是个误区；第二个，"分工负责，互相配合，互相制约"这个诉讼结构不改革又是一个误区。这篇文章提出来两个观点：第一点，诉讼的各个阶段都要以法院为中心，法院都要参与，强制措施法院要参与，侦查程序法院要裁决，非法证据排除法院也要裁决；第二点，把诉讼程序分解为审前程序和审判程序，审前程序要为审判程序服务。

但是我认为这是一个理想化的设计，离当前中国的实际还有相当的距离。我们不能把当前的司法改革都当作误区。一切都交到法院去办能不能行？我们长期以来坚持的阶段论有没有道理？在司法实践中，我们坚持阶段论坚持得不好，审判流于形式，质证流于形式，审判程序虚化，这是执行过程中存在的问题，所以才要搞庭审实质化嘛。所以最近我的观点是比较同意北京市公检法机关所总结的这几句话，以审判为中心的诉讼制度改革叫"侦查是基础，公诉是主导，辩护是必须，审判是关键，监督做保障"，我认为这五句话指明了当前诉讼制度改革的方向。

关于以审判为中心的诉讼制度改革众说纷纭，我认为要从当前我国的实际情况出发，从"分工负责，互相配合，互相制约"的基本诉讼结构出发来建构一个"侦查是基础，公诉是主导，辩护是必须，审判是关键，监督做保障"的比较科学的刑事诉讼体系，而不能脱离当前中国的实际情况，搞审前程序与审判程序两段划分，也不能事事都由法院介入。毕竟以审判为中心的诉讼制度改革不是一个单纯的技术问题，更不是一个纯粹的诉讼制度改革问题，它关系到整个司法体制的改革和诉讼结构的调整问题，需要随着改革的深入逐步进行。至于是否能一步到位，这要看社会的发展与改革的重点。

（四）当前以审判为中心的诉讼制度改革的重点措施

当前的重点是要解决庭审的功能和作用，要求侦查、起诉都要以庭审的要求和标准进行。围绕着这个重点来进行以审判为中心的诉讼制度改革，它的价值目标定位在防范冤假错案，提高办案质量，使人们在每个案件中都能感受到公平正义。具体的措施，我想有以下几条，请同志们来研究。

第一，要把侦查这个基础夯实。当前的侦查工作中，刑讯逼供禁而不止，侦查中的违法现象层出不穷，从雷洋案到深圳那两个女同志的案件，都是警察权滥用问题。要解决这一问题，需要控制警察权，控制侦查权。最近就这个问题我写了一篇文章叫《把握警察权本质，实现执法行为规范化》，据说今天的《检察日报》已经发表了，在这篇文章中我就提出要精准地把握警察权、侦查权的性质，做好对侦查权的制约和监督，所以我提出这么几个措施：一是对警察权中的留置权、盘查权等行政职权要加强检察机关的法律监督；二是对侦查过程中拘留、逮捕、各种强制措施等涉及人权保障的问题要引入司法审查程序，法院如果做不到，可以由检察院来进行审查批准；三是凡是涉案财物的搜查、扣押、冻结，也要构建司法审查制度，由人民检察院批准以后才能执行。

当然我写这个文章的时候，有人说，你手续搞这么复杂，我们实际工作中都来不及啊。来不及？西方世界也有经验啊，你看美国也好，英国也好，德国也好，管批准的预审法官都是24个小时值班，随报随批，来不及报了，先执行，执行完以后要补报手续。我们要从体制机制上搞这种改革，这个权要收归检察院，检察院要建立一个专门的机构，把这个侦查监督，对行政机关警察权的监督落到实处。只有这样，以审判为中心这个基础才能夯实，证据质量才能得到保障。

第二，要实现公诉的实质化，强化侦查监督，加强检察机关引导侦查的功能，建构起大控诉的格局，以强化控诉职能，不能让审查起诉流于形式。

第三，要实现庭审的实质化，充分发挥庭审的功能和作用，来解决以往庭审虚化，质证形式化等问题。同时，完善证人、鉴定人出庭制度，保障律师的质证权。现在很多法庭就是念材料，念一段，问被告人有什么意见，被告人说没有意见，问公诉人有没有什么意见，公诉人说没有意见。如此对对对，是是是，整个法庭没有质疑和质问，质证形式化，庭审走过场，所以必须要解决庭审实质化的问题。

第四，贯彻证据裁判原则。这次中央决定，要把证据裁判原则贯彻到侦查、起诉、审判等各个阶段，所有的刑事诉讼形式都要靠证据来说话。这包括了非法证据排除问题，证人鉴定人出庭作证问题，侦查人员出庭问题等。

第五，建构诉讼分流的制度。实体法上，我们将来要区分微罪、轻罪和重罪；审判程序上、诉讼程序上要建构速裁程序、简易程序、特别程序、普通程序等一整套程序体系。目的是什么呢？是在进行诉讼分流，保证以审判为中心的诉讼制度改革的实现，保证大案要案以及可能判处 10 年以上有期徒刑的案件，能够通过严格的程序保证庭审的质量。根据最近统计的结果显示，18 个省市在搞试点，有 15%～20% 的案件要开庭，要走庭审程序，法官把主要的精力和人员放到这 15%～20% 的案件中去，所以诉讼分流也是这次改革的一个配套措施。

我看当前我们主要把以上几项措施抓好，死刑复核程序就有保障了，以审判为中心的诉讼制度改革就好办了，案件质量得到了保障，冤假错案就能有效得到防范。

六、死刑案件的法律援助

（一）我国死刑案件法律援助制度存在的问题

最后一个重要的问题，我要讲一下律师的参与。关于扩大律师的参与，关于提高法律援助的质量，关于建构有效辩护制度等

问题,特别是法律援助问题,我讲以下这么几点:

第一,法律援助制度存在先天的缺陷。在我国,需要法律援助的犯罪嫌疑人或被告人通常都是社会的弱势群体或底层群体,有学者对322宗死刑案件的实证调查显示:死刑被告人职业系"无业"和"其他"(进城务工农民)者合计高达81.1%,绝大多数死刑被告人经济条件极差,无力委托辩护律师。

第二,这些弱势群体往往更需要专业的、高水平的辩护律师为其提供法律服务,但指派辩护律师制度存在的固有缺陷使得这些最需要高质量法律服务的群体最终获得了最差的法律服务。

第三,法律援助的资金不足。仍以河南省为例,律师每办理一件法律援助案件,由律协补贴500~800元,这些补贴甚至都无法承担办理案件所需的基本费用,也就是说我们很多从事法律援助的同志都是赔着钱在进行法律援助。

第四,从事法律援助的律师经验不足。基于上述原因,那些业务量大、经验丰富的刑辩律师并不愿意办理法律援助案件,办理死刑案件法律援助的律师几乎都是业务量小、刚入门的年轻律师,这些年轻律师办理一般的刑事案件尚且经验不足,更遑论人命关天的死刑案件,其辩护效果可想而知。辩护效果的不理想使控辩双方的力量进一步悬殊化,从而导致法官对死刑案件的辩护意见长期习惯性轻视。

(二)我国死刑案件法律援助制度的改进建议

针对这些问题,我提出以下几点意见,也算是几个建议吧。

第一个建议,从辩护这个角度讲,要赶快制定全国性的死刑辩护指导意见。由于死刑的严重性和敏感性,为死刑案件的辩护设立普遍的指导标准已经被世界越来越多的国家和地区采纳。去年我三次到美国,美国律师协会早在1989年就制定了《死刑案件辩护律师的指派和职责纲要》，以确保每一个可能面临死刑指控的人都能获得高质量的辩护。我国台湾地区也于2013年制定了"死刑辩护最佳做法手册"，这是全球死刑问题的资料库，旨在为全球的律师实现实质有效的辩护提供职业指导。在国际先进经验的启示下，我国的山东、河南、贵州，我已经发现有三个省从2010年开始搞死刑案件的辩护指引，对死刑案件的辩护思路、会见、阅卷、调查取证以及执业风险防范等方面都作出了指导性解析，对改善死刑辩护起到了良好作用。但这些仅仅是一种过渡性做法，应当尽快启动全国性的《死刑案件辩护指导意见》的编著工作，由司法部和全国律师协会牵头，联合著名高校法学院的死刑研究中心以及知名律师事务所的力量，在整理死刑或成功辩护案例的基础上，结合律师办案过程中遇到的实际问题，共同起草该意见，尽早将全国的死刑辩护工作纳入规范化、专业化的轨道，切实提高死刑辩护的有效性。

第二个建议，建立死刑案件辩护的资格准入制度。如美国的《死刑案件辩护律师的指派和职责纲要》就要求死刑案件辩护律师应具备以下技能：运用专家证人的技能，熟悉法律调查（包括指纹、病理学以及DNA证据）的技能，调查、准备以及展示与精神状态有关的证据的技能，调查、准备和展示减刑证据的技能，等等。美国亚利桑那州的准入规则更加具体，死刑初审主辩护人的标准为律师执业满5年，并在至少9个重罪案件中担任过主辩护人、一个死刑谋杀案件的陪审团审判中担任过主辩护人或副辩护人，并每年参加并完成至少6小时的死刑辩护相关培训或教育。因此，我们的死刑案件辩护律师也应该具备一定的执业准入条件，包括律师的主观执业理念和客观执业能力。

第三个建议，完善死刑案件的法律援助制度。当前我们国家死刑案件的法律援助制度还处在起步阶段,很多制度还亟待进一步完善。首先,应当扩大指派辩护的范围,包括侦查、起诉、审判、再审的全过程。其次,建立死刑案件的专家法律援助制度,包括刑侦专家、医学家、心理学家、社会工作者等专家辅助人的参与和帮助。最后,完善对被害人的法律援助制度,将法律援助的范围扩大到包括指派辩护和指派代理两种。此外,还应尽快配套完善被害人司法救济制度,对被害人进行有效的心理疏导,解决其上访告状这种不理性的行为,同时要解决无法争取到合理有效的赔偿时如何获得有效赔偿的问题。

第四个建议,要建立律师言论、行为豁免制度。联合国《关于律师作用的基本原则》对政府保障律师履行职责提出了若干要求,如第16条第3项规定:"各国政府应确保律师不会由于其按照公认的专业职责、准则和道德规范所采取的任何行动而受到或者被威胁受到起诉或行政、经济或其它制裁。"第20条规定:"律师对于其书面或口头辩护时所发表的有关言论或作为职责任务出现于某一法院、法庭或其它法律或行政当局之前所发表的有关言论,应享有民事和刑事豁免权。"这些国际原则旨在敦促各国为律师有效行使辩护权和调查取证权提供法律保障。对此,我国没有理由视而不见。我想这次的《法官法》《检察官法》都把对法官、检察官的豁免制度提到议事日程上了,我们辩方也不例外,也应该参照国际上的标准,对律师言论、行为豁免制度作出详细的规定,这样才能保证我们的法律援助,特别是死刑案件的法律援助的顺利实施。

(三) 建构有效辩护制度

完善法律援助制度,还有最后一点就是要建构有效辩护制度。

刑事辩护是以审判为中心的诉讼制度改革的一个重要方面，也是近现代刑事诉讼不可缺少更不可忽视的三大职能之一，更是防范刑事冤假错案的一种重要的力量。刑事辩护是一个国家、一个民族尊重和保障人权、民主与法治进步与否的重要标志。当前，我国的刑事辩护工作距人民群众的要求和民主法治的进步还有相当的差距：一是刑事辩护不到位，尚有50%~70%的刑事审判没有律师的参与；二是到位的刑事辩护尚未进入实质化，实体辩护和程序辩护均残缺不全；三是法律援助工作还处在艰难的推进之中，缺人、缺钱、缺少经验，有效辩护制度尚未建立。

以审判为中心的诉讼制度改革必然要求刑事辩护律师的辩护工作进入实质化，即不仅要建立健全刑事案件的实体辩护，而且要完善刑事案件的程序辩护，以程序公正和实体公正为目标，全面推进刑事辩护工作。而刑事辩护实质化的要求就是确立有效辩护制度。

所谓有效辩护制度主要包括以下三层意思：一是犯罪嫌疑人、被告人作为刑事诉讼的当事人在诉讼过程中应享有充分的辩护权；二是应允许犯罪嫌疑人、被告人聘请合格的辩护人为其辩护；三是国家应保障犯罪嫌疑人、被告人自行充分行使辩护权，设立法律援助制度，确保犯罪嫌疑人、被告人获得律师帮助。

根据我到美国的访问，构成有效辩护需要具备三大要素：第一，有合格的律师；第二，有全面的庭前准备；第三，有称职的法庭辩护。这三大要素都有具体条件和标准，其中合格是前提，全面是基础，称职是核心。

什么是合格？我上面讲的辩护律师的资格准入制度就是解决这个问题的，就是要有技术标准、执业年限、案件数量和培训时间的限制。

什么是全面？所谓全面的庭前准备至少包括以下六项内容：第一项是及时的会见；第二项是全面仔细的阅卷；第三项是及时有效的调查，包括查证人、调取物证书证、走访犯罪现场、围绕委托人查犯罪主体；第四项是科学谨慎的专业鉴定；第五项是充分协商的辩护策略；第六项是积极参与庭前会议，尤其是对非法证据的排除要严格把关。

什么是称职？称职的法庭辩护核心是对控方证据的实质审查，要把质证权落到实处。要按照运用证据的规则、标准，在法庭上进行质问和质疑，包括对证人的质证、对鉴定人和鉴定结论的质证、对控诉方出示的物证书证的质证等，具体如何进行质证，今天我没时间给大家讲了，这是一个专业的课程。

总之，防止庭审走过场，庭审要实质化，辩护要实质化，公诉要实质化，这不是个空洞的口号，都是有具体标准的，特别是死刑案件的法律援助，人命关天的事情，更得有精准的标准。如何贯彻证据裁判原则？如何解决证据的关联性问题？如何解决非法证据的排除问题？如何解决对言词证据的运用问题？如何贯彻以客观性证据为核心的证据运用问题？这些都是需要逐步解决的问题。

行了，我就提纲挈领地把我准备的稿子给大家做这么一个简单的讲解，希望能引起大家的思考和讨论。谢谢各位！